L'honneur de la liberté

JACQUES SOMMET

L'honneur de la liberté

Entretiens
avec Charles Ehlinger

Préface de Jacques Duquesne

« Les interviews »
Le Centurion

A Vincent Tsu
en prison à vie
pour la foi

ISBN 2.227.32039.7

17, rue de Babylone, 75007 Paris

Préface

Les pages qu'on va lire sont d'un intérêt exceptionnel même si quelques-unes — il vaut mieux le savoir pour s'y préparer — ne sont pas d'un accès très facile.

Jacques Sommet n'a jamais occupé la une des quotidiens, on ne l'a guère entendu dans les radios, et presque jamais vu à la télévision. Pourtant, il fait partie de ces quelques poignées de religieux et de religieuses, de prêtres et de laïcs, qui ont animé, suscité, permis, accompagné, jalonné ce qui fut, vers le milieu de ce siècle, l'extraordinaire printemps (aujourd'hui trop oublié) de l'Église de France. Et parmi ceux-là, il fut à la fois un homme de la formation et un homme des frontières, un éducateur et un éclaireur.

Éducateur, il l'a été, il l'est encore, à l'intérieur de la Compagnie de Jésus (notamment à la tête de la prestigieuse Faculté de Théologie de Fourvière, dans les années cinquante). Mais aussi à l'extérieur, au long d'une vie de rencontres et d'actions.

Rien mieux que les quelques lignes que l'on va lire n'éclaire sa conception de la formation. Le Père Sommet raconte Mai 1968 :

« En 1968, de jeunes étudiants jésuites, et d'autres aussi, de jeunes professeurs, ont été pris dans une sorte d'ouragan. Nous avons fait chemin ensemble. Nous avons passé des nuits dans les salles de la Sorbonne ou ailleurs, pour analyser comment les décisions se prenaient et ce qui se jouait. Nous reprenions, parfois dans l'anxiété, l'examen des violences justifiées ou injustifiées, et comment les unes se servent des autres. Les uns ont pris des décisions dans un sens, les autres dans un sens opposé. Ils ont pris leur liberté, mais leur liberté a dû mûrir dans cet exercice. »

Je ne connais pas beaucoup d'illustrations aussi claires de ce que doivent être l'attitude et l'action de l'éducateur. Personnellement, je n'ai pas eu de nombreuses occasions de rencontrer le Père Sommet; mais pour avoir côtoyé (pas dans les collèges : dans la vie) d'autres grands jésuites et bénéficié, avec bien des hommes de ma génération, de leurs talents, je puis dire ceci : ils nous ont ainsi appris le discernement, ils nous ont formés au discernement, dans la liberté. Car la liberté est leur indéfectible passion. Car la liberté, on s'en convaincra un peu plus à la lecture de ces pages, constitue l'homme. Et le discernement des enjeux, des justifications et des raisons est le gage, le moyen de la liberté dans l'action, dans la participation à l'histoire qui se fait.

Ici, nous sommes au cœur même du message vécu par Jacques Sommet et ses frères jésuites. « La Compagnie, pour moi, dit le Père Sommet, est une présence à l'Histoire dans sa réalisation vivante, sous la forme de Jésus Christ mort et ressuscité. » Le Père François Varillon ajoutait : « Le jésuite est l'homme des Exercices, le compagnon de Jésus Christ, l'homme disponible au monde. Le détachement dans l'attachement. L'art de mourir au cœur de l'art de vivre. » Tout est dit.

Une telle attitude a naturellement conduit le Père Sommet aux frontières, là où se rencontre l'incroyant, là où se rencontre le marxiste, là où se rencontrent les hommes et les femmes d'autres continents. « Tous ces hommes, dit-il, sont pour moi une voix de Dieu que j'ai à entendre. Impossible d'imaginer le mouvement achevé de la remise de ce que je suis à Dieu, en Jésus Christ ou par Jésus Christ, sans que ce soit dans la rencontre, peut-être conflictuelle, dans la confrontation avec tout homme. Dieu me parle par le dernier. Je ne vois pas comment une parole chrétienne peut être fidèle à Jésus Christ si, en même temps, elle n'est fidèle à ce que tout homme, quel qu'il soit, me dit par son existence. »

Mais la rencontre est risque. L'histoire de l'Église de France, ces dernières années, l'a assez montré. Or, ce qui frappe dans l'expérience du Père Sommet, c'est que la rencontre, la confrontation ne l'ont pas amené à récuser ses sources et ses solidarités. Cet homme des frontières est demeuré, indéfectiblement, un citoyen à part entière de sa communauté, dans les pires épreuves. Toujours, il a gardé la conscience vive d'être, en raison de son sacerdoce, en responsabilité de ce corps qu'est l'Église.

La participation à l'Histoire amène enfin au risque absolu : le compagnonnage avec la mort, l'affrontement à ce que le Père Sommet nomme « l'incompréhensibilité de Dieu ». L'incompréhensibilité de Dieu, nous l'éprouvons tous un jour ou l'autre quand nous nous heurtons au scandale de la souffrance d'un enfant, au scandale du malheur innocent. Mais jamais, peut-être, elle ne s'est manifestée avec autant de force que dans les camps de concentration de la deuxième guerre mondiale, expressions du mal absolu, voulu. Jeune jésuite, étudiant en sciences politiques engagé dans la Résistance, Jacques Sommet en a fait l'expérience à Dachau.

Depuis L'univers concentrationnaire de David Rousset jusqu'à l'admirable Rue de la liberté d'Edmond Michelet (compagnon du Père Sommet à Dachau, précisément) je crois bien connaître presque tous les livres publiés, en France, après la terrifiante épreuve des camps. Or, je dois le dire tout net : je ne crois pas avoir jamais lu aucun témoignage qui égale, en profondeur, en qualité d'observation et d'analyse, les chapitres ici consacrés à Dachau — et d'abord, on le verra, au wagon dans lequel est parqué le bétail humain qui est emmené au camp.

Dans ce lieu qui est destruction des relations humaines, où l'activité du mal dépasse tout projet, y compris tout projet de vengeance, où l'homme se sent radicalement seul, la seule voie possible, « c'est précisément la relation à Dieu, un Dieu incompréhensible. L'abandon à l'incompréhensibilité de Dieu reste souverainement possible. Parce que, contre cet univers destructeur, ce Dieu même, qui est le Dieu transcendant, habite ce monde. Il habite ce qui reste de vie. Il habite ce que je suis. Il échappe malgré tout aux prises de cette destruction parce que, par certains côtés, il n'y peut rien ; il s'offre comme la possibilité de dire oui ou non à ce qui me détruit. C'est l'expérience même de la liberté. Tout est voué à être détruit, et pourtant je peux dire non à cette destruction. Si je suis détruit, je serai détruit comme corps. Mais dans cette destruction, rien ne peut obliger mon esprit, ma liberté, à dire le contraire de ce que je suis ».

L'expérience de la liberté, ce fut pour quelques chrétiens de Dachau la décision d'aller vivre avec leurs codétenus enfermés dans des baraques, pour y mourir parce qu'ils étaient atteints du typhus et que l'autorité SS voulait, en interdisant tout contact, empêcher la contamination. « Les quatre baraques de typhiques sont entourées de barbelés supplémentaires. A l'entrée, on dépose chaque jour une grande cuve de soupe claire. Chaque matin, on procède à l'enlèvement des cadavres, placés devant la porte. On recommence chaque jour, pendant deux mois et demi. »

Débat chez les communistes, débat chez les chrétiens : doit-on s'introduire dans les baraques pour aider ces mourants à mourir ? Les chrétiens répondent oui. « Dans la décision, il y a un aspect mystique : dans ces typhiques, Jésus Christ est là avec ses plaies. Mais aussi une réflexion politique, au sens large du mot : si nous ne soignons pas ces hommes aujourd'hui, que fera la cité demain ?

Nous voici pour de vrai devant des exclus, des rebuts. La nouvelle société que nous appelons, que fera-t-elle devant les exclus de demain ? Si nous nous dérobons ici, quelles chances avons-nous de nous battre pour quelque chose qui soit la dignité de l'homme, de tous les hommes ? »

Je ne voudrais rien ajouter. Lisez plutôt.

Jacques Duquesne.

Avant-propos

Les longues heures d'entretien que le Père Jacques Sommet m'a accordées représentent une expérience et un souvenir d'une grande richesse. C'est avec émotion et gratitude que j'évoque la rencontre et l'amitié de cet homme si attachant. Ceux qui ont le bonheur de le fréquenter le savent, il vous met tout à fait à l'aise par son accueil toujours fraternel et souriant, alors même que vous êtes saisi par sa vigueur intellectuelle ou sa qualité spirituelle.

Dans ces échanges, le Père Sommet est toujours resté très modeste sur lui-même, mais communicatif pour partager une pensée, une conviction. Événements, réflexion, témoignage constituent ensemble la qualité de cette existence à tout moment. S'il consent à quelques confidences sur sa vie, c'est pour mieux faire sentir les problèmes d'une époque ou pour s'étonner avec vous du prix et des enjeux de toute vie d'homme.

L'itinéraire de Jacques Sommet se partage en trois périodes principales : le temps des appels, c'est-à-dire les années de la jeunesse et de la formation (chap. 1 à 3), le temps de l'épreuve, je veux parler de l'expérience bouleversante de Dachau (chap. 4 et 5), enfin le temps des activités et responsabilités dans la Compagnie (chap. 6 à 16).

Pour les trois premiers chapitres, j'ai délibérément abandonné le genre littéraire de l'entretien et repris dans un récit suivi ce que le Père Sommet m'a dit de son enfance et de ses années de formation. Mais chacun de ces chapitres narratifs aborde aussi quelques grands thèmes de réflexion; à propos de l'enfance et de la jeunesse mon interlocuteur fait comprendre ce qu'est la naissance d'une vocation; l'apprentissage de la vie jésuite au noviciat lui permet de dessiner les traits caractéristiques de la vie jésuite; quand je l'ai interrogé sur ses études de philosophie en pleine guerre, il m'a entraîné sans cesse dans une réflexion sur l'histoire et sur l'engagement politique.

Certaines discussions plus théoriques ou plus techniques ont été composées dans un corps plus petit ; cet artifice permet de conserver des exposés plus difficiles mais importants sans trop grossir le volume. Hélas, il a fallu sacrifier plus d'un propos intéressant ou suggestif et plus d'un souvenir attachant.

Rencontrer cet homme attentif à chacun, ouvert au dialogue avec tous, passionné de comprendre le destin de l'homme dans les figures contrastées de l'histoire, saisi par la certitude indéfectible que l'amour de Dieu investit chaque être, quelle chance d'humanité et, pour beaucoup, quel appel de foi !

Ch. E.

On trouvera à la fin de l'ouvrage un tableau des principales dates de la vie de Jacques Sommet.

I

Le choc de la grande crise

Paris, 35, rue de Sèvres. Le Centre jésuite d'études, organisé pour son fonctionnement actuel par le Père Sommet il y a quinze ans, est installé dans un grand bâtiment neuf, moderne, qui ne manque pas d'allure. De nombreuses salles de réunions et chambres remplissent ces murs. Le Père Sommet m'attend dans le vaste hall d'accueil et me conduit au quatrième étage. Nous entrons dans son bureau. Une petite chambre de religieux, sans le moindre ornement. Livres et documents s'entassent sur des rayonnages disparates; la table de travail est bien encombrée. Un lit sert à poser manteau et serviette. Une vague gravure est épinglée au mur. Ici la pauvreté n'est pas affaire de style! Nous sommes tout simplement dans un lieu de travail intellectuel — et peut-être de prière secrète —, une pièce dépouillée, anonyme. Elle s'ouvre sur la façade nord de l'immeuble. Quand le temps n'est pas trop disgracieux, une agréable lumière l'envahit, reflétée par le mur d'en face, de gris métallisé.

C'est donc ici que je rencontrerai le Père Sommet, semaine après semaine, du moins quand ses supérieurs ne l'auront pas envoyé au Liban, en Afrique ou en quelque autre pays lointain. Nous aurons une cinquantaine d'heures d'entretiens.

Mais voici tout de suite ma première curiosité : quel mystérieux événement peut décider un jour un jeune homme à entrer dans la Compagnie ? Nous changeons aussitôt d'époque et de cadre.

Six mois d'exercices en plein Vercors, avec les chasseurs alpins de Grenoble... l'élève officier de réserve peut s'éprouver lui-même au corps à corps avec la réalité. Camper, arpenter la montagne, il en a pris le goût chez les scouts à Lyon. Cette fois l'affrontement à la masse rocheuse est plus impressionnant. Certains tombent, épuisés par la longue marche forcée, où l'on transporte de lourdes mitrailleuses jusqu'à trois ou quatre mille mètres. Point de pitié pour les amateurs : celui qui sort sa tête du trou du combattant reçoit un coup de pied sur le casque.

Pour le jeune Lyonnais c'est aussi l'affrontement avec un monde nouveau, loin des écoles techniques et des magasins de soierie, loin des mouvements de jeunesse. Il lui faut se frotter avec des instituteurs et des étudiants libertaires, laïcistes, offensivement anti-chrétiens. Ce sont, au fond, des adversaires en humanité. « D'eux ou de moi, qui est le plus humain ? » Tout au long de sa vie, il rencontrera cette interrogation.

Cet affrontement avec la résistance de la nature et des hommes aide à être soi-même avec confiance. C'est comme un temps de retraite qui affermit sa décision. C'est maintenant évident pour lui, il ne peut plus revenir en arrière. Pendant une nuit de garde, à la mairie de Villard-de-Lans, il écrit à ses parents qu'il ne reviendra pas, qu'il ne prendra pas en main la petite affaire de soierie; il se fera prêtre, il rentrera chez les jésuites. Dans cette lettre il essaie de s'en expliquer; mais, il le sait, son geste étonnera, attristera. Dans son entourage, certains avaient observé un changement; ils attendaient qu'il leur annonce des fiançailles.

Comment Jacques Sommet en est-il arrivé à cette décision de l'été 1931 ? Elle s'inscrit de façon inattendue dans l'itinéraire d'un jeune, formé dans un univers technique, venant d'un milieu peu religieux.

Aujourd'hui encore, quand il évoque ses souvenirs d'enfance et de jeunesse, le compagnonnage des jeunes dans la grande crise des années 1929-1932 reste l'expérience décisive. C'est là qu'il place son acte de naissance conscient, le moment où l'on décide pour la première fois de soi. La crise de cette époque était le conflit d'un monde qui se croyait tout permis et qui s'effondrait dans les domaines où il voulait réussir : rentabilité, efficacité technique, sociale, politique... La houle sauvage de cette crise accourait d'Amérique et balayait tous les espoirs des jeunes. A Lyon, chaque jour, plusieurs vénérables fabriques de soierie déposaient leur bilan. Les jeunes se trouvaient sur le trottoir, sans assurance, sans avenir. Rien devant eux! A 17 ans, il a vécu cet effondrement-là. Imaginez ces jeunes hommes et femmes pris entre les espoirs d'une grande adolescence qui veut avoir la vie devant elle et le choc de cet événement.

Les jeunes, Jacques Sommet les connaît par le scoutisme populaire surtout. Plutôt solitaire à la maison, souffrant d'une ambiance familiale quelque peu emprisonnante, il entre à 15 ans chez les scouts. Une véritable aventure.

Ces jeunes scouts, de milieu populaire, sont à l'âge où l'on passe de l'école technique au premier travail professionnel, des travailleurs débutants en somme, au milieu d'une crise soudain menaçante. Souvent ils ont déjà le souci d'aider leurs parents, frères et sœurs, à vivre. Beaucoup appartiennent à la seconde génération après les migrations vers la ville venues du Forez ou de la Dombes toute proche.

Très vite, Jacques Sommet partage avec les aînés de 17 ou 18 ans la responsabilité pédagogique ; dans ce milieu populaire il faut inventer dans le concret une forme de scoutisme faite pour lui, trouver une façon de le continuer pour les professionnels qui ont passé le cap des 18 ans, afin de les ouvrir à la responsabilité par tout un effort d'analyse.

Ce compagnonnage avec les jeunes constitue une expérience fondatrice pour Jacques Sommet. « Toute relation humaine est irréversible; ce qui est commencé est fidélité commencée. » Dans l'immédiat cette expérience se déploie avec des aspects imprévisibles, car Jacques Sommet découvre, comme d'instinct, l'urgence d'une formation sociale et politique mais aussi d'une réflexion philosophique et, peu à peu, d'une vie spirituelle. Les traits essentiels de la personnalité se dessinent là. Et aussi le courage à refaire la société, du moins à se donner toujours des raisons pour le faire.

Imaginez ce garçon qui laisse glisser la leçon de mathématiques par-dessus son pupitre d'écolier entrouvert, tandis qu'il trouve force et plaisir à feuilleter Descartes, qui n'est inscrit à aucun programme ! Suivez cet autodidacte qui, en plus de ses multiples activités et discussions avec les jeunes, s'intéresse à la doctrine sociale chrétienne, ou qui, au hasard d'une bibliothèque, lit le *Catéchisme des incroyants* du Père Sertillanges, multiplie les lectures de littérature et de philosophie, suit des conférences et des débats, se plonge dans *La Vie intellectuelle* ou dans les *Études*. Mais il est fort peu présent aux milieux de l'Église. C'est à travers l'amitié de tel ou tel compagnon qu'il s'initie à une première connaissance de Jésus Christ, de ses gestes et de ses paroles.

Il est entraîné peu à peu dans ce merveilleux mouvement de renouveau chrétien qui caractérise cette époque, un des grands moments spirituels de la France. « Je n'y étais pour rien, j'ai rencontré la gratuité de l'événement. A travers ces dimensions éclatait mon adolescence un peu étouffée jusqu'alors. »

On dirait que Jacques Sommet n'a gardé aucun souvenir de la petite enfance. Est-ce indiscrétion et vaine curiosité de forcer la porte de ce domaine préservé, silencieux ? Il ressent une sorte de pudeur devant cette étape mystérieuse. « Comme ces jardins où on ne va plus et dont la réalité émouvante nous enveloppe dès qu'on entrouvre la porte. »

Jacques Sommet naît en 1912 à Lyon, aux Brotteaux, puis vient vite habiter le quartier de la Croix-Rousse. Il semble destiné à grandir et à faire sa vie sur les pentes de la colline des canuts. « C'étaient encore les pentes débordantes des rumeurs des métiers qui fabriquaient, à coups de navettes, entre chaîne et trame, la soierie lyonnaise : les velours précieux, les soies légères comme un nuage et les lourds tissus d'ameublement. »

Son père possède une petite entreprise de fabricant de soierie. Son métier allie esthétique et technique. Il invente son produit, le fait réaliser par d'autres, puis le commercialise. Il achète la soie au Japon ou au Liban, la confie à des professionnels pour la préparer, la fait tisser dans une usine de la Loire, de la Haute-Loire ou quelquefois même de la Croix-Rousse, fait expédier le tissu à d'autres usines pour la teinture... A son bureau de Lyon, il ne voit que la marchandise prête à être mise sur le marché. La maison s'est spécialisée dans le crêpe de Chine. Il faut savoir se faire chaque année une place sur le marché entre Lyon et Paris, proposer des projets, présenter des essais, opter pour une brillance et un coloris plus appuyés quand on veut exporter en Amérique latine, affronter une concurrence rude...

Mais vient la guerre de 1914. M. Sommet est mobilisé. Il perd tout. Et puis... là mon interlocuteur se fait encore plus discret... Jacques et son frère perdent leur mère dès le début du grand conflit. Elle est victime de la guerre puisque le médecin compétent, mobilisé, n'est pas là. « Cette solitude, ce souvenir inconnu d'une origine qui m'échappe, m'habite encore. »

Et pourtant, dans ces années sombres se dessine une parenthèse de lumière, sur laquelle il revient avec plaisir et reconnaissance. Les enfants sont confiés aux grands-parents maternels à Bourg-en-Bresse, « la petite ville enveloppée d'images de ciel et de fruits ». Il aime parler de l'extraordinaire vérité de ces gens qui mènent leur existence dans la tranquillité et la paix, pratiquement sans référence religieuse ou métaphysique, mais avec quelle loyauté, quel sens du travail, quelle patience dans les épreuves de la vie! Le grand-père, presque voltairien, est l'honnêteté même; il vit dans une espèce de stoïcisme nullement tendu. « Mon entrée chez les jésuites sera pour lui un drame dont je ne me rendis pas compte. Le petit-fils dans l'habit noir! » Cet homme s'était engagé en 1870 dans les troupes de Gambetta pendant le siège de Paris. La grand-mère est croyante, elle va à la messe le dimanche, plutôt en secret mais comme naturellement.

Vient là un ancien officier qui a servi partout dans le monde, en Afrique, en Asie... Les enfants ne se lassent pas de ses récits qui leur décrivent des sociétés différentes, les traits originaux de chaque continent et tant de visages concrets de l'humanité.

Que de qualités humaines s'expriment ici tout naturellement. On en retrouve les traits dans le personnage de Jacques Sommet. Il en est profondément marqué.

Refermons la porte de ce beau jardin de province. En comparaison, la vie lyonnaise sera plutôt étouffante. Revenu de la guerre, M. Sommet doit tout recommencer : le foyer, l'entreprise. L'enfant trouvera l'équilibre nécessaire avec sa belle-mère, à côté d'un père qui se bat sans répit avec des affaires de plus en plus difficiles.

Le petit Jacques fréquente successivement le pensionnat Saint-Louis-des-Chartreux, tenu par les frères du Sacré-Cœur, puis l'école technique de La Salle, très réputée à Lyon et tenue par « les frères ». Le père a décidé que son fils ferait d'abord trois ans de technique en métallurgie avant de s'initier au travail de la soierie. Les frères dispensent un bon enseignement scientifique et mathématique, ils savent initier aux gestes et à l'univers de la technique. Efficacité certaine et acharnement à la tâche... ils en détiennent le secret! Mais l'expression littéraire n'a pas de place ici, ni la réflexion philosophique. Jacques se formera en autodidacte en ces matières qui le passionnent.

Dans ces établissements, on enseigne le catéchisme avec des manuels anciens; la messe est obligatoire certains jours. L'instruction religieuse est plutôt conventionnelle et extérieure, sans grand effet sur la conscience du jeune qui s'éveille.

Tout jeune, Jacques n'est guère curieux des choses religieuses; elles ne sont pas sur sa route. Même les croyants autour de lui pratiquent leur christianisme de façon bien discrète, ce qui l'étonne encore aujourd'hui. Dans le monde qui l'entoure, les gens vivent honnêtes, désintéressés, fidèles à l'existence, sans référence religieuse manifeste. Dans une lettre écrite par sa mère à l'approche de la mort, il trouve cette remarque saisissante : « Ç'a été court, mais c'était bon. »

Aujourd'hui encore, il reste intrigué par l'indifférence religieuse de ce milieu; elle n'est pas un phénomène de décomposition; elle vient plutôt du fait que le travail est si sérieux et accaparant qu'aucun langage symbolique n'est possible; la noblesse de la tâche se suffit pour ainsi dire. Et, pense-t-il, un cheminement intérieur progressait dans ce milieu de travail et d'honnêteté. « Nous recueillerons les fruits de cette modestie spirituelle et de cette patience dont vivait la génération qui nous a précédés. »

Un souvenir religieux de l'âge de 12 ans émerge, ce n'est pas celui de la communion solennelle qui semble n'avoir guère laissé de trace. La curiosité de l'enfant s'arrête plutôt devant une phrase de la préface, un jour où il feuillette le livre de messe de sa grand-mère : « Ceci est juste et raisonnable. » Qu'est-ce qui peut être juste et raisonnable ? Il se pose à cet âge les premières questions métaphysiques, sur l'irréversibilité du temps.

Sortant de l'école de La Salle, Jacques travaille pendant un an et demi, en 1930-1931, avec son père. C'est le moment où tout s'effondre. Il participe à la conception du tissu, il s'occupe de sa qualité et de sa brillance. L'exportation s'est fermée après la guerre; on cherche à fabriquer des produits de remplacement moins chers, par exemple en utilisant du coton de haute qualité pour le fil torsadé. Le père prévoit qu'après son service militaire son fils irait implanter sa compétence technicienne en Amérique latine et monter une entreprise là-bas. L'aventure de la soierie familiale s'achèvera par la fermeture complète, mais alors le jeune homme sera déjà loin.

En effet, apprenant en avril 1931 qu'il peut profiter dans les trois semaines des examens de préparation militaire pour choisir son corps par devancement d'appel, il veut partir au service. Son père accepte. Trois semaines plus tard, il est chez les chasseurs alpins de Grenoble. C'est la dernière étape avant l'entrée chez les jésuites.

Par quelles expériences Dieu est-il entré un jour dans la vie de ce garçon au point qu'il veuille se faire jésuite ? Il est bien singulier l'itinéraire de ce garçon qui se veut responsable des jeunes que blesse la crise. Il est hanté par l'effort à entreprendre pour construire une société, un avenir, où les nouvelles générations ne seront plus les victimes de telles secousses. C'est un appel d'une force étonnante qui l'engage à l'action éducative, à l'amitié, mais aussi à l'effort intellectuel. C'est à travers cette solidarité avec les jeunes dans leur élan et leur malheur que Dieu entre dans sa vie. Il a l'intuition que Dieu le convoque, il en a la certitude, jour après jour. Ce Dieu n'est pas un besoin, pas même un sauveur pour sortir des impasses, mais une vérité absolue, un amour décisif. Il ne sait pas encore tellement où est Dieu, ni ce que ce Dieu veut de lui. « Il veut tout, ne peut vouloir que tout, et je ne sais comment entendre ce vouloir, ni si j'en ai seulement le droit. »

Ce que Jacques Sommet cherche, au départ, c'est de vivre une fraternité avec les hommes dans une dimension pédagogique. Non seulement la fraternité immanente, inscrite dans toute vie; mais une fraternité vécue comme pénétrée par un appel très personnel. Il en est sûr, quelque chose doit exister, une sorte d'institution, qui serait en même temps œuvre de liberté, non pas de simple liberté intérieure mais d'une liberté vécue en connivence éducative avec d'autres libertés. Une structure doit exister qui permette des relations avec des hommes pour l'éveil et l'éducation des libertés, qu'il s'agisse de partir pour la Chine ou de travailler avec les jeunes de notre pays. Sans le savoir, le jeune homme fonde mentalement quelque chose comme la Compagnie de Jésus... mais celle-ci existe et c'est vers elle qu'il se dirige après un minimum d'enquête sur les différentes formes de vie possibles pour être fidèle à son appel : clergé diocésain et surtout franciscains et dominicains. Il ne cherche pas à rejoindre un groupe d'hommes qu'il connaîtrait d'avance, il ne poursuit pas l'idée d'exercer telle ou telle activité précise, mais il veut trouver un corps vivant qui corresponde à son attente; son désir va au-delà des gestes et des actes concrets par lesquels il pourra se réaliser au fur et à mesure qu'on avance dans la vie. La Compagnie est en connivence avec cet appel, et sa décision est prise sans hésiter.

Au retour du service militaire, Jacques Sommet va au Châtelard, dans les environs de Lyon, pour rencontrer le seul jésuite qu'il connaît, grâce à une retraite de deux ou trois jours à l'école, le Père Gabriel Saint-Olive, un spirituel, un des fondateurs de la JOC à Lyon. Il est entendu avec sérieux. Et c'est aussitôt la première épreuve : il ne sait pas le latin. On lui propose de passer une année au collège de Mongré pour apprendre la langue classique ecclésiastique. Ce sera sa période de « candidature », qui permet à la Compagnie et à lui-même d'éprouver s'ils sont faits l'un pour l'autre, un temps d'approfondissement indispensable pour entrer ensuite dans l'expérience du noviciat.

Le voilà donc à Mongré, « pion » et élève de latin et de grec. Le vieil étudiant, surveillant des études et des dortoirs, se mêle aux petits élèves pour apprendre *rosa rosae*! Étrange condition!

Mongré est un temps de grâce. Là le jeune homme rencontre des maîtres de réflexion qui parlent philosophie et culture. Il est enthousiasmé, comblé. Le Père Alfred de Soras, dont la passion et la puissance intellectuelle l'éblouissent, se fait son mentor et le met en contact avec les travaux du Père Yves de Montcheuil. Comment ne pas être impressionné par le rythme vigoureux des études dans cette maison et par la qualité des professeurs. Il ressent une sorte d'admiration pour cette réussite collective de la Compagnie. Le jeune technicien entre enfin dans le milieu littéraire et philosophique, apprend à s'exprimer, à intégrer les différents aspects d'une question : philosophique, religieux, spirituel, pratique. Ce sont les prémices d'une première unité de l'esprit. Il faudrait tout un chapitre pour évoquer le climat de Mongré et toutes les influences qui y convergent.

Jacques Sommet, passionné de lecture, est heureux ici. Il reste jusqu'aujourd'hui un infatigable dévoreur de livres. Ah, ses nuits de lecture! C'est une expérience dont il ne peut se passer. Pour lui, lire fait partie du sommeil, la lecture apaise une insomnie. Il se plonge dans les œuvres qui font participer à l'histoire, qui mettent en scène le drame social d'une époque et la confrontation des hommes avec leur destin historique. Il aime les grandes fresques littéraires où l'on sent les dimensions collectives de la vie et ses aspects souterrains. Les grands auteurs russes sont ses préférés. Il s'attache aux poètes, aux Russes, de préférence. Mandelstam et Anna Akhmatova seront plus tard une famille spirituelle pour lui; ils représentent une mystique à la confluence de la dimension sociale.

Poésie, littérature, architecture, histoire... depuis toujours la culture tient une place importante dans les préoccupations de Jacques Sommet pour la construction de l'avenir, pour le développement de l'espérance des jeunes générations. L'éducation, la formation sont essentielles pour l'aventure humaine. « Volontiers je dirais, de façon un peu subjective, que j'ai besoin de ce rêve sur l'humanité pour avancer. » Culture, formation, éducation... c'est la dimension « baroque » — au sens historique et culturel de ce mot — de la Compagnie, il aime à le répéter.

Nous voici donc en présence de ce qu'on appelle une vocation, un choix de vie qui se veut absolu et définitif. Pour chacun de ceux qui l'accueillent elle a un visage particulier, dessiné par un ensemble de motivations, de désirs, de découvertes. Chez beaucoup de ceux qui choisissent alors la vie sacerdotale ou religieuse après avoir rencontré les mouvements de jeunesse, l'horizon de la vocation est constitué par la crise du moment et le souci de soutenir les nouvelles générations pour faire advenir une autre société. S'agit-il simplement d'une vocation pour l'action sociale, culturelle, pédagogique ? Non, pour Jacques Sommet il y a beaucoup plus qu'une super-vocation de militant, un seuil absolu est franchi. Il a découvert que la dignité suprême et fondamentale, la valeur infinie des hommes est en jeu dans cette crise. Son projet pour la société prend une dimension spirituelle nouvelle, il ne peut aboutir que si chacun est reconnu dans sa dignité suprême, en fin de compte dans sa dignité de fils de Dieu. Seule la préférence donnée à Dieu, à l'Évangile, permet de vivre cette vocation. Telle est la dimension de l'appel, l'appel d'un Dieu rencontré en Jésus Christ.

Cette transformation de l'appel militant en vocation religieuse se fait petit à petit dans la découverte de l'Évangile, dans la rencontre personnelle du Christ. Le dynamisme évangélique est reconnu comme le seul chemin pour les jeunes en face de la vie, le seul remède face aux dangers et aux difficultés. Le pôle évangélique, d'abord adjacent, devient le centre. Le jeune homme découvre l'Évangile, il le lit beaucoup pendant son service militaire. L'attachement au Christ comme personne devient une réalité majeure ; sur qui on peut miser toute son existence. Mais ce choix personnel du Christ se fait en lien avec les fidélités humaines; il apparaît comme la source de ces fidélités. « Jésus Christ, amour de Dieu en l'histoire humaine m'a convoqué gratuitement et sans retour à son service, même si tout cela doit se traduire, pour l'immédiat, par une moindre efficacité au travail avec ma génération dans cet univers hésitant et désarçonné de l'entre-deux-guerres. » Cet appel de Jésus peut prendre forme dans la structure qu'est l'Église et, plus immédiatement, dans la Compagnie. Le passage à la Compagnie va pour ainsi dire de soi; elle est le lieu où Jésus sera nommé et préféré précisément dans un choix d'existence.

Qu'un jeune accepte cette profonde rupture que la vocation vient inscrire dans le dynamisme normal de sa vie, ne serait-ce pas le signe qu'il désespère de trouver sa voie au milieu des hommes, qu'il ressent l'histoire humaine comme allant à sa perte ? Ne chercherait-il pas une réponse d'avance plus sûre et venue d'ailleurs ? Rien d'un tel catastrophisme chez Jacques Sommet. Il n'est pas en quête d'un optimisme spirituel pour compenser le pessimisme qu'engendre le spectacle de la civilisation. « Je n'ai pas eu l'impression de quitter le monde pour ne pas revenir, mais de quitter pour être dedans. Je ne puis avancer, docile à l'appel de Dieu, qu'en descendant toujours un peu plus profond dans mon époque. L'invitation à suivre le Christ surgit pour ainsi dire gratuitement de l'expérience même du poids de ce monde. » Point même d'idée de rachat ou d'accomplissement spirituel du monde; il s'agit plutôt de porter le monde avec tout son poids et son dynamisme, avec ses misères mais aussi avec ses espoirs.

Voilà Jacques Sommet devant l'avenir, sans savoir de quoi il sera fait concrètement, disponible mais plein de pressentiments.

2

La formation d'un jésuite

De passage à Mongré, le Père provincial des jésuites de Lyon annonce à Jacques Sommet qu'il peut entrer au noviciat, qui se trouve à Yzeure, près de Moulins. Nous sommes en 1934.

Tout le travail est intérieur

Quel changement de vie du jour au lendemain. Ici le quotidien est fait de travaux faciles, ennuyeux, sans risque du lendemain, d'exercices de prière répétés. Cette vie de patience, où les événements se passent dans l'âme, dans l'esprit, dure deux ans dans la Compagnie. Tout le travail est intérieur. Une certaine pénétration spirituelle se réalise à travers un creusement de l'âme qui va jusqu'aux raisons profondes d'être et de vivre. J'entraîne le Père Sommet à faire ce retour sur le noviciat pour qu'il explique un peu ce qu'est pour lui la vie religieuse, la logique spirituelle de cette forme de vie.

Le cadre du noviciat est plutôt rigoureux et contraignant, surtout à cette époque. Comme à l'opposé des poussées d'expansion qui habitent les jeunes de cet âge. Jacques Sommet en souffre moins que d'autres, peut-être, ajoute-t-il, parce qu'il n'a pas connu la tendresse maternelle dans son enfance. Et, avec ses 22 ans, il est l'aîné au milieu de ce groupe de jeunes de 17 et 18 ans, sans doute plus sensibles encore !

La vie et la formation du novice dépendent pour une large part de l'accompagnement du responsable, du Père maître. Le Père du Bouchet est homme de tradition, strict, guère intellectuel, plutôt effrayé par les audaces de cet autre jésuite qu'est Teilhard de Chardin. Mais, chez cet homme si peu attiré par l'expression intellectuelle critique, quelle santé spirituelle, quelle sagesse dépouillée, évangélique, quelle force profonde! Il fait confiance au frère Sommet, le dispense même des multiples permissions que les novices doivent demander pour toutes choses : parler hors des rares moments prévus, lire un ouvrage, écrire une lettre... N'est-ce pas le même Père du Bouchet, devenu provincial qui, en pleine guerre, enverra le jeune frère Sommet à Paris faire ses études à Sciences-Po ? Pourtant ils ne partageaient pas les mêmes idées sur la politique à cette époque!

Pour les jésuites, les grandes expériences intérieures se constituent dans le cadre des *Exercices spirituels* de saint Ignace de Loyola. En les suivant pendant un mois entier, le novice découvre l'originalité et la puissance de la voie ignatienne, en même temps qu'il prend la mesure de l'appel de Dieu qui prend forme dans sa vie. Pour le jeune Sommet, moins familier que ses compagnons de l'ensemble de la catéchèse chrétienne, c'est aussi une façon de se laisser instruire, par une démarche intérieure, dans les grandes réalités de la vérité chrétienne.

« Les Exercices sont vraiment le seuil, le passage à la vie de prière. C'est la prière dont aura besoin demain le jésuite dans l'action. Elle ouvre au discernement, mais elle est aussi geste de désintéressement, de passivité, où l'être se laisse saisir avec reconnaissance par la présence de Dieu. Un des caractères des Exercices me paraît être d'animer une vie de prière de profondeur et de disponibilité totale; elle ouvre sur un discernement constant pour passer d'une décision à l'autre. Pour moi, la conception d'une action, transformée par le passage dans l'innovation qu'est la prière, fut essentielle. L'action elle-même est transformée dès lors qu'elle prend son départ dans la prière. C'est là un signe de la Compagnie. A ce moment j'ai découvert le Christ comme Fils de Dieu, au sens où la transcendance de Dieu, présente en lui, traverse toute chose. Les Exercices sont la relation avec l'Esprit de Jésus à travers la liberté d'action, dans un dialogue constant avec ceux qui nous entourent — qu'il s'agisse de ceux qui représentent l'autorité de la Compagnie comme structure, qu'il s'agisse de l'échange fraternel auquel je donne beaucoup d'importance dès le noviciat. »

Quand les décisions de vie se prennent dans une prière d'une telle qualité mystique, elles doivent être ressenties comme des choix au nom de Dieu et rien ne saurait être plus décapant de tout repli dans ses désirs et jugements propres. Mais quel risque aussi d'absolutiser une décision humaine comme si elle venait du ciel, contraignante pour soi et éventuellement pour d'autres, dès lors qu'elle est censée transcrire la volonté de Dieu! Le Père Sommet reconnaît le danger.

« On peut avoir l'impression de mettre Dieu dans un système généreux, et passer du système généreux au système vicieux est vite fait. Mais le noviciat est un lieu où le discernement se fait à travers un grand détachement matériel et en se mettant bien en face des conditions du travail futur. Cela favorise une sorte de dépassement de l'illusion. De plus, ce qui est en cause, c'est une plus grande ouverture à la gratuité de l'appel de Dieu. Cette remise à Dieu, j'aurai à la mettre en œuvre au jour le jour, dans la confrontation dialogale avec ceux qui sont les maîtres, au sens d'instructeurs du chemin, et avec les frères. Apercevoir l'illusion du voisin éclaire quelquefois sur son illusion à soi. Une purification commence dès le noviciat. Les Exercices invitent à vivre la décision personnelle et quotidienne dans la passivité et la docilité. Cette docilité est première, et elle est toujours à inventer et à réinventer. Une sorte de structure se met ainsi en place pour l'avenir, dans le cœur et dans l'esprit. »

Au cours du noviciat, le jeune religieux doit accepter une période d' « expériments ». Le frère Sommet fait un stage auprès des malades chez les Petites sœurs des pauvres. Aujourd'hui cette épreuve de soi est plus difficile, matériellement et psychiquement : travail en usine, travail parmi des gens extrêmement pauvres, collaboration à des centres d'éducation pour migrants, travail à l'hôpital et en milieu psychiatrique.

La vie quotidienne banale du noviciat est peut-être plus éprouvante : point de liberté, peu de communication avec l'extérieur, guère de courrier, rarement un journal — et pourtant nous sommes à l'époque du Front populaire, des débuts de la guerre d'Espagne, de la montée du fascisme. Le novice apprend à vivre dans un contrôle permanent de lui-même : résolution chaque matin à l'oraison, examen particulier à midi, examen de conscience général le soir pour vérifier tout ce qu'il fait, sent et éprouve. Échappera-t-il au narcissisme et au scrupule ? Mais il faut comprendre le sens de cette rupture difficile. C'est l'entrée vraie dans la sphère spirituelle qui est en cause. Une réflexion étonnante du Père Sommet en fait deviner le sérieux : par certains côtés, reconnaît-il, le noviciat a pu être pour lui, une fois ou l'autre, une épreuve plus difficile que Dachau. « Ce que sera pour moi Dachau a été joué au noviciat jusqu'à un certain point. L'important n'est pas ce que je fais du noviciat, mais ce que le noviciat fait de moi. Il n'y a pas de distractions, même au sens où l'on serait occupé par le frère que l'on sert. Le souci de tous les hommes revient un peu au souci de soi, car à celui-là on ne peut échapper comme source! On est dans une bataille très localisée, violente, et cela dans la patience, dans la vanité de gestes qui ne sont presque rien. Mais on a tout à faire pour prendre en charge l'originalité de ce qu'on commence. C'est une rupture, parce que c'est un commencement majeur, donc une épreuve. Le noviciat consiste à accueillir une dimension inconnue de l'appel entendu avant. »

Aujourd'hui le noviciat est vécu de façon un peu différente. L'essentiel est qu'il soit un véritable passage. Au fond le risque, autrefois, était moins d'un repli sur soi que d'un mouvement sur soi, une autophagie qui peut faire des hommes vertueux bloqués dans leur vertu, pas tout à fait libérés psychologiquement. A l'époque on ne connaissait pas la psychanalyse, et on peut se demander comment la dimension de l'inconscient, à la limite celle de l'affectif, du rêve, des pulsions, pouvait être traitée à ce point par prétérition au noviciat et ailleurs. Mais il y avait en contrepartie tout l'aspect positif de la culture littéraire, la tradition baroque dans les collèges de la Compagnie, où les étudiants jouaient *Phèdre*... Ainsi beaucoup avaient réussi une mise en place de la dimension affective, alors qu'elle n'était pas traitée explicitement. Certains avaient même acquis beaucoup de délicatesse, de pureté, de finesse, de simplicité, de liberté, dans l'approche des questions les plus difficiles avec leur côtés ambigus.

Le Père Sommet y tient à ce thème du baroque jésuite. Cette tradition s'est manifestée de façon presque explosive en Allemagne et en Autriche dans le grand flamboiement artistique qu'on admire dans le royaume céleste du baroque autour du lac de Constance. Plus austère dans son expression en France, la spiritualité jésuite n'a pas réalisé, pense-t-il, cette conjonction entre la fidélité spirituelle et la conciliation avec la créature dans un éblouissement architectural; il faut plutôt penser à un épanouissement d'ordre intellectuel à travers une raison un peu sèche. Le baroque, c'est d'abord la présence qualitative aux grands mouvements de l'histoire, et le Père Sommet pense ici aux multiples proximités éducatives auprès des personnalités de la politique, de l'action sociale, de la culture, qui caractérisent la Compagnie depuis son origine. Aujourd'hui il ajoute la présence auprès des responsables de tous niveaux dans les pays du Tiers Monde. Que nous semblons loin du noviciat! Pourtant ce temps d'initiation prépare à de telles responsabilités par la formation profonde de la personne et de ses intentions.

Jésuite à part entière

Au terme de deux ans de noviciat, Jacques Sommet se trouve à la veille de prononcer les vœux religieux, c'est-à-dire les vœux de pauvreté, de chasteté et d'obéissance dans l'appartenance à un ordre religieux. Il est admis à prononcer les vœux le 11 octobre 1936, en la fête de saint François Borgia. Chez les jésuites cet acte si important se fait au cours d'une cérémonie très simple, sans fête, dans une étonnante discrétion.

Peut-on mesurer la gravité de ce geste de la part d'un jeune homme de 24 ans qui engage d'un mot tout son avenir ? Chez les jésuites, à la différence des autres ordres et congrégations, on ne fait pas d'abord des vœux temporaires ou même annuels pour laisser à l'institut ou au religieux la possibilité de revoir leur décision sans trop de drames. Ici les vœux sont d'emblée définitifs de part et d'autre. Les « grands vœux » plus tard, pour ceux qui y sont admis, se feront dans une forme plus solennelle, mais dès les premiers vœux à la fin du noviciat on est vraiment et pleinement jésuite. Aujourd'hui encore Jacques Sommet en parle avec fierté : le jour de ses vœux, il se sent jésuite, il se sait reconnu comme jésuite à part entière par tous les jésuites du monde. Quel honneur! Des vœux à l'essai lui paraissent illogiques, car l'ouverture à l'inconditionnel, le don de soi à Dieu interdisent de faire un geste provisoire, de délimiter l'horizon.

« Si je n'avais pas fait, dans l'humilité je l'espère, des vœux définitifs, j'aurais eu l'impression de n'être pas traité à maturité. Aujourd'hui encore je proteste quand on considère un jeune religieux comme apprenti jésuite. Non, j'ai à lui demander son avis comme à tout autre. Certes le jeune religieux n'aura pas tout de suite un "rendement", il est dans une période de maturation. Ce n'est pas être moins jésuite. La Compagnie, la communauté des compagnons, commence avec cet acte des vœux. Comme pour Ignace! »

Un signe de cette reconnaissance du religieux par l'institution, le Père Sommet le voit dans la pratique du « compte de conscience ». Dans cette rencontre du religieux et de son supérieur, surtout avec le supérieur majeur qu'est le Père provincial, ne voyez pas une sorte d'inquisition de l'autorité sur la bonne conduite intérieure et extérieure du religieux — cela a pu exister ou existe peut-être ailleurs encore. Chez les jésuites, il s'agit de dialogue fait du respect de deux consciences l'une pour l'autre. Le supérieur a le devoir d'écouter de façon absolument rigoureuse la conscience de l'autre, qui porte de lui-même l'exigence d'être reconnu comme liberté. Le religieux a la possibilité de dire tout, de le dire même si c'est contre le supérieur qui est en face de lui, de poser des questions notamment sur ce qu'on lui demande. Ainsi, pour le Père Sommet, le compte de conscience apparaît comme la réalité charnière de la liberté dans une vie instituée. Et, ajoute-t-il, cette conception doit s'élargir en ouverture de conscience diffuse, faite de respect et de confiance, dans toute la vie de la Compagnie.

Jacques Sommet a prononcé les vœux de pauvreté, de chasteté et d'obéissance; au cours de plus de cinquante ans de vie religieuse, faite d'expériences et de questions parfois cruciales, il n'a jamais regretté d'avoir fait ce pas. Des frères, en général plus jeunes il est vrai, ont pu penser qu'ils sont devenus autres par la suite et regretter cet engagement. Le Père Sommet est prêt à dialoguer avec eux, à condition qu'il soit admis des deux côtés, par le sujet et par la Compagnie, que la plus grande fidélité comme la plus grande faiblesse peuvent passer aussi bien par l'acte de rester que par le geste de sortir de la Compagnie.

Pauvreté, obéissance, chasteté

Si nous voulons comprendre les grandes attitudes d'un religieux, il est important de découvrir quelque peu ce que signifient pour lui les trois vœux. Dans les instituts religieux la pauvreté est, en général, vécue de façon très scrupuleuse. C'est un continuel renoncement au moindre avoir personnel, au moindre moyen financier. Ce dépouillement matériel est aussi dépouillement de toute la considération de soi et de l'estime d'autrui qui nous viennent de la rémunération ou de la fortune. Mais l'aspect matériel semble n'avoir guère posé de problème à Jacques Sommet. Venu du Lyon laborieux, il y voit plutôt la grâce d'être déconnecté du souci vertueux d'avoir à faire sa vie par le travail et les efforts incessants d'économie. La pauvreté lui apparaît comme une richesse; on peut éventuellement manquer du nécessaire, mais, en tout cas, on est libre de l'obsession de calculer sa vie chaque jour, dont il a été le témoin dans son enfance.

Plus tard, comme supérieur de communauté, il connaîtra le souci de faire vivre ensemble tout un groupe de jésuites dans l'action. Il lui faudra gérer les biens de telle façon que cette communauté soit pauvre sans l'angoisse de n'avoir rien sur la table, mais non pas sans le risque d'être démunie de moyens, y compris apostoliques, là où il les faudrait.

Mais de quoi vivaient alors et vivent aujourd'hui les jésuites ? La Compagnie est apparue aussitôt au novice comme un corps qui vivait du travail de quelques-uns et grâce aux dons reçus pour qu'elle fasse sa tâche. On imaginait qu'on pouvait risquer de se trouver, par fidélité au service de Dieu et des hommes, dans des situations extrêmes de manque. Mais, reconnaît Jacques Sommet, sauf en territoire de mission, on n'en faisait guère l'expérience. Ces questions seront posées de façon vive et concrète plus tard, par les prêtres ouvriers puis par le brassage des peuples. Aujourd'hui les jeunes sont plus attentifs aux questions de la richesse capitalisée. Des problèmes de justice sont posés à travers la façon dont la Compagnie vit l'usage des biens dont elle dispose. En 1974, la réunion des supérieurs et délégués élus de la Compagnie, ce qu'on appelle la Congrégation générale, a abordé ces questions sous l'angle de la justice dans le monde. Il en résulte une analyse critique plus constante de l'ensemble de la gestion des biens, une sorte de disponibilité plus grande pour intervenir dans des situations imprévues. Le Père Arrupe a beaucoup insisté pour que l'organisation de l'entraide ne se replie pas sur les œuvres jésuites mais s'intéresse à tel secteur de l'humanité où le péril est plus grave. « Nous sommes invités à offrir du fruit de notre travail et, si possible, à nous priver même dans certains cas devant telle ou telle nécessité par laquelle nous nous sentons appelés. »

Aujourd'hui certains religieux sont obligés d'avoir un compte postal à leur nom, chose inimaginable il y a quarante ou cinquante ans, si ce n'est dans des cas tout à fait exceptionnels. Cependant la pauvreté exige que chacun rende compte à la communauté de ses dépenses personnelles. Quand il s'agit des finances d'une œuvre, les comptes sont à rendre à un religieux chargé de cette responsabilité dans la partie de la Compagnie qu'on appelle une province. Les communautés, comme les œuvres qui relèvent entièrement de la Compagnie, ne gardent pas de capital. A la fin de chaque année le surplus est mis à la disposition de la Compagnie. Dans les petites communautés ce surplus est affecté à telle mission de l'Inde, à l'alphabétisation, à un projet CCFD... Une part est nécessairement affectée au fonctionnement de la province et à des œuvres même hors de France. Le Père Arrupe a beaucoup insisté sur cette solidarité internationale, « faute de quoi les pauvres s'aident entre eux et les riches aident les riches » !

Le Père Sommet m'explique ensuite que la Compagnie trouve ses ressources par la gestion non spéculative des capitaux, pour autant qu'il lui en reste, et par la solidarité de toutes les communautés et de tous les religieux. Aujourd'hui beaucoup de religieux ont des revenus professionnels qu'ils apportent évidemment à la caisse commune. Une des caisses de la province est spécialement destinée à soutenir la formation; elle est alimentée par la participation solidaire de tous.

Envisageons un instant le vœu d'obéissance, le plus difficile pensera-t-on, puisqu'il touche le principe même de l'exercice de la liberté et soumet la grande pulsion humaine du pouvoir à un institut et, finalement, à Dieu. En réalité, observe d'abord le Père Sommet, la plupart des hommes au travail sont souvent rivés à une dépendance plus contraignante. Le PDG et le cadre supérieur chez nous, l'ouvrier de base dans une usine japonaise peuvent être déplacés de façon plus rapide et sans le moindre dialogue de conscience! Un religieux peut avoir beaucoup d'initiatives, exercer des pouvoirs fussent-ils spirituels, intervenir de façon importante dans la vie des autres, animer ou diriger des groupes... Mais l'obéissance religieuse est autre chose et l'explication qu'en donne Jacques Sommet demande et mérite beaucoup d'attention; c'est une importante réflexion sur l'autorité et le pouvoir.

« Dépendre de l'autorité et dépendre du pouvoir n'est pas la même chose. L'obéissance religieuse a pour signification de témoigner que l'autorité a le pas sur le pouvoir. Ce n'est pas la difficulté ni la grandeur du sacrifice qui sont d'abord en cause mais la signification. L'obéissance à l'autorité me fait vivre de l'initiative d'un autre qui ne méprise pas la mienne mais qui veut l'animer de l'intérieur. Il s'agit d'une invitation, et d'une invitation de l'amour de Dieu. Quelles que soient que les exigences que j'y lis, cette invitation est le geste du Père à travers le Fils.

« Certes les pouvoirs sont nécessaires. Mais un pouvoir qui n'est que pouvoir, qui n'est pas autorité au sens d'une invitation à croître — c'est le sens étymologique de l'autorité — porte le risque de toutes les aliénations possibles et pour celui qui commande et pour celui qui obéit. Ce pouvoir a besoin de purification.

« Acceptons la réalité; dans la société, les rapports de groupe ou les relations interpersonnelles sont forcément de domination de l'un par rapport à l'autre. Simplement parce que l'un est plus fort biologiquement, plus intelligent, il devient le lieu d'un pouvoir, car il doit être le lieu de communication de ce plus-être, de ce savoir plus. La tentation est de transformer cette communication en domination et d'oublier que, dans le pouvoir exercé sur d'autres comme service, il doit y avoir la reconnaissance de ce que cet autre apporte. Ceci n'est pas intrinsèque au pouvoir, mais l'autorité a à en donner le témoignage. De même quand la société s'organise, en particulier quand des hommes doivent se défendre d'autres hommes, ils ne peuvent le faire qu'à travers un jeu de pouvoirs des uns sur les autres. Le paradoxe de la relation à Dieu intervient ici; Dieu accepte que les hommes exercent le pouvoir seulement quand le pouvoir devient service. L'Évangile le dit tant de fois ! Ce n'est pas l'abdication de la responsabilité et de la décision, mais l'autorité. Dieu n'est jamais le dépositaire ou le sujet d'un pouvoir.

« Nous sommes toujours dans la situation d'hommes qui vivent de quelque manière en communauté et qui sont dans l'histoire à faire. L'obéissance est inévitable. La question est qu'elle puisse être consentement de liberté, même si elle implique soumission; la soumission active s'appelle décision et comporte la reconnaissance de ce que je suis. C'est dans cette perspective que se situe l'obéissance religieuse.

« Mais pour comprendre l'obéissance religieuse, notamment dans la Compagnie, il faut aller plus loin encore, comprendre comment se lient obéissance extérieure et obéissance intérieure, soumission aux supérieurs et soumission à l'autorité de Dieu, sans les confondre.

« Une première remarque : à cause de sa dimension active, la Compagnie accorde une sorte de priorité à l'obéissance. C'est devant l'action que l'accueil, dans la passivité, d'un Dieu vivant qui me dépasse est éprouvé dans sa vérité. L'activité d'un jésuite, si haute soit-elle, se juge à travers une élection toujours reprise, c'est-à-dire un choix docile à la volonté de Dieu.

« Deuxième remarque que je formule à partir de mon expérience et celle de beaucoup d'autres : l'obéissance recouvre toujours plus la soumission à Dieu que la soumission à un homme. Dans la Compagnie les constitutions imposent absolument que l'obéissance ne soit commandée d'une part et reçue d'autre part que dans un dialogue, comme je l'ai déjà indiqué à propos du compte de conscience. A travers ce dialogue, il est important de vérifier que chacun cherche la docilité à l'Esprit envers qui l'un et l'autre ont à être passifs. Il y a, bien sûr, des cas où une intervention ou une décision ne souffrent aucun délai, mais cela suppose que le dialogue existe depuis toujours.

« Un jésuite peut être appelé par ses supérieurs, pour des raisons graves, à prendre une responsabilité tout à fait imprévue. Cela reste essentiel. Malgré le climat de dialogue, certains ont à accepter des changements parfois considérables. Aujourd'hui, on n'a plus la garantie de rester toute sa vie dans un même type d'activité, comme professeur de collège par exemple; et même si on reste dans une telle œuvre, on peut être amené à changer de méthode, de type d'activité, etc.

« Dans le détail, la pratique de l'obéissance a cependant changé. Elle ne s'accomplit plus dans une méticuleuse dépendance qui oblige sans cesse à demander permissions et autorisations pour les choses les plus insignifiantes; cet excès n'a d'ailleurs jamais été très développé chez les jésuites, je crois! Ce qui demeure sérieux, ce sont les rapports de chaque religieux avec le Provincial. Là s'exercent une mise au point et une discussion au nom de l'emprise absolue de la Compagnie sur des projets et sur la disponibilité. La conversation avec le Procinvial est le lieu décisif de l'obéissance. »

Si l'on veut comprendre à quel point les vœux religieux comportent un engagement immense et endiguent ou transforment les pulsions et les désirs les plus fondamentaux de l'être humain, il suffit de citer le vœu de chasteté. S'agissant d'un jeune de 20 ans qui s'apprête à le prononcer, on pense immédiatement à la souffrance, peut-être cachée, que représentent l'absence de tendresse, d'amour, le renoncement au plaisir sexuel. Mais la chasteté va beaucoup plus loin. Ce sera de ne pas avoir de compagne, d'enfant, de foyer, de ne pas donner nom à une descendance, de ne pas se sentir continué dans l'histoire. Paradoxalement, la chasteté peut aussi représenter une facilité, car celui qui n'est pas marié échappe à la confrontation quotidienne avec l'autre et avec les enfants, à l'expérience éprouvante de conflits, de blessures, peut-être aux drames de la déchirure des conjoints ou de la rupture des générations. Pour Jacques Sommet, la chasteté se vit comme témoignage d'une espérance au milieu des couples affrontés à ces difficultés.

« J'ai pensé à ces questions au moment où j'ai écrit à mes parents qu'ils ne me reverraient pas. A cet âge, j'ai pensé positivement au mariage, à faire ma vie avec une femme aimée. A ce moment on renonce à ce qu'il y a de plus beau... pas à l'épreuve! J'ai découvert très tôt le bonheur mais aussi les problèmes que pouvaient vivre les autres, les passions qu'ils souffraient. Si la chasteté signifie quelque chose, elle met dans une condition qui nous invite à porter devant Dieu aussi bien ceux qui vivent le bonheur et ceux qui vivent l'épreuve des affections brisées et de l'amour blessé. Être vraiment proche de celui qui vit le mariage positivement et de celui qui en est brisé, c'était pour moi une lumière sur le sens que peut avoir le renoncement au mariage. »

La façon de vivre la chasteté a beaucoup changé dans les temps récents. Autrefois toute une minutieuse institution de la pudeur cherchait à sauvegarder « la sainte vertu ». Les relations avec « les personnes du sexe », comme on disait, étaient entourées de mille prescriptions de prudence : règles du parloir, recommandation de ne pas donner la main aux femmes, de leur parler les yeux baissés...

« Nous sommes aujourd'hui dans un monde de la mixité. Nous sommes passés de l'état de séparés à celui de rencontrés. Les relations avec les familles et les femmes sont devenues plus naturelles, plus saines. On peut même poser la question de l'amitié entre certains religieux et des femmes : religieuses, femmes mariées, mères de famille... Mais des mises au point restent toujours nécessaires. Fait étonnant, les ruses semi-conscientes ou presque conscientes ont plutôt diminué d'un côté comme de l'autre, même si des difficultés demeurent possibles. La conversation avec le supérieur revêt ici une grande importance.

« La vie affective de chacun est conditionnée par cette transformation des relations de personne à personne. Des moments de difficulté peuvent surgir, des moments de faiblesse chez les gens les plus loyaux mais parfois vulnérables. Des êtres admirables sont quelquefois naïfs! Il est bon, voire nécessaire, d'avoir dans chaque communauté ou dans sa proximité des hommes sages, des spirituels ouverts et avertis, capables de discerner à travers les qualités et la misère humaine, des hommes avec lesquels les religieux, qui portent de vraies questions, seront heureux de s'entretenir. Un climat de grande humanité est toujours bienfaisant.

« La communication de la conscience et de ses soucis est un trait de notre époque. On reconnaît que toute vie traverse le domaine affectif, qui n'est pas polarisé par le seul rapport masculin/féminin. On peut même parler d'affectivité à propos de la prière. Le temps n'est plus où le mot même d'affectivité faisait peur et où la réalité qu'il indique était souvent refoulée. »

Entendons-nous bien, la chasteté n'est pas d'abord un renoncement; sous l'aspect positif, elle veut essentiellement et prioritairement exprimer un amour personnel préférentiel, absolu pour le Christ. C'est l'occasion pour le Père Sommet d'expliquer sa façon de concevoir l'amour de Dieu.

« Il faut un certain temps pour être sur cette longueur d'ondes, je pense au sens de Dieu chez Ignace. Il pleure dans ses relations avec Dieu, pas dans celles avec les hommes. Il faut toute une part d'histoire spirituelle pour mesurer un peu la réalité de cette démesure de la relation d'amour avec Dieu.

« J'ai eu beaucoup de peine à penser qu'il fallait aimer Dieu d'abord et plus que le reste, jusqu'au moment où j'ai perçu un peu qu'aimer Dieu par préférence n'est pas seulement l'unique façon d'aimer les autres, mais que l'amour peut être un amour reçu : c'est cela précisément la relation à Dieu. Dieu est le seul qu'on puisse aimer en le recevant purement. On le reçoit lui-même plus qu'on ne lui rend d'amour. Aimer Dieu, c'est l'aimer dans sa gratuité envers nous.

« Dieu peut être pour moi l'amour le plus absolu qu'il me soit donné de poursuivre, le plus émerveillant qui soit; mais s'il n'est que cela, il n'a pas encore pris tout à fait sa place de priorité. Il a la priorité le jour où je comprends que la question de l'amour de Dieu, c'est celle de la docilité à être aimé de lui. Il y a dans le mot amour la disponibilité à recevoir, à être aimé. Et il n'y a qu'un lieu où cela se passe, il s'appelle Dieu. »

« Il faut parler là d'une passivité active. Dieu écrit son nom en nous, et il vient un moment où l'on reconnaît ce nom. Comme il y a, dans une vie, la femme la plus aimée, l'ami le plus aimé, il a pu y avoir pour moi Dieu le plus aimé; Dieu a été le plus grand amour, le plus grand idéal. Mais tant que j'en restais là, à ce "Dieu par-dessus tout", je n'étais pas à l'aise. J'ai été un peu à l'aise à partir du moment où, à genoux, dans la pénitence et l'humilité et, enfin je l'espère, dans la joie — ça dépend des moments —, l'amour de Dieu a voulu dire l'amour que je reçois. Cette démesure d'amour touche toute l'existence et le terme premier est celui de passion.

« Il n'y a dans l'accueil de cette démesure de l'amour de Dieu aucune prétention ni suffisance. Je reçois cet amour comme on reçoit la beauté, comme un don. Ce message qui me déloge de moi-même, cette gratuité de Dieu, je l'ai perçue dans l'humilité et presque dans les larmes quand elle m'a invité à compatir avec les hommes dans une situation extrême et qu'elle m'a fait chanter de subir cette épreuve. C'est une expérience extrême qui couvre toutes les autres de son alluvion. C'est précisément l'ampleur de la situation souffrante qui m'a mis dans une présence où j'ai reconnu que Dieu m'aimait, qu'il aimait chacun de ces compagnons de misère. C'est dans cette dernière dépossession qu'il s'agissait de recevoir cet amour comme gratuité à travers le message de la compassion sans limites avec les hommes autour. Ce chant qui me fait dire l'amour de Dieu, il ne vient pas de moi; j'ai l'impression qu'il m'atteint, que je suis simplement la corde de la harpe. Et de ces jours sombres des camps jusqu'à aujourd'hui, cela me revient et me reste : Dieu est démesure par rapport à tout homme, mais Dieu ne cesse de me parler par les hommes tant qu'il en reste un autour de moi. »

Au service de la Compagnie

Les vœux religieux sont certes un engagement très personnel envers le Christ, mais non pas un engagement individuel. « Ils sont une promesse à accueillir, une offre pour faire commencer un itinéraire dans un ensemble qui s'appelle l'Église ou la Compagnie. Se mettre au service de la Compagnie pour l'Église est constitutif de cette décision personnelle. » Tout au long du noviciat le jeune religieux le découvre de façon pour ainsi dire impressionnante.

« Cette période pouvait être vécue comme promesse. Au noviciat je ne vis pas en solitude, j'entre dans la vie commune avec des hommes qui font partie d'un ensemble, d'un corps, la Compagnie avec sa tâche. L'attachement à cette Compagnie que je découvre peu à peu par ses auteurs, son histoire passée et présente, les hommes que je rencontre, tout cela a un impact très fort sur moi. C'est comme l'entrée dans un réseau où il peut être dur de vivre ensemble mais où l'on vit ensemble. Les vœux religieux seront aussi la promesse d'un travail à faire ensemble. Au noviciat je découvre ainsi la Compagnie comme une proposition de dimension à la fois mystique, spirituelle et universelle. Je vais appartenir à une famille qui n'a pas de limites en ce monde. »

Dans l'évolution récente des instituts religieux, on perçoit une certaine crainte devant une conception trop vaste de l'appartenance à un ordre ou à une congrégation. On a beaucoup développé l'expérience des petites communautés avec leurs liens humains plus fraternels et chaleureux. Jacques Sommet, qui a vécu plusieurs années dans une petite communauté installée dans un appartement d'un grand immeuble dans l'est de Paris, reconnaît sans réticence l'intérêt de ce mouvement, mais il en marque aussi la limite.

« L'accomplissement ne peut pas être dans la seule petite communauté. Chacune a une visée particulière qui se conjugue avec celle de l'autre dans un travail d'ensemble, un catholicisme concret. Autrefois les maisons des jésuites s'appelaient des résidences, le terme de communauté désignait l'aspect juridique et constitutionnel des groupes plutôt qu'un esprit. Après des essais un peu farfelus, l'évolution actuelle signifie plutôt un progrès; il y a modification de dimension et surtout d'intériorité. Le développement des petites communautés empêche que le seul modèle soit celui des grands groupes qui risquent toujours de susciter des marginaux ou des gens peu reconnus voire écrasés. S'appeler par le prénom et se tutoyer n'est pas neuf pour tous; il y a toujours eu des halos de fraternités de ce type, même quand officiellement "l'odieux tutoiement", comme disait encore un supérieur provincial en 1950, était réprimé!

« S'il n'y a plus de maisons de 150 religieux, comme Fourvière au temps où j'en étais le recteur, il reste des communautés de 40 ou 50 religieux, comme celle de la rue de Sèvres à Paris. Mais toutes ces grandes communautés ont aujourd'hui des formes de rencontres régulières, parfois fréquentes. La communication s'est développée. Les réunions de communauté constituent une animation acceptée et désirée. Elles reposent sur une eucharistie commune. L'eucharistie quotidienne de communauté est actuellement très fréquentée; elle crée un certain climat que ne pouvaient susciter les messes célébrées individuellement et séparément, il y a deux décennies encore.

« Mais dès le noviciat je sais que l'appartenance à l'institut et à sa mission prime toutes les autres insertions qui l'expriment. Je pourrai être requis demain, de manière peut-être difficile; je pourrai recevoir des ordres qui m'apparaîtront inintelligents pour le sérieux de ma relation et de ma tâche avec des hommes. Pourtant, et même si à ce moment du noviciat j'imagine à peine l'avenir, j'ai quelque espoir de pouvoir faire quelque chose en vérité si je n'agis pas seul. La vocation est un appel concret chaque jour par une institution, ou plus concrètement par un corps. Ce corps est pour moi plein de menaces et d'espoirs, plus grands que si j'étais resté dans la vie professionnelle. »

La grande difficulté ne viendra pas, sauf cas extrême, de l'obéissance, mais de ce que le Père Sommet appelle la « pauvreté d'esprit ». Si un jour on voulait lui imposer des jugements, jusqu'où doit aller la soumission intérieure du jugement ? Et comment éviter l'hypocrisie qui consiste à s'aligner en paroles et en gestes malgré le dissentiment intérieur qu'il faut tenir secret ? Ou faut-il accepter intérieurement par devoir de conscience un jugement que l'on trouve erroné ? Le Père Sommet a rencontré heureusement des témoins dont le comportement signifie autre chose que ces solutions extrêmes de l'hypocrisie ou de l'aliénation, des hommes qui ont affronté des difficultés de ce genre avec la patience qui prépare les issues positives. Et il a toutes les raisons de faire confiance à la Compagnie. N'a-t-elle pas tout fait pour qu'il soit un esprit critique dans un sens positif ? « Tout nous a été mis dans les mains pour que nous puissions aller plus loin. Dans la formation, je n'ai rien trouvé qui fût susceptible de me restreindre par rapport aux questions les plus sérieuses ; j'ai plutôt fait l'expérience de la liberté de l'esprit. »

« La voix d'un message de Dieu aux hommes nous parvient à travers le courant historique du christianisme, fût-ce dans la Compagnie ; et ceux qui sont chargés de transmettre ce message ont la possibilité de trahir autant que d'aimer. J'aurais été choqué que l'Église ne puisse pas se tromper là où les hommes peuvent se tromper. Comme moi aussi je suis exposé au risque de me tromper. Cela fait partie de la liberté et la constitue dans l'annonce de la parole de Dieu. Si la Compagnie ou l'Église me demandent quelque chose de totalement déraisonnable ou inacceptable pour la dignité de l'esprit, j'ai le droit et le devoir de dire que je ne puis pas suivre et de demander d'être ailleurs, quitte à revoir toujours honnêtement ce que je pense. Cela ne signifie pas une dégradation de la Compagnie ou de moi-même. »

Ces propos ne représentent pas seulement une solution théorique. Dans les faits le Père Sommet a touché de près des situations douloureuses : le rapport avec les supérieurs au temps de la Résistance, le rectorat à Fourvière quelque temps après une intervention romaine sévère, l'accompagnement des prêtres-ouvriers jésuites au moment où Rome arrête cette initiative prometteuse.

Au cours de sa vie religieuse, le Père Sommet a souvent été responsable de communauté, supérieur. Il sait donc d'expérience ce qu'il faut d'attention, de compréhension mais aussi de fermeté pour assurer le difficile équilibre d'une communauté d'hommes et pour veiller à son animation spirituelle.

« La tâche de supérieur consiste à faire que chacun joue bien son rôle; que restent leaders ceux qui sont leaders, que ceux qui le sont moins trouvent leur voie, suivant les possibilités inscrites dans la chair, dans l'esprit, dans l'histoire de chacun. Mais ces possibilités doivent être vécues ensemble et de telle sorte que celui qui a plus de qualités n'en joue pas comme d'un pouvoir sur d'autres quand il s'agit de prendre des décisions. La Compagnie devrait être non seulement une communauté mais un lieu de communion. Le supérieur en particulier, mais tous les religieux aussi ont à devenir les instruments de la reconnaissance mutuelle.

« La tâche de supérieur implique la longue patience qui favorise la confiance mutuelle et permet qu'on se fasse des objections les uns aux autres. Même le supérieur a besoin de recevoir de telles questions, pas nécessairement pour retirer ses indications ou décisions, mais pour les expliquer mieux. Un supérieur ne peut prendre de décisions qu'après référence auprès de ses consulteurs. S'ils sont en désaccord avec lui, ils peuvent faire appel au provincial. »

Les liens entre jésuites semblent en général empreints de grande amitié et fraternité. D'avoir vécu ensemble de très longues étapes de la formation crée des proximités durables. Mais, ajoute l'homme d'expérience, « certains peuvent être privés de cette intimité et se sentir mésestimés même de l'ensemble. C'est une condition douloureuse à laquelle le supérieur et les frères ont à être attentifs. »

Jacques Sommet n'a guère vu de clans ou de coteries dans la Compagnie, qui représenteraient un esprit de domination de la part de certains. Mais des clivages peuvent exister. « Quand des personnalités fortes, mobilisées par des courants de pensée ou des conceptions de l'apostolat, vont vigoureusement de l'avant, tantôt encouragées, tantôt critiquées par les supérieurs, leur audace peut représenter de la témérité aux yeux des autres. La Compagnie a connu sous ce rapport des moments de grande difficulté venant de questions majeures, au point qu'on s'est trouvé devant une menace de division. Le temps de l'Action française fut un moment redoutable sous ce rapport. Plus récemment, en Espagne, des jésuites ont pu demander que l'on institue deux modèles de communauté, un ancien et un nouveau, et qu'ils cohabitent l'un à côté de l'autre!

« Il s'agit toujours de grands enjeux. Le rôle de l'autorité est de pousser à la cohésion, quitte à faire des restrictions sur certains points pour que l'enjeu soit mieux porté par tous et mieux assuré. Le Père Arrupe a risqué beaucoup de choses pour l'avenir, mais sans jamais être méprisant d'aucune personne ou d'aucun courant. Le supérieur est constitué comme médiateur. Il lui revient de rappeler, au nom de la Compagnie, ce que peut être l'échange entre des gens qui s'opposent. Ce n'est pas un rôle de compromis. Il s'agit de l'invention d'autre chose. En somme, le métier de supérieur est très difficile! »

La vie religieuse est différente de toute autre forme d'existence; en ce sens elle est une vie à part. Mais jamais Jacques Sommet ne la considère comme fuite des autres et de leurs épreuves. Jamais elle n'est rupture de la solidarité profonde, au contraire! « La vocation est l'adhésion à un appel gratuit dans l'obéissance, la pauvreté, la chasteté, mais dans la disposition de pouvoir accueillir la misère, l'insatisfaction ou l'épuisement de celui qui se trouve sur les routes de l'existence. Là vous trouvez la relation aux autres hommes comme éclairant un peu le sens de ce renoncement et de cet engagement qu'est la vocation religieuse. Optimisme encore naïf au moment du noviciat ? Pas tout à fait. Me mettre dans la disposition d'être avec celui qui vit l'expérience humaine positivement et avec celui qui en est brisé, c'était pour moi aussi une lumière sur le sens que peut avoir le renoncement au mariage. »

Autrefois on présentait la vie religieuse comme un « état de perfection »; aujourd'hui on serait gêné de considérer cet état de vie comme supérieur, au moins en droit sinon dans les faits, au statut de laïc. Jacques Sommet ne se dérobe pas à la question.

« Je sais que le mot de perfection fait peur à certaines psychologies; il y a là une question sérieuse, qui tient à la sécularisation. Une chose importante est en cause, la reconnaissance de la transcendance de l'amour de Dieu et de son humanité qu'implique la vie de la Compagnie. La recherche à ce sujet n'a pas encore trouvé son point d'équilibre. En tout cas, le fait d'avoir été invité par Dieu d'une façon spéciale pour le service se manifeste par une visibilité sociale, inscrite dans l'histoire, par certains comportements propres. Il n'y a là ni prétention ni vanité, c'est un statut d'humble condition voulu préférentiellement à tous les autres. A l'âge où l'on parle de l'humilité de Dieu, reconnaître une préférence de Dieu sur moi ne signifie pas la non-préférence des autres. La réponse à cette préférence implique des actes de liberté constante mais aussi un statut qui est une dimension de la liberté; c'est plutôt un statut d'humilité et d'effacement. »

Mystique et passion des hommes

La particularité du religieux n'est pas tellement d'être un spécialiste ou un professionnel de Dieu, mais d'accepter que toute sa vie soit, de façon consciente et incessante, animée par la présence de Dieu. De quelque manière, il essaie de se référer à Dieu dans tout ce qu'il pense, fait et décide. La façon dont l'exprime Jacques Sommet est saisissante; la haute mystique rejoint la passion des hommes.

« Quelqu'un pour qui le nom de Dieu signifie, à un moment donné, la gratuité que j'ai déjà dite, comment peut-il ne peut la reconnaître, ne pas en être éclairé, se refuser à cette relation qui désormais le constitue ? Il ne devient pas pour autant une espèce de spécialiste de la relation à Dieu. Ce sens de la gratuité de Dieu se manifeste plutôt par le fait d'être disponible et, dans le cas jésuite, par une passion des hommes, de chaque homme et de tout homme. J'y insiste de façon, pour ainsi dire, massive. Ce que je peux entendre et recevoir de Dieu ne se manifeste jamais aussi gratuitement que dans l'accueil de tout homme existant, même quand il s'agit du dernier — dernier à cause non pas de sa vertu mais de sa condition d'existence. Il y a là une structure de ce que je suis : Dieu et l'autre, je ne vois pas comment on pourrait faire l'économie de l'un par rapport à l'autre. Je ne peux plus désormais me passer du dernier des hommes pour entendre Dieu, et je ne peux plus me passer de Dieu pour entendre le dernier des hommes. C'est tout à fait constitutif pour moi. »

Depuis quelques années on parle beaucoup de la complémentarité des vocations religieuse et laïque. Jacques Sommet voudrait qu'on n'en fasse pas un cliché trop facile.

« L'un apporte à l'autre. Il me serait difficile de penser que l'existence d'un religieux serait plus humaine que celle des autres. Il me paraît souverainement raisonnable que l'un soit appelé à ceci, l'autre à cela. Si quelqu'un ne fait pas l'épreuve des singularités, son langage même risque d'être abstrait. La vocation de l'homme qui a une famille, des enfants, avec tout le sérieux que cela comporte, et la vocation du religieux sont d'une certaine façon absolument complémentaires. S'il n'y avait que des religieux — indépendamment du problème qui se poserait pour la survie de l'espèce! —, je ne serais pas bien sûr de leur parole et même de leur comportement. Il y a quelque chose à approfondir quand se confrontent celui qui risque son existence pour tout homme et pour le dernier, et celui qui risque son existence sans prononcer de vœux, dans le concret de l'accueil d'une femme et des enfants. »

Dans cette ligne, Jacques Sommet se réfère principalement à ses relations avec les parents d'une part, avec les enfants d'autre part, quand la rupture et l'incompréhension s'installent entre eux, quelquefois jusqu'au drame. Aider chacun à retrouver une vérité, une sagesse, une patience... est une aventure qu'il vit avec eux, mais, ajoute-t-il, sans toujours réussir. « Il faut alors recommencer ! »

Quand on est témoin d'une conception et d'une expérience si profondément humaines et mystiques de la vie religieuse, comment ne pas s'étonner de voir que cet engagement exerce aujourd'hui si peu d'attrait sur les nouvelles générations ? Peur ou désaffection ? Peur de la foi, peur d'un engagement de si longue durée dans une civilisation qui change sans cesse ? Sentiment de la vétusté ou de l'inadaptation des institutions de la vie religieuse ? Toutes ces raisons se conjuguent sans doute, pense le Père Sommet, qui évite les réponses péremptoires. Pour lui la mise en cause a commencé dès 1947 et le phénomène se poursuit depuis en plusieurs étapes. A la sortie de la Seconde Guerre mondiale, un certain rapport entre la société et l'Église ne s'est plus retrouvé; les conséquences se sont propagées à travers un inconscient secoué.

Il note aussi que beaucoup craignent qu'il soit arbitraire de s'engager envers Dieu. Peut-on avoir aujourd'hui une certitude suffisamment respectueuse de soi et des autres en s'engageant ? L'engagement à fonds perdus pour un avenir sans limite, au moment où les étapes de la vie humaine s'allongent, soulève souvent chez les garçons et les filles d'aujourd'hui une sorte d'appréhension dont il est difficile de dire la nature. Il est vrai qu'actuellement cette crainte semble moins forte.

A une époque de grande mobilité, on a peur aussi de se fixer dans un statut de vie imaginé comme rigide et peu évolutif, donc brimant la liberté et la maturité. « Les choses sont perçues ainsi par un âge qui n'est pas assez métaphysique pour se rendre compte à quel point le don de soi sans condition est la condition pour changer de manière plus fondamentale, sans en avoir jamais fini. » Autre raison, dont il ne faut pas exagérer l'impact : l'image qui domine aujourd'hui à propos de tout ce qui est autorité et institution.

La joie du travail humaniste

Après les deux années fondatrices que représente le noviciat, s'ouvre pour le jeune religieux une longue période de formation intellectuelle qui, sauf imprévu, doit durer une dizaine d'années : juvénat, philosophie, régence, théologie. Jacques Sommet tient à parler des deux ans de juvénat, également à Yzeure. J'imagine qu'elles sont destinées à rattraper ou à parfaire l'étude des lettres classiques, pour ceux qui n'ont pas bénéficié de forte préparation en ces matières. A ma surprise, mon interlocuteur en propose un autre souvenir. Il rattache ces deux années, avec le noviciat, au cycle de l'accueil et de la prise en charge de la vocation. Certes, dans cette institution de niveau universitaire, le programme d'études littéraires est sérieux et fourni. Mais l'acquisition de la méthode de travail, l'effort pour trouver ses possibilités d'expression, le goût d'entrer en contact avec les grandes œuvres et d'en recevoir le message de sensibilité, voilà l'essentiel. A cause de sa formation antérieure, si peu littéraire, Jacques Sommet se sent comme le barbare au milieu des Grecs! Mais quelle joie à ce travail qui est aussi travail sur soi! « J'ai travaillé Pascal et Montaigne, le théâtre du Moyen Age et Molière, et me suis trouvé une possibilité d'exprimer, à travers les soucis et les passions des hommes, ce que j'étais, sans parler immédiatement de Jésus et de l'Évangile. »

Aujourd'hui encore le Père Sommet garde un souvenir reconnaissant pour ses maîtres d'Yzeure. Et d'abord pour le Père Seillon, un littéraire fin et exigeant qui fait travailler un auteur jusqu'à le jouer en quelque sorte, un peu comme le spectateur du match de football ne le comprend qu'à partir du moment où il entre d'une certaine manière dans le jeu! « Pour moi, cette intégration de la dimension d'action, de production, dans le domaine le plus esthétique et le plus désintéressé, était une affaire saisissante! »

Le travail humaniste comprend une dimension affective et esthétique dans un contexte collectif. L'approfondissement des œuvres littéraires représente une éducation, peut-être inconsciente, de l'affectivité, de la finesse de sensibilité, du tact. On pourrait presque parler d'une intégration de l'érotisme à travers la plongée humaniste. Ici encore Jacques Sommet évoque le baroque jésuite.

L'horizon s'assombrit

Voulant préparer des hommes responsables pour demain, ces belles années du noviciat et du juvénat ne laissent-elles pas ces jeunes trop à distance des drames immédiats qui se nouent dans le monde ? Jacques Sommet du moins a vécu l'inquiétude d'un conflit de plus en plus probable. Quand il apprend l'entrée des Allemands en Autriche, il se dit : « Tu es pris. » Le sale jeu qui avait été l'épreuve de son père et de son enfance allait recommencer. « Nous n'analysions pas chaque jour les événements et la situation. Pourtant c'était comme si, pendant ce travail et sur tous ces jours heureux, la lumière baissait à l'horizon. »

3

Philosophie sur fond de guerre

A l'automne de 1939, Jacques Sommet s'apprête à commencer le long cycle des études philosophiques et théologiques. Le corpus des sciences ecclésiastiques est vaste : philosophie, psychologie, théologie, morale, exégèse biblique, droit, histoire, histoire des religions, sans compter les nombreuses disciplines annexes. Je ne sais s'il existe une autre formation qui embrasse à ce point toutes les questions de pensée et de pratique et un champ aussi vaste de connaissances générales. L'étudiant jésuite considère le sérieux du travail intellectuel comme une responsabilité majeure. Jacques Sommet n'aborde pas ces années en dilettante, mais avec l'ambition de se forger une pensée personnelle solide et unifiée.

Normalement les trois années de philosophie doivent se passer à Jersey, où la Compagnie a acheté un hôtel après l'exode des religieux hors de France, provoqué par les lois sur les associations du 1er juillet 1901. Normalement aussi devraient suivre deux années de régence, c'est-à-dire d'exercice de responsabilité pédagogique dans un collège, puis quatre ans de théologie, l'ordination sacerdotale se plaçant d'habitude au terme de la troisième année de théologie.

Mais la guerre viendra déranger ce schéma trop classique. Et dès le premier jour. Avant le départ pour Jersey, le 24 septembre 1938, un ordre de mobilisation déferle sur la France; 400 000 réservistes sont rappelés sous les drapeaux.

Jacques Sommet est requis pendant trois semaines. Il en garde le souvenir de l'impuissance. Les accords de Munich sont signés le

30 septembre. La vie peut reprendre normalement. En apparence du moins. Car ce n'est que partie remise; une grande ombre continue à monter sur l'Europe. Un an plus tard, l'étudiant sera mobilisé pour la « drôle de guerre »; il s'évadera après l'armistice. Puis, petit à petit, il se laissera happer par la Résistance. La Gestapo viendra l'arrêter à Paris dans les premiers jours de mai 1944.

Mais avant d'entrer dans ce récit de la guerre, suivons le jeune homme dans son travail d'études. Car il s'est consacré de toute son ardeur à un travail philosophique vraiment technique, creusant un sillon personnel dans la philosophie de l'histoire et de la politique, option plutôt téméraire pour un jeune clerc en formation à cette époque.

Comprendre le destin historique des hommes

Arrivé à Jersey, il amorce donc avec sérieux et enthousiasme l'étude de la philosophie. Il a déjà lu un certain nombre de grands auteurs et les questions de l'existence, formulées en termes philosophiques, l'habitent depuis des années. C'est devenu une seconde nature. Maintenant il peut creuser ces interrogations pour elles-mêmes à loisir, avec tout l'équipement conceptuel et en confrontation avec les grandes œuvres de l'histoire de la pensée. Interrompu pendant l'année 1939-1940, par la guerre, ce travail sera repris à Vals-près-le-Puy, dans la maison jésuite d'études philosophiques de la Province de Toulouse.

> « Pour moi le travail philosophique a toujours consisté en une reprise synthétique des questions qui tournent autour du rapport de l'existence de tout homme, quel qu'il soit, avec les exigences fondamentales de la vérité, qu'elles s'expriment en termes chrétiens ou non. Comment exprimer ce qui a plus ou moins de valeur dans l'existence d'un homme, ce qui justifie et doit justifier ce choix des valeurs ? J'étais à la recherche d'un langage qui mette en relation ce qu'est l'ultime toujours présent, j'entends Dieu, nommé ou pas, et l'existence des hommes, leur liberté. »

Dans un milieu encore un peu prisonnier des exigences scolastiques de la formation philosophique cléricale, il trouve, à côté des « répétitifs du système », des professeurs inventifs, imaginatifs, de haute intelligence : André Bremond, André Marc, Jean-Marie Leblond, pour qui la philosophie est expérience de la liberté de l'esprit dans la rencontre des questions humaines, saisies dans leur essentiel.

« Une première question importante à élucider pour moi concernait le rapport de la vérité avec la liberté et la dimension scientifique moderne. Elle s'exprimait dans la confrontation entre des auteurs soit classiques, soit anciens (Platon, saint Augustin, saint Thomas) et des mentalités représentées par Brunschvicg, alors à l'apogée de son influence, ou par d'autres auteurs modernes. — Ma deuxième interrogation majeure portait sur le problème de l'histoire. Elle est devenue capitale. Il s'agit de la réflexion sur l'homme en relation avec les autres, à travers la cité à construire, depuis le problème de la violence jusqu'aux questions de la communauté nationale et internationale. »

Jersey signifie aussi l'ouverture à la dimension internationale. Dans la Compagnie il existe une tradition d'échange entre pays au cours des années de formation. La maison de l'île anglo-normande rassemble une centaine de jésuites; en plus des Français, les plus nombreux, elle compte une dizaine de Nord-Américains, six ou sept Anglais, une quinzaine d'Irlandais, quelques Allemands, Autrichiens et Italiens. Depuis, Jacques Sommet a toujours vécu dans des maisons où six ou sept nationalités étaient représentées. « C'est un visage constitutif de la Compagnie. Je ne sais pas comment on vivrait la fraternité seulement entre Français. »

De ses préoccupations antérieures, nées du compagnonnage avec les jeunes à une époque de crise, de sa fréquentation des grands romans aussi, il apporte un souci d'étudier et de comprendre comme philosophe la dimension historique de l'humanité. Dans les milieux religieux, le traitement philosophique et théologique de l'histoire ne fera vraiment irruption qu'après la Deuxième Guerre mondiale. Jusque-là, Hegel, Marx, les philosophes dialectiques étaient encore peu lus chez les catholiques français. Les jésuites, ceux de Lyon surtout, ont été déjà sensibilisés par *L'Action* de 1893 de Maurice Blondel. Et la crise de l'Action française, puis la montée des fascismes ont provoqué chez eux un certain travail philosophique sur l'histoire, notamment sous l'impulsion décisive du Père Gaston Fessard, qui publie *Pax nostra* en 1938. Jacques Sommet ne veut absolument pas que je le considère comme un précurseur. Il est vrai, le milieu jésuite est ouvert à ce questionnement, mais lui, en fait le centre de son travail philosophique. Rappelons aussi que le Père Henri de Lubac vient de publier son *Catholicisme*, une étude vigoureuse et prophétique sur les aspects sociaux du dogme chrétien.

En plus des cours obligatoires, notre jeune philosophe lit *La Phénoménologie de l'esprit* et la *Philosophie du droit* de Hegel ; et Kant lui paraît toujours le passage obligé pour accéder à la philosophie moderne. Ainsi donc les jalons sont posés pour réfléchir sur les rapports de la philosophie à l'action, sur les liens entre la théorie et la pratique. Et une conception de l'histoire qui déborde sur le problème de l'existence humaine dans sa totalité conduit à la confrontation avec Dieu. Mais quel Dieu ? le Christ maître et synthèse de l'histoire ? mais en quoi ? Redoutables interrogations !

Ne nous y trompons pas, l'étudiant ne vit pas, d'une part, le formidable déploiement de la rationalité historique et technique et, d'autre part, l'approfondissement personnel intérieur de la foi et de la vie religieuse, sans communication entre les domaines. La confrontation entre l'aventure philosophique et le cheminement religieux ne va pas sans moments difficiles. Le jeune étudiant vit parfois dans une certaine tension de l'esprit. Mais cette double attention deviendra le noyau central de son souci de raison et de vérité, son lieu intellectuel propre. Il reconnaît que, pendant longtemps, la vision hégélienne put comporter une pensée de rigueur allant jusqu'à la raideur. Mais finalement il aboutit à une conception philosophique de l'histoire qui empêche de fermer cette histoire sur elle-même et cela au nom même des exigences de pensée ; une possibilité doit être reconnue à l'imprévisible dans le devenir historique le plus rationnellement théorisé, donc aussi une possibilité pour une Révélation.

Jacques Sommet insiste sur la patience active que requiert la tâche intellectuelle, sur la durée qu'exige l'acte de penser. Par tempérament, avoue-t-il, il est plutôt patient pour les entreprises à long terme. L'obstacle imprévu n'est pas fait pour l'arrêter aussitôt, dans aucun domaine. Et tant que l'exploration rationnelle est en cours, il est prématuré de prendre une décision négative sur ce qu'on est, par ailleurs, grâce à la vie de la Compagnie, la prière, le travail spirituel, toutes choses qui peuvent paraître comme corrodées par la découverte critique. Mon interlocuteur parle à ce propos d'une « fidélité méthodologique ». Il n'y a pas lieu de placer entre parenthèses la vie de foi parce qu'elle semble mise en difficulté par l'avancée de la critique rationnelle, de même qu'il n'y a pas lieu d'abandonner la recherche de rationalité parce qu'elle s'attaque en nous aux réalités spirituelles de notre vie. Il y a malentendu méthodologique dans l'un et l'autre cas.

Essayons de suivre un moment Jacques Sommet dans cette aventure du travail philosophique : « La fidélité oblige d'aller de confrontations surmontées à de nouvelles contradictions, toujours plus exigeantes. Il n'existe pas de solution plate, fixée pour toujours. La méthode du philosophe est une démarche et une décision spirituelle libres. Elles se poursuivent à travers la relation de questionnement, de critique, réclamée auprès des maîtres et des compagnons de travail. Que ne leur dois-je pas à eux et à la Compagnie comme "milieu divin" de l'aventure!

« La tentation suprême guette à chaque pas l'apprenti philosophe et chaque fois un peu plus. Il s'agit de ne fuir ni les difficultés ni le doute. Les antinomies de la raison se resserrent avec l'effort : la tâche du philosophe, du philosophe de l'histoire aussi, conduit à édifier un système de plus en plus serré des éléments de cette histoire. Chaque événement, chaque démarche repérée, symbolique, chaque reprise de données positives, doivent être intégrés dans le tout, sinon la réflexion cohérente perd son sens. Certes, l'histoire qui monte de l'inconscient et de l'événement ne résulte pas de la pensée. La comprendre implique une relation reconnue au cercle du Tout, saisi par l'esprit. Le philosophe n'est-il pas voué alors à la tentation de se croire maître de la réalité à la mesure de "sa" raison, puisque rien ne peut échapper à l'emprise de la logique ? C'est une difficulté de toute pensée spéculative, comme le savent tous ceux qui sont passés par là. L'attention au surgissement singulier, au nom même de la totalité de l'histoire pensée et toujours à reprendre, je la dois à beaucoup qui resteront mes plus vigoureux critiques et rectificateurs. »

Soulignons une dernière fois combien la philosophie de l'histoire, telle que la pratique Jacques Sommet, met en valeur les possibilités imprévisibles de la liberté, de l'action, de l'invisible, et cela dans l'effort systématique fait pour penser l'histoire. Elle n'est pas un système clos, mais elle peut intégrer toutes les configurations successives et contrastées de l'histoire des hommes, tous les effondrements et surgissements de sa liberté. C'est une vision des choses qui éclaire son futur débat avec le marxisme et avec les marxistes.

La rencontre de Marx

Ses maîtres sont impressionnés par le sérieux et l'importance que le jeune religieux accorde à la philosophie de l'histoire. On pense déjà que, au terme de ses études, dans six ou sept ans, il enseignerait la philosophie politique dans une des maisons de formation de la Compagnie. En pleine guerre, en 1942, on l'envoie en zone occupée, à Paris, pour terminer ses diplômes universitaires de philosophie en Sorbonne et surtout pour faire Sciences-Po. Là, il s'agit pour lui de passer de la réflexion philosophique sur l'histoire au travail sur ses « contenus », à commencer par la dimension économique de la société. Les études portent sur les XIXe et XXe siècles; il s'intéresse aux grands auteurs : Montesquieu, Proudhon, Tocqueville... Surtout il travaille l'économie politique, mais la « houle du temps » porte son intérêt de préférence sur le problème du pouvoir.

Philosophie sur fond de guerre. Peut-être la situation typique de l'époque provoque-t-elle Jacques Sommet à ce travail pour se forger un jugement de fond. En pleine occupation, pour l'étudiant, « le travail d'approfondissement, même spéculatif, était, pour un temps du moins, une façon assez vraie de vivre. D'ailleurs les grands penseurs évitent moins qu'on ne le croit l'attention à la passion et à la mort qui se manifestent dans le temps de vivre. L'étude des grands idéalistes comme Kant, Fichte, Hegel et des philosophes plus contemporains nous conduit à penser les actions et destructions de l'histoire. La face d'ambiguïté, qui est celle de l'échec, de la mort des individus et des groupes est présente chez Hegel. Si ces réalités ne prennent pas leur place, je ne puis pas dire que je pense vraiment. Ce rationalisme concret laisse leur place à la passion, à la pratique, à l'angoisse ».

Dans cette ligne, Jacques Sommet se lance dans une aventure plus personnelle, la lecture de Marx qui se situe au carrefour de l'aliénation collective et du projet pour un avenir non moins collectif. Humble devant l'histoire, il ne sacrifie pas à un rationalisme supérieur qui survole toute la destinée de l'humanité. Il est très attentif à ce qu'il appelle les figures successives de l'histoire; rien ne survient qui ne naisse dans une passion à prendre en charge.

Passer de Hegel à Marx, quel risque! Le jeune philosophe entre dans une pensée délibérément sécularisée, « athéisée » dirais-je. La rationalisation de Marx inscrit tout dans l'ordre du prévisible sinon du nécessaire; elle ne laisse pas tellement de place pour le surgissement de l'imprévisible, pour l'innovation de la liberté, encore moins pour le surgissement d'une initiative de Dieu qui s'appellerait le Christ. Quand je lui en fais la remarque, Jacques Sommet précise sa vision des choses :

« C'est *une* lecture de Marx, mais ce n'est pas la lecture de tout Marx; car il y a plusieurs Marx dans Marx! J'insiste toujours sur *les* marxismes, au pluriel. Marx prône la maîtrise d'un projet sans Dieu et qui, à ce titre, évacue Dieu. Il est contre l'intervention divine ou christique authentique, tout au moins telle que j'essaie de la situer comme le surgissement de l'imprévisible de la gratuité d'un Dieu qui consacre notre humanité. Marx la refuse. Pourtant il se situe encore dans une perspective messianique. De plus, en ce temps de mes études, je suis porté à lire Marx comme sociologue et philosophe de ce travail industriel dont j'ai fait l'expérience dans ma jeunesse. Il me fallait comprendre 1929!

« Même des commentateurs classiques de Marx, y compris de l'œuvre scientifique que veut être *Le Capital*, ne lèvent pas l'ambiguïté entre l'aspect planificateur et une certaine dialectique des crises qui s'engendrent elles-mêmes et qui restent non maîtrisées. Je ne dis pas que, par la suite, les marxistes et les marxismes sont restés fidèles à cette dialectique, mais je ne veux pas non plus consacrer Marx comme une espèce de saint laïque. Il y a dans son œuvre ambiguïté entre la planification et l'acte révolutionnaire, et je ne trouve pas chez lui la cohérence rationnelle qui mette en valeur l'unité vivante de ces deux perspectives. Dans la lecture de Marx on fait d'habitude un choix entre une lecture sans aventure et une lecture ouverte sur ce qui n'est pas fixé d'avance, cette dernière lecture restant cependant rationaliste. A mon sens, dans Marx, l'aspect révolutionnaire reste un messianisme, mais sans transcendance.

« Ainsi la promesse, s'il y en a une, et le danger du marxisme naissent-ils plus de son messianisme que des analyses du *Capital*. Le conflit avec le christianisme est le plus dur là où les marxismes approchent concrètement de ce messianisme. Marx veut dominer l'avenir; il y a là une suffisance totale sinon immédiate. Selon les cas, le marxisme peut vouloir être à l'origine d'une maîtrise progressive sur l'avenir ou la source d'un droit à la domination absolue sur tout autre dessein politique. Dans le cas où il n'est pas totalement pouvoir, il peut encore représenter une force de résistance honorable en face de ceux qui dominent arbitrairement dès maintenant par une violence sans limites. Mon grand problème sera la fidélité aux hommes communistes qui acceptent que les hommes non marxistes puissent partager la raison et faire que le marxisme ne soit qu'une des raisons possibles. J'ai connu dès ce temps des marxistes dont la rencontre demande de moi une fidélité qui est la plus grande critique historique du marxisme totalisateur. »

Ne voyons cependant pas Jacques Sommet braqué sur la seule philosophie dialectique de Hegel et Marx. Il lit Nietzsche et Kierkegaard. « Peut-être suis-je plus kierkegaardien qu'il ne semble! Car je n'ai jamais été tenté de penser ou de vivre de telle sorte que la conscience personnelle, je dirais même individuelle, fût atténuée par les perspectives philosophiques que j'ai évoquées précédemment. » Et, par ses maîtres et par sa formation jésuite, il a trop le sens de la décision personnelle dans son irremplaçable originalité. Voyons là un existentialisme radical, vécu dans l'origine personnelle quotidienne de la décision.

« Pour moi, le rapport à la société comme collectif passe toujours par la rencontre avec celui qui est à côté et celui qui n'est pas là et qui existe au loin, inconnu. Les singularités, qui font signe à ma singularité, ne peuvent absolument pas être éliminées, sinon on passe à un schématisme dont j'ai horreur et qui est la source de toutes sortes de catastrophes. Soyons clair : je ne suis pas venu du marxisme ; je l'ai rencontré, c'est tout autre chose. »

Un jésuite en Sorbonne et à Sciences-Po

Jacques Sommet trouve un intérêt assez relatif à l'enseignement qu'il reçoit à la Sorbonne. Il apprécie beaucoup le fait de pouvoir entrer en contact avec la pensée des laïcs qui enseignent dans cette Université. Mais, pour le reste, il rencontre plutôt une certaine décadence.

Des professeurs représentent l'ultime défense d'une pensée rationaliste et idéaliste, au sens français du mot, mais se découvrent faibles intellectuellement devant les questions nouvelles, sauf à exprimer de nobles refus. En histoire de la philosophie, Lavelle, Le Senne forcent son estime, mais il les sent trop loin des ouragans qui soufflent. « C'est un spiritualisme éthéré, pas forcément chrétien, au sens où le chrétien est plus concret. »

Jacques Sommet est plutôt sévère pour les maîtres qui enseignent alors le droit. Pour lui, ces gens baissent la tête devant le discours officiel du moment. Quand ils traitent de l'histoire en langage de politique ou de droit, leur propos est bien dérisoire face aux conflits montants comme ceux de la Résistance ou du racisme. Au nom de la dimension collective, alors en faveur, ils peuvent critiquer le point de vue de la liberté individuelle et tout le respect de la personne qu'il comporte. On sacrifie à la notion de « peuple », qui n'a pas de définition juridique, précisément au moment où l'Allemagne revendique de recomposer l'unité du peuple allemand! La notion de *Volk* devient la base du droit d'annexer toutes les populations de langue allemande; c'est la perversion d'un droit important, dont on trouvera une formulation plus juste avec l'autodétermination des peuples dans les années 60.

Mais notre étudiant est impressionné par Jean Bayet, qui ne se pique pas de christianisme. Quelle force de l'analyse rationnelle, quelle façon de décrasser le langage, la langue de bois en philosophie ! Avec lui, on est toujours devant une approche nouvelle.

A l'École libre des Sciences politiques, il bénéficie d'une certaine considération du fait de son âge, de ses études et travaux antérieurs. Et « un jésuite parmi nous ! », dans cette école, le fait est encore assez exceptionnel pour intriguer. Il étudie surtout l'histoire politique française. Certains professeurs exigent des étudiants qu'ils préparent les séminaires; il apprécie cette méthode de travail. Les études le font passer de catégories philosophiques plus abstraites à celles plus concrètes de la politique, de l'économie, du social, tous ces niveaux ayant leur intelligibilité spécifique. Il garde la passion des expériences collectives et le souci de comprendre leur surgissement.

Toute l'allégresse intellectuelle du jeune étudiant revit quand il me parle de ses nombreuses lectures et rencontres. Il évoque encore avec ferveur le magnifique témoignage constructif d'un Paul Renouvin, qui enseignait l'histoire politique internationale et diplomatique. Sa lecture très concrète de l'évolution institutionnelle depuis 1914 était une éducation tout à fait remarquable à la conscience politique.

Le temps de l'humiliation de la France

Même dans ces quelques évocations des études de philosophie, le drame politique s'entend en contrepoint. Il est de plus en plus présent dans l'attention quotidienne et, progressivement, Jacques Sommet devient actif pour la Résistance.

Le sentiment d'une crise de la civilisation l'accompagne depuis 1929. Dans la Compagnie qu'il rejoint en 1934, des hommes portent encore les cicatrices de la condamnation de l'Action française; il y a eu des déplacements de poste, des départs à l'étranger ou vers les missions plus lointaines. Les générations anciennes ont souvent eu beaucoup de peine à accueillir les transformations sociales en cours. On affirme facilement la « perversion intrinsèque du communisme », mais on est moins habitué à débattre des enjeux sociaux sur le terrain. La montée des fascismes inquiète les plus lucides. Chez les jésuites de Lyon, en particulier, une petite équipe, autour du Père Fontoynont, essaie d'alerter sur les dangers de l'athéisme fondamental du nazisme. Le Père de Lubac, le Père Chaillet qui a fait ses études de théologie en Allemagne, le Père Ricard qui a étudié Fichte à Berlin, alertent leurs frères sur le danger de guerre et plus encore sur l'hérésie théorique et pratique de la perversion des idéaux par le nouveau système totalitaire. Il y va notamment de la liberté des consciences et de leur formation. « Ils ont rappelé que nul ne peut s'interposer entre l'homme et Dieu par quelque voie que ce soit et quelle que soit l'importance du politique. Il y a rapport gratuit entre l'homme et Dieu dans lequel l'Etat n'a jamais à intervenir. » Le Père Fontoynont, le sage de ce groupe, déclarait : « Le théologien n'a pas à se mêler de politique sauf quatre ou cinq fois dans sa vie. En voilà une! » Il est intervenu auprès des supérieurs à Rome pour qu'on ne se trompe pas de chemin.

Avant la guerre, Jacques Sommet est surtout frappé par une certaine désintégration de la société française devant les questions qui surgissent, Cette société, si glorieuse qu'elle se présente après la victoire de 1918. est marquée par une certaine fragilité. La violence des armes peut renaître à tout moment. Cette belle société de progrès n'a pas atteint son étape ultime. Un soupçon la hante, en contraste avec l'espoir d'une paix proclamée pour toujours, garantie par la Société des Nations. A ce moment une mentalité pacifiste habite le fond des esprits comme une évidence. On ne voyait pas comment on serait revenu en arrière. Le contentement qu'on ressent à la suite des succès sociaux du Front populaire masque la gravité du drame politique. A ce propos, Jacques Sommet souligne plus d'une fois le danger qu'il y a à traiter du social sans le situer dans tout le contexte politique : les Français ne savent pas comment se situer devant la guerre en Espagne, ne voient pas les grandes manœuvres germano-italiennes à l'ombre de Franco et essaient de minimiser la remilitarisation de l'Allemagne. Il est extrêmement sensible à la menace de guerre qui se resserre. Il a trop souffert des contrecoups de la Première Guerre mondiale dans sa famille : la mort de sa mère, d'oncles, les conséquences pour son père... Que de jeunes ont laissé leur vie! « Un grand craquement a eu lieu. L'horreur de la guerre des tranchées ne peut s'oublier. Il y a là un nouveau type d'écrasement de l'homme par l'avalanche de l'acier qui se forge ailleurs. C'était comme l'errance de la première société industrielle. »

C'est au moment de l'*Anschluss* de l'Autriche qu'éclate pour lui la certitude d'être engagé dans une nouvelle tragédie. Rappelons sa formule si expressive : « Tu es pris! » Cruellement, il ressent que la France est en retard pour les confrontations inévitables. Face à une majorité de catholiques favorables à Franco, parlent heureusement Mauriac, *Sept*, *La Vie intellectuelle*... Enfin une expression vigoureuse de la conscience devant les phénomènes politiques et pas seulement devant les exigences sociales.

Jacques Sommet en est convaincu dès 1938, les Alliés paieront cher leurs longues hésitations. Il leur faudra perdre l'illusion d'une initiative rapide et décisive. La tristesse, pour lui, est de n'avoir pas été appelé à participer à une action dès l'*Anschluss*. En septembre 1938, il est mobilisé pour trois semaines; une difficile expérience de commandement et même simplement de relations humaines : « Comme si j'avais rencontré un peuple inconscient, une humanité impossible à regrouper. » Enfin, en septembre 1939 seulement, on a le courage d'une décision. « Quels que fussent les risques, on honorait, trop tard mais sérieusement, une parole, l'engagement envers la Pologne. Pour une fois nous répondions aux liens de solidarité qu'implique un traité. Du moins, le mot honneur reprenait enfin un sens! »

Étant domicilié à Jersey, Jacques Sommet est mobilisé à Cherbourg où, pendant quatre mois, il forme de jeunes Normands, des mineurs du Nord, des garçons simples mais confiants et solides. A leurs yeux, il est prêtre; certains lui confient même leur argent quand ils ont une permission, pour ne pas trop en dépenser! Puis c'est la longue attente, sans initiative, sans action; une étrange situation.

En mai 1940, il se trouve commandant d'une compagnie sur ce qu'on appelle alors « le front de défense éloigné de Paris », à la hauteur de Soissons. Jamais il ne vit la guerre comme un dynamisme de victoire. Partout et toujours il s'agit d'assurer la résistance d'un moment, jamais de gagner. Il faut faire front à la percée allemande dans le Nord. Après Dunkerque, c'est la ruée de l'invasion sur Paris. Dans son petit coin, il devrait arrêter le flot. Au bout de trois jours de combats défensifs, son unité est coupée en deux; ils sont encerclés et séparés de l'arrière. Faut-il se défendre jusqu'au dernier homme ? se rendre ? tenter un repli habile ? prendre position derrière ? Avec de telles questions on est alors seul avec soi-même. Curieuse étape, dont il sort humilié pour son pays. Et pour lui-même. A-t-il pris la position la plus ferme ? Peut-être aurait-il fallu tenir. Il a commandé un repli; on ne s'est pas rendu. Mais que valent ces excuses ? Aujourd'hui encore ces questions le poursuivent.

Autre épreuve : mai 1940, c'est la découverte de la mort individuelle violente. A 30 km devant lui, son unité d'origine s'est battue; il y a perdu ses meilleurs amis. Lui-même laisse des hommes sur le terrain, voulant en sauver d'autres. A la fin d'un combat qu'on perd, il n'y a plus d'horizon, mais seulement des hommes qui meurent et d'autres qui sont encore debout. Moments difficiles. Ah, que, dans cette situation, on se sent un composé de faiblesse inouïe! Pourtant, discrètement, il reconnaît avoir fait preuve d' « un peu de courage ». Il a été chercher des hommes complètement isolés à l'avant pour les ramener. Mais peut-être aurait-il fallu rester encore, organiser, tenir plus longtemps ? Questions et souvenirs dont il n'arrive pas à se défaire aujourd'hui encore.

Ici se place un événement étrange, « qui marque la vie comme un signal indéchiffrable ». Avant de quitter leur domaine, les châtelains d'un village confient au lieutenant Sommet les clés de leur cave. Des clés énormes. Il a même l'autorisation de s'en servir, si besoin! Il range les clefs dans la musette qu'il porte sur son dos. Lors d'un déplacement pour mise en place d'un poste, il est atteint par un éclat d'obus de plein fouet au bas de la colonne vertébrale. Le projectile l'envoie à 10 mètres. Quelle sensation! Est-il coupé en deux ? Point la moindre trace de sang. Quand il retire sa musette, les cinq clés sont coupées en deux et il y trouve l'éclat d'obus. « Si ça avait été une médaille, on l'aurait dite miraculeuse! », observe-t-il malicieusement sur le moment. Pensée bien voltairienne, confesse-t-il, ajoutant : « La guerre c'est cela aussi... On échappe, on n'échappe pas! »

Avec ses hommes, il lui faut descendre vers la Loire. Ils prennent part à la bataille de Tours, défensivement. Toujours défensivement. « Je n'ai connu que cela. » Le combat se termine toujours par des replis, des désordres, des désorganisations, et des anéantissements d'hommes, des destructions de matériel, de vivres, de vêtements. Des montagnes d'armes et de vivres hâtivement détruits. Puis encore la descente à pied, par étapes, jusqu'à 40 km au sud de Poitiers, en distribuant les munitions qui restent.

Il est rejoint par l'armée allemande et fait prisonnier. C'est le pire moment. Il n'y a plus rien à faire. Simplement cette marche vers la fin. C'est le crépuscule d'une fierté personnelle. Il ressent l'humiliation, la vision d'une nation où « tout fout le camp ». Et une question lancinante le poursuit : la culture, la formation religieuse, qu'est-ce que tout cela nous donne dans cette déroute ? Dès qu'il est prisonnier, coupé de la compagnie dont il avait la responsabilité, il se sent pour ainsi dire délivré de cette honte. Les hommes sont parqués en pleine campagne, entre Bordeaux et Poitiers, du côté de Civray. Non, il n'a aucune raison de rester là; il faut s'évader tout de suite.

Cette évasion est presque une histoire à la Pagnol! Sous bonne garde, on apporte du pain aux prisonniers. Il force presque la fille du boulanger à accepter un billet qu'elle doit remettre à son père pour lui demander de faire quelque chose. Finalement le boulanger fait déposer à 200 mètres du camp, au bas d'une pente, un costume civil. A la nuit tombante, avec quelque témérité, Jacques Sommet sort et va se changer, allongé dans un champ de pommes de terre. Une patrouille allemande passe à 3 mètres. C'est donc qu'il y a une deuxième rangée de sentinelles. Impossible de partir. Toujours en pleine nuit, il retourne au camp. Et, le matin, il sort par la grande porte, en civil, plaqué derrière un des « affectés spéciaux », libérés parce qu'ils ne sont pas considérés comme des militaires; ayant été domicilié à Jersey, en pays britannique, il lui reste son passeport, document qui donne sans doute le change. Dix minutes plus tard, il est dehors. Le boulanger le cache dans une camionnette, qui fait un service dans la campagne.

Le refus de l'indignité

Il traverse la frontière provisoire entre les deux zones et se rend à Mongré. De là, il part pour Vals-près-le-Puy, où se reconstitue une maison de formation, le scolasticat de philosophie de Jersey n'étant plus accessible. Il continue ses études de philosophie, mais la confrontation avec l'histoire prend une figure nouvelle. Dans sa pensée aussi, il subit la pression nihiliste de la guerre totale et raciste.

Vraiment, il en est sûr, cette guerre est idéologique. Le nazisme c'est bien autre chose qu'une écrasante supériorité militaire. Voici, face à face, les idéologies fasciste, nazie, communiste, libérale. L'opposition au nazisme pose aussitôt la question de la collaboration avec le monde marxiste, qui représente une autre idéologie que celle dont se réclame Jacques Sommet. Il retrouvera cette difficile question en termes de plus grande urgence à Dachau.

Il s'interroge : peut-il exister une idéologie positive, en référence à un idéal ? La perversion apparaît quand un projet devient absolu à l'exclusion de tout autre et, à plus forte raison, quand on manipule les idéologies, c'est-à-dire quand on emploie n'importe quel procédé pour imposer une idéologie aux gens, quand la propagande devient l'instrument de l'idéologie. Il connaît *Mein Kampf*, devenu l'instrument de la mobilisation d'un peuple et des consciences. Chez les Espagnols, on se réclame même du Christ-Roi, faussant ainsi une dimension religieuse explicite, alors qu'on prétend souligner la fidélité à Dieu. Il est surtout frappé par le fanatisme extraordinaire des jeunes Allemands. « En 1940, j'ai été vaincu par des jeune Allemands de 18 ans ! Je suis resté terrorisé non par la force mais par la monstruosité de leur psychisme. » Reconnaître et dénoncer cette idéologie, c'est le sursaut qui est aux origines de *Témoignage chrétien*.

La menace plane désormais sur ce à quoi il croit, et sur l'Église et sur la Compagnie. Rien ne paraît changé dans sa vie quotidienne, vouée pour ainsi dire à l'étude pure. Mais ce temps d'attente et d'interrogation se transforme peu à peu en prise de conscience d'une nécessaire résistance. Déjà les ébranlements conduisent à un questionnement sur les conditions de la vie politique de demain. Mais pour l'immédiat, quels que soient le régime et ses menaces, et quels que soient les actes de résistance à poser, il faut d'abord penser à la survie : « Il ne faut pas oublier de faire survivre les petits enfants. » C'est le premier problème, radical, que toute action de liberté et toute résistance doit d'abord prendre en compte. Et il faut réfléchir sur les conditions et exigences qui permettent un autre avenir.

L'arrivée à Paris, en 1942, coïncide avec le moment où le devoir de résistance sous forme d'engagement concret devient premier. Paris est une ville ouverte à la présence allemande. La botte bat le pavé, partout. La Gestapo est là, évidente. Le spectacle des gens qu'on arrête et emmène ne dure qu'un instant ; mais quand on l'a vu se répéter, on en est marqué. A Paris, les actions policières sont collectives, la rafle des juifs arrêtés et emprisonnés au Vél'd'hiv' impressionne beaucoup.

Jacques Sommet a des relations avec des jeunes juifs, étudiants comme lui, par simple camaraderie mais aussi pour des raisons religieuses dans certains cas. « Leur étoile jaune fut la lumière de mon ciel sur cette terre. » Ces jeunes juifs et leurs familles sont menacés. L'aspect destructeur du nazisme apparaît dans toute son horreur. C'est insupportable pour lui.

Son attitude plus active dans la Résistance part de là, presque naturellement. Lié à des jeunes, il est introduit à collaborer fidèlement avec un réseau qui permet à des jeunes juifs menacés, à d'autres étudiants aussi, de passer en Espagne. Son rôle consiste à entrer en relation avec des gens, à vérifier l'authenticité de leur désir et de leur situation. On les adresse à quelqu'un, on les loge quelque temps, on les met en rapport avec un service de faux papiers et de transport, de telle sorte qu'ils puissent gagner les Pyrénées et l'Espagne et, de là, l'Afrique du Nord. « Rien d'extraordinaire, même s'il faut un peu de prudence active... », souligne-t-il, modestement. La Résistance a pris pour lui cet aspect de liens fraternels avec des gens menacés ou humiliés. Il y va du service d'un honneur bafoué, d'une « patrie » oubliée.

Par ailleurs, il collabore régulièrement à *Témoignage chrétien*; c'est un horizon constant pour lui. Il rencontre Yves de Montcheuil, Gaston Fessard, Germaine Ribière, des groupes de laïcs où l'on réfléchit sur les motivations profondes de ces prises de parti, où l'on envisage ce que serait une politique pour demain, purifiée par l'épreuve. De plus, il apporte son concours à la distribution de *Témoignage chrétien*.

A ces activités clandestines, ajoutez les recherches sur les gens disparus après leur arrestation par la Gestapo. Pour cela, il contacte ceux qui sont au courant des entrées à Fresnes ou ailleurs. Un travail obscur qui demande quelque acharnement.

Dans ce contexte, des services divers s'imposent. Par exemple un coup de main pour transférer des pilotes américains ou canadiens naufragés et recueillis, avant que les Allemands ne les trouvent. Des filières les amènent à Paris; de là, il faut les convoyer jusqu'aux côtes de la Manche, où des sous-marins viennent les chercher. Jacques Sommet n'a pas fait le convoyeur, mais il a servi de pseudo-aumônier pour réunir les clandestins et leur organiser quelques occupations.

Il vit alors rue de Grenelle avec Jean Daniélou et d'autres. Sa conviction est d'agir en conscience, face à un devoir qu'il estime premier : la fidélité à ce qu'est la présence de Dieu dans un homme à travers les conditions de vie, là où l'on est, implique de réagir d'une certaine façon. Jeune religieux, il rencontre naturellement la question de l'obéissance comme relation authentique avec la Compagnie — et donc l'Église. Un jour le Père provincial fait sa « visite ». Le jeune religieux est convoqué tout normalement pour le compte de conscience. Que va-t-il se passer ? Faut-il aborder la question des activités politiques, peut-être d'entrée de jeu plutôt au niveau du conseil que de la conscience ? Chose admirable, le supérieur respecte comme d'instinct, et sans même les connaître, les lois de cloisonnement qui sont absolument nécessaires dès lors qu'il s'agit de clandestinité : même les compagnons de combat doivent ignorer ce que font les autres pour n'être pas exposés à les compromettre fût-ce involontairement. Il dit simplement : « Vous vous occupez probablement de quelque chose, je ne vous demande rien à ce sujet. Choisissez seulement dans la communauté un Père qui saura ce que vous faites. Maintenant passons aux questions de la vie religieuse. » Tous les religieux n'ont pas eu cette chance à cette époque ! Jacques Sommet n'a d'aucune façon à demander autorisation dernière ou avis autoritaire au religieux qu'il informe. Ainsi se sent-il d'une pièce à la fois jésuite obéissant et contemporain, librement présent aux problèmes cruciaux qui le préoccupent.

Entre jésuites impliqués dans des engagements de résistance, les contacts sont assez réguliers; citons de Montcheuil, Fessard, ceux qui travaillent autour des *Cahiers clandestins* de *Témoignage chrétien* ; les Pères Riquet, Pierre, successivement aumôniers des étudiants, vivent dans la même maison et font partie de différents réseaux. Mais aucun ne sait avec quelle organisation l'autre travaille. Ils se rendent des services. C'est à l'ombre du Père Pierre que Jacques Sommet rencontre Germaine Ribière, puis, une première fois, Joseph Rovan, qui vient parfois de Lyon, où il travaille avec l'abbé Glasberg et H.I. Marrou. Tous prennent chaque jour des risques.

Autour de Jacques Sommet, des étudiants disparaissent, des jésuites aussi. Successivement, sont arrêtés le Père Riquet, qui sera déporté, puis le Père Pierre et le Père d'Ouince, qui sont internés à Fresne puis relâchés — « ce sont les mystères de la police ! », commente Jacques Sommet. Un jour, au début de mai 1944, il sera coincé à son tour; mais c'est une nouvelle étape qui commence et nous y viendrons au chapitre suivant.

Que représente pour Jacques Sommet sa participation à la Résistance ? L'aide aux juifs a d'abord l'aspect pratique de dépannage humanitaire. Mais c'est aussi le refus d'une indignité pour l'avenir de la cité. Tout un effort de réflexion de ces résistants, à Lyon par exemple autour de M. Hours, et à Paris, porte sur les conditions d'un ordre moins injuste. Des convictions s'approfondissent et se justifient progressivement.

Jacques Sommet ne sacrifie pas aux faux espoirs faciles ni aux affirmations gratuites qui veulent soutenir à bon compte le courage. « C'est le dernier Noël, où ils sont là ! » Pour lui, l'action entreprise pour protéger les personnes menacées fait partie de la bataille à conduire et de la fidélité à soi ; elle fonde la préparation de structures nouvelles pour la société de demain. Mais quand tout cela finirait-il ? Il n'en sait rien. L'essentiel est qu'on ne se trouve pas les mains vides. De la Résistance à la politique ce souci va de soi. Mais de la Résistance à l'Église d'après, voilà à quoi il importe aussi de travailler. Dans le *no man's land* politique d'alors, des chrétiens s'expriment. C'est un mélange de démocratie chrétienne et d'une visée plus fondamentale de la foi engagée dans l'action politique. Plus tard à Dachau, mais maintenant déjà, Jacques Sommet en fait l'observation : dans les périodes de crise la marque chrétienne ne reste pas un tout uniforme, elle se différencie. Les uns sont gris sur gris, ils restent indifférenciés, ils sauvent la vie privée et survivent individuellement. Mais certains groupes émergent de façon plus vigoureuse, peut-être déjà un peu préparés dans les petits partis de démocratie chrétienne ou par des journaux comme *L'Aube*. Dans des périodes aiguës, ces relais prennent soudain force et fierté. Cette mise en action débouchera, un temps, sur le MRP. Aux heures de la grande difficulté, la foi chrétienne et la démarche politique semblent assez bien s'allier pour créer un comportement spécifique, assez différent du comportement communiste ou libéral. *Témoignage chrétien* fait la preuve que la foi chrétienne réussit dans le politique aux moments les plus difficiles. Ces engagements aux moments cruciaux n'entraînent d'ailleurs pas, en France, une tradition vraiment durable *de « politique chrétienne », de « parti chrétien »*, ajoute mon interlocuteur.

4

Dachau

1. Au fond de l'abîme, la liberté

Dachau, point de repère spirituel

Mai 1944 - mai 1945 : la prison de Fresnes, le camp de concentration de Dachau. Une épreuve au-delà des limites de l'humain. Qui n'éprouverait crainte et pudeur à entraîner un témoin à revivre dans le souvenir ces jours hallucinants, ces mois de désespoir ? C'est aussi le risque de nous faire les voyeurs de la souffrance et de la dégradation des autres, voire de récupérer la terrible expérience des victimes. Sans cesse une question devrait nous tarauder : dans une telle extrémité, sous la torture le cas échéant, aurais-je été fidèle ou traître ? J'ouvre cette partie des entretiens avec appréhension et discrétion; laissons la parole à Jacques Sommet, elle n'a pas besoin de commentaires. Avec délicatesse, il nous met ausitôt en confiance.

Je partage moi-même ces appréhensions. Quand j'ai parlé parfois de cette expérience, je me suis demandé si j'avais tellement le droit de le faire. Dire, c'est risquer d'être inconvenant vis-à-vis de soi-même. Je n'aurais pas pris la parole si on ne me l'avait pas demandé. Mais ce qui arrive, arrive.

D'avoir été entraîné dans cette épreuve n'implique aucune dignité plus grande. On ne saute pas hors du cercle où l'on vit. C'est là que les questions se posent, venant des compagnons et des hommes d'aujourd'hui.

Cette porte était fermée depuis longtemps, mais pas à clé. Pour moi, ce moment est resté unique comme la grotte de Manrèse où le Père Ignace retournait quand il voulait avoir un peu de lumière sur les choses qui dépassent le cours habituel de la vie. On peut évoquer ici un propos que Rahner prête à saint Ignace au sujet d'un rapport immédiat avec Dieu. Le Dieu immédiatement présent ici chasse les ombres.

Dachau comparé à Manrèse ? C'est-à-dire devenu repère mystique à approfondir, clef d'une réflexion et d'une orientation spirituelle pour toute une vie ! Comment ne pas être bouleversé d'une telle confidence. Pourtant je ressens comme de la frayeur de proposer au Père Sommet une plongée qui est, tout de même, plongée dans l'enfer.

Cette plongée est plus encore grâce qu'enfer. C'est resté ainsi, il n'y a rien à faire. Je n'y puis rien.

Le « Sicherheitsdienst » attend au parloir

Un matin, la Gestapo arrête Jacques Sommet à la maison des jésuites, rue de Grenelle. Comment les choses se passent-elles ?

Tout est parti du réseau de passage en Espagne, notamment pour les jeunes juifs. Une première fois, l'été 1943, j'ai échappé pour six mois, et cette chance m'a peut-être sauvé la vie. Le réseau a été dénoncé, vendu, à l'échelon important de Perpignan, le lieu de passage en Espagne. Y a-t-il eu une indiscrétion qui a conduit à l'arrestation de quelques personnes, et à partir d'elles à l'arrestation de tout le réseau ? En tout cas, il y a eu fuite et tout s'est fait très rapidement.

Je dis tout de suite une chose qui, pour moi, est fondamentale : un réseau vendu suppose un maillon faible. Quelqu'un a pu être torturé, et je ne suis pas porté à condamner celui qui a lâché. Qui sait ce qu'il aurait fait lui-même dans une situation semblable ?

En tout cas, quelqu'un a été arrêté; les Allemands ont trouvé des papiers ou lui ont tiré les vers du nez. Ils ont procédé comme d'habitude : la traction noire de la Gestapo vient, dans la rue à côté, à 6 ou 7 h du matin; on frappe à votre porte. C'est exécuté si rapidement qu'à partir du moment où le réseau a craqué on a peu de chance de s'en sortir à moins de coucher tous les jours dans un endroit différent. J'ai échappé à la première arrestation, l'été 1943, parce que j'étais parti en douce quelques semaines me reposer dans les Alpes du Sud. Alors, les Allemands se sont cassé le nez et on m'a averti.

En général, ils n'insistaient pas, mais revenaient inopinément quelques semaines plus tard. J'ai pris mes précautions pendant quelque temps. Puis je suis revenu à Sciences-Po. J'ai repris le travail clandestin. C'était mon modeste et irréductible devoir.

Six mois après, je passais un examen écrit en politique, sur Montesquieu. A cause de la situation troublée, les examens commençaient quatre mois avant la date classique. S'il devait arriver quelque chose, c'était au moins ça de pris! Après l'écrit, je suis arrivé rue de Grenelle pour le repas de midi. Le portier me dit : « Quelqu'un vous attend au parloir. » Tout cela avait l'air plein de naïveté; mais les visiteurs étaient un monsieur en civil et un autre en uniforme allemand avec l'inscription *SD* (*Sicherheitsdienst* = service de sécurité). Le portier ne s'est pas méfié; nous recevions quelquefois, rarement il est vrai, des visiteurs en uniforme allemand qui venaient pour de tout autres raisons que militaires ou policières. Quoi qu'il en soit, je n'ai pas eu de chance, d'autres s'en sont mieux tirés.

L'un des visiteurs s'est dressé et m'a dit : « Monsieur Sommet? Vous connaissez M. Untel ? » Évidemment j'ai répondu non, mais je savais aussitôt qu'il s'agissait du réseau d'étudiants pour l'étranger et non pas des activités de *Témoignage chrétien*. Le policier m'a déclaré officiellement : « Je vous arrête au nom de la police allemande. » J'étais plutôt content que ce ne soit pas au nom de la police française.

Il est monté avec moi dans mon bureau sans trop fouiller. J'ai rassemblé un peu de linge. Puis ils m'ont emmené dans la « traction » noire, hélas classique, jusqu'à la rue des Saussaies, lieu des interrogatoires de la Gestapo.

Détenu à Fresnes

Là, j'ai été interrogé une première fois, puis plusieurs fois. Ensuite on m'a mis à Fresnes pendant trois semaines ou un mois.

De Fresnes, j'ai été emmené plusieurs fois rue des Saussaies pour les interrogatoires. La panier à salade passait au carrefour Raspail-Sèvres, près de la résidence jésuite, pour prendre des prisonniers à la prison du Cherche-Midi. A travers les fentes, je voyais ma maison, mon quartier... proche et si lointain.

L'arrivée rue des Saussaies était un moment pénible, d'abord pour soi-même, mais aussi à cause des gens qu'on retrouvait en bas dans un état bien différent de celui dans lequel on les avait laissés en entrant. Un interrogatoire avec ses suites, et ce n'était peut-être que le début! J'ai été passé à tabac à plusieurs reprises. D'une certaine façon, après une, deux ou trois heures d'interrogatoire, une bonne rossée fait presque du bien! On se sent comme libéré. On devient un objet, on n'a plus à faire attention à chaque mot. On encaisse dans une défense instinctive, on se débat, on est au moins engagé. Naturellement je ne parle pas de ce qu'ont éprouvé ceux à qui on arrachait la moitié du visage. Je n'ai pas été trop malmené, j'ai connu seulement l'aspect violent, immédiat, brutal des coups. On sort avec « une trogne comme ça », mais on n'en a pas tellement conscience.

J'ai échappé à la torture sans doute en partie parce que le dossier était désespéré. Le réseau était dénoncé, vendu depuis six mois. Que pouvaient-ils encore tirer d'autre de moi ? L'un conduisait l'interrogatoire. D'autres autour posaient des questions afférentes. Ils sont allés fouiller mon bureau qu'ils avaient mis sous scellés. Ils n'ont pas trouvé ce qui était le plus intéressant, la trentaine de fausses cartes d'identité cachées dans ma bibliothèque — quelle bonne cachette qu'une bibliothèque! Ils ont pris du courrier, en particulier d'Extrême-Orient, sans intérêt pour eux. Ils n'ont pas joué un jeu suffisamment subtil pour trouver les autres affaires auxquelles j'étais mêlé : *Témoignage chrétien*, relations avec les réseaux d'évasion des pilotes tombés... Ils ont plutôt fini un dossier.

A Fresnes, nous étions entassés à quatre ou cinq par cellule. C'était la crise du logement!

L'un des codétenus est devenu un de mes meilleurs amis, Igor Marchand, un des hommes les plus athées que j'ai rencontrés et des plus fidèles en amitié. J'ai un très grand souvenir de lui. Ce garçon de 25 ans était né d'une mère russe et d'un père français; sa famille avait bien connu Lénine. Esprit subtil, il avait lu la littérature française et aimait beaucoup Alain, le philosophe pédagogue de Henri-IV. Nous avons passé des heures dans cet enfermement à parler philosophie à n'en plus finir.

Les autres détenus se sont succédé très vite. Je n'ai pu obtenir la visite d'un aumônier. L'un ou l'autre colis m'est parvenu. Nous recevions des messages cachés dans des pommes. Je pourrais encore vous montrer comment placer un message dans une pomme sans qu'il y ait la moindre cicatrice!

La gamelle était plutôt maigre. Mais comme on ne dépensait guère d'énergie, on pouvait tenir longtemps en mangeant peu. Il y avait aussi quelques livres. Et la vie du prisonnier est faite d'une demi-somnolence.

Nos gardes étaient tous des Allemands. Mais pas forcément des brutes. Au début de 1944, il ne restait plus guère que des territoriaux SS. Quand on était pris à partie, par exemple parce qu'on cassait une vitre ou la porte, ça ne badinait pas. Mais le comportement ordinaire changeait beaucoup de ce que nous réservait la rue des Saussaies. Là on faisait connaissance avec l'univers gestapiste, dans lequel le mépris se manifestait dès le premier geste, dès qu'on descendait du panier à salade, entouré de policiers mitraillette au poing.

Souvent je me demandais s'il ne fallait pas risquer plus. Un camarade a essayé de fuir. Il a été rattrapé. Quelqu'un a arrêté dans la rue ce type qui courait comme un fou; par réflexe de peur et non de bassesse, j'espère. Les Allemands l'ont repris. Naturellement il est revenu avec le dos en marmelade.

J'ai vécu dans un premier contexte d'exécution à Fresnes même. Dans la vie quotidienne à la prison, le point maximum d'anxiété, de vertige, était l'annonce des condamnés à mort. Ils se manifestaient eux-mêmes, le soir, au besoin en cassant la vitre, et criaient qu'ils allaient être exécutés.

Il y avait aussi le secret. J'ai été quelques jours ainsi dans un souterrain humide. Ce n'était pas très agréable, mais je n'y étais pas assez longtemps pour éprouver le drame de l'isolement.

Un prisonnier, François Vernet, dont je deviendrai par la suite un ami de camp, a gravé dans sa cellule des vers saisissants : ceux-ci par exemple :

> Non vous n'aurez rien de moi
> Ni ma douleur ni ma joie
> Ma douleur elle est à moi
> Ma joie à toute la terre.
>
> J'ai gravé mon nom sur le mur
> Et j'ai regardé les étoiles
> Les enfants du monde futur
> Avaient les yeux fixés sur moi
> Ils avaient faim ils avaient froid
> Ils m'ont dit nous comptons sur toi.

Lune verger silence veille
Mots seuls trésors qui me restez
Combien me hante la merveille
De votre sensible moitié.

Musique allègre prisonnière
Sur les barreaux de ta portée
Je lis que liberté plénière
Est dans une règle acceptée.

Seigneur que les morts pardonnent
Puisqu'ils sont près de vous mais
Bien que sa loi nous l'ordonne
Mortels n'oubliez jamais.

Mon pauvre corps tu n'es plus roi
Du royaume de mes sens
En attendant la renaissance
Mon pauvre corps tiens-toi droit.

Sachant ce qu'en vous camarades
La dignité d'homme a souffert
Je compte sur vous camarades
Pour anéantir d'autres fers.

Comme j'accompagnais Dieu à sa dernière demeure
Il dit désignant mon cœur
Homme tu serais vainqueur
Si je n'avais de ce lieu
Fais le ciel des dieux qui meurent.

Paris prépare tes fanfares
Bientôt, putain virginisée
Tu pourras rouge sous le fard
Mener ton homme à l'Elysée.

Pris dans cette agression violente et inhumaine, sans beaucoup de chances de réchapper, ne se dit-on pas : « Mieux vaudrait mourir que retourner demain rue des Saussaies ou aller au camp ? » Ou une sorte d'énergie du désespoir pousse-t-elle à tenir coûte que coûte ?

On ne peut répondre que pour soi-même, tellement les gens sont affectés différemment et de façon imprévisible. Certains qui ont mené une vie très quelconque et vous parlaient tout le temps de ce qu'ils auraient aimé manger, ont montré une très grande énergie. D'autres qui ont vécu des situations héroïques ont flanché à certains moments.

Il n'y a pas de ligne de continuité en ce domaine et on ne peut pas compter sur le tempérament.

Pour ce qui me concerne, je redoutais beaucoup les interrogatoires, craignant que le suivant soit toujours plus cruel et plus habile que le précédent. J'avais une attitude plutôt réaliste : faire face comme je pourrais, tenir le coup, ne vendre personne, manifester mais calmement. Dans l'impatience, j'ai engueulé les types une fois ou l'autre, mais la rétorsion était immédiate !

Il y a aussi la peur de compromettre quelqu'un, alors qu'on subit soi-même la violence. Mais c'est aussi une raison pour tenir. On se dit : « Attention, il faut que je sois conscient constamment pour ne pas me laisser surprendre. » Il est vrai qu'à cette période je ne risquais pas tellement de compromettre d'autres, on m'avait arrêté pour une affaire déjà terminée et mes geôliers sont passés à côté de ce qui aurait pu les intéresser. La violence est rarement intelligente.

Comme beaucoup, j'ai, d'un certain côté, éprouvé comme un soulagement à l'arrestation; finies les appréhensions presque insupportables que comportait la Résistance quand elle s'inscrivait dans l'aspect quotidien de la vie. Chaque jour on faisait des gestes absolument communs au reste de l'humanité, et en même temps tout pouvait arriver à chaque tournant. Cela explique l'étrange soulagement d'être prisonnier pour les raisons pour lesquelles je l'étais. Sans savoir comment les choses finiraient, je pouvais me dire que je ne regrettais rien. A ce moment cela apportait une sorte de consolation suffisante.

Certes je n'étais pas sûr d'être capable de tenir le lendemain. Le face à face quotidien me semblait la seule voie possible pour l'avenir quel qu'il soit. D'autres ont passé par des souffrances et des humiliations extrêmes. Par ailleurs, je ne me suis pas trouvé dans la situation de celui à qui on dit : « Demain, votre femme, votre enfant vont y passer si vous... »

Je voyais le risque de ne pas m'en tirer. Mais ce n'était pas encore un choix de désespoir ou d'acceptation à faire consciemment. Ce débat viendra plus tard. Sur le moment, il fallait jouer la partie. Après tout je n'avais pas honte d'être là.

Compiègne

Dès Fresnes, plane sur les détenus la menace du camp de concentration.

Elle était exprimée dans les couloirs, mais jamais par l'interrogateur ou le juge lui-même. Encore que le terme de juge ne convienne guère. Car je n'ai pas fait l'objet d'un jugement en forme ; c'était plutôt une affaire expédiée un peu rapidement. Dans les couloirs, le policier qui me conduisait d'un endroit à l'autre ricanait quand j'attendais ce « bienheureux » moment ou quand j'essayais d'en cuver les effets. « Vous savez, il faut parler... Vous savez, on disparaît, il y a des lieux où on disparaît... » Il évoquait plus ou moins l'univers concentrationnaire.

Dès le début je me savais menacé de partir en camp de concentration. Un beau jour, les interrogatoires successifs se sont arrêtés ; on ne m'a rien demandé de plus. Il n'y a pas eu de jugement. Puis, un matin, on m'a appelé, mais ce n'était pas pour un interrogatoire. « Faites vos paquets, dans une heure, on part. » Mes paquets, c'était simple : les quelques frusques qu'on avait avec soi, un jeu de chemises de rechange...

Puis on est parti. Pour où ? Pour Compiègne, qui est un camp de distribution. Nous voici tout à fait pris dans le circuit de l'occupant. Nous sommes emmenés en groupe dans des cars de l'armée allemande. On nous a ligotés, avec des menottes. Des soldats en armes en face, d'autres dans notre dos. Et, malgré tout, je me demande si en cours de route il ne faudrait pas tenter quelque chose. Au cours du transport personne n'a pu essayer de s'enfuir.

Nous restons quinze jours dans un camp de transition et de triage, à 700 ou 800 personnes. Dans ces anciennes casernes de cavalerie essaimées dans un grand espace, en marge de Royallieu, nous sommes 30 par pièce. Le passage se fait de la prison au camp. Finie, pour un temps, la peur des interrogatoires. Maintenant c'est le contexte du mépris pratiqué de façon méthodique. Partout circulent des SS en mitraillette, actifs, menaçants. Partout des hommes casqués et armés. Les SS tiennent des chiens. Lors des rassemblements ils s'amusent à faire peur. Ils lancent le chien, font semblant de le lâcher, le lâchent quelquefois et le rattrapent. Terriblement déplaisant. Tous les gestes, toutes les allées et venues sont surveillés. Nous sommes gardés par le système des miradors. Les chiens, la soumission au système des miradors, c'est le camp de concentration.

En quinze jours on fait connaissance. Je rencontre là des gens qui ont appartenu à telle ou telle organisation clandestine et qui ne me l'auraient pas dit tant que nous étions en liberté. Je trouve de jeunes étrangers, notamment des Hollandais arrêtés alors qu'ils traversaient la frontière pour une mission dans le Sud. J'aurai toujours le souci de ces jeunes un peu perdus dans un univers français ou plutôt dans l'univers de la Gestapo en France. Plusieurs mourront dans le « train de la mort ».

De tous ceux dont je fais la connaissance à Compiègne j'en retrouverai peu à Dachau. D'ici les convois partent pour les camps situés le plus possible à l'est : Mauthausen, Buchenwald... Mon convoi sera le premier à être dirigé par Dachau, sans doute parce qu'à l'est, la situation est devenue plus difficile déjà pour les Allemands.

Le train de la nuit

Nous sommes en mai 1944. Le printemps est splendide cette année-là. Le débarquement des Alliés est imminent. Pour Jacques Sommet, c'est l'entrée dans la nuit. Le train emporte les prisonniers pour Dachau. « Une chute vertigineuse dans la misère. Nous sommes entrés dans la condition inhumaine... Nous nous regardons sans nous reconnaître, pantins brisés... », a écrit un jour Jacques Sommet.

C'est le passage dur, le passage après lequel on ne se reconnaît plus comme avant...

Un beau jour donc, une liste paraît. On est appelé. On constitue un convoi. Il part à la gare. Chacun est encore dans la tenue dans laquelle il était lors de son arrestation; je suis encore en soutane. Nous avons nos chaussures. Des prisonniers, pas encore la figure du déporté. Le rapport avec la Gestapo comme police est suspendu. Le rapport avec l'univers SS devient dominant. Nous sommes encadrés par des hommes avec des mitraillettes et des chiens.

Vient le passage dans le wagon. Les wagons de marchandises ou à bestiaux avec l'inscription classique avant guerre déjà : « Hommes 40. Chevaux 8. » On est étonné. On nous fait grimper : 1, 2, 3, 10, 20, 30, 40..., jusqu'à 110! Puis la ferraille est bouclée de l'extérieur. Les petits volets, qui doivent permettre aux animaux de respirer, sont fermés eux aussi. Nous sommes coincés comme dans une boîte. Dans la nuit, et cela en plein jour. Commence alors cette sorte de pèlerinage qui dure quatre jours. Nous sommes debout. On ne peut pas tous tenir assis. Nous ne savons pas où nous allons. Nous le saurons à l'arrivée, quand on ouvrira les portes; nous lirons le panneau : Dachau.

Il n'y a plus aucune communication entre nous. Nous sommes dans la boîte, et c'est fini. Nous savons que notre destination est un camp de concentration. Personne ne sait bien ce que cela signifie, même pas ceux qui ont été documentés. Il y a un moment où le document change de nature et devient une espèce de mémoire abstraite, mais ne dit rien de la réalité. Nous nous trouvons là-dedans, mélangés. Faire connaissance serait beaucoup dire.

Il fait immédiatement très chaud. L'été commence. C'est l'asphyxie. Il faut subsister entassés. Impossible d'asseoir tout le monde par terre. Beaucoup doivent restés tassés debout. On vit du compromis des positions du début à la fin. On ne trouvera pas de procédé rationnel pour organiser un tour. Aucun leader ne se dégage. Certains se révèlent incapables de surmonter leur effroi. Au bout de trois jours, on assiste à des épuisements, des folies même. Certains se reconnaissent; je me trouve dans le même wagon que Louis Terrenoire, résistant chrétien et homme politique. Des gens modestes tiennent le coup et s'organisent comme ils peuvent pour se relayer en position assise. Tout le wagon n'arrive pas à cette organisation.

Je suis en soutane, mais dans cette demi-obscurité on se voit à peine. Pourtant, à un moment donné, des gens demandent s'il y a un prêtre et le renseignement passe. Un homme m'appellera pour que je le confesse, et c'est un incroyant. Sur les marges de la vie qui cesse, il sent le besoin de dire à quelqu'un, qui a une qualité dont il se fait une certaine idée, ce qui dans sa vie lui reste comme un poids. Il ne mourra d'ailleurs pas et après il m'évitera soigneusement, sans doute gêné d'avoir fait ce geste.

Une espèce de décomposition commence. Quelle que soit leur expérience de la vie de résistance et de prison, beaucoup sont perdus. Ils restent ensevelis dans cette masse humaine descendant sur elle-même. Et les conditions physiques sont intolérables. La déshydratation devient insupportable. C'est un univers qui vous dessèche. Personne ne touchera à sa nourriture pendant les trois jours, parce qu'on est complètement assoiffé et on n'a rien pour boire. A la frontière, il fait nuit; le convoi commence à traîner sans fin sur les voies. On appelle, on appelle à travers les volets fermés pour demander à boire. De l'extérieur, les gardiens font brancher des tuyaux qui arrosent le wagon. Ils n'ouvrent pas; ils ne nous donnent rien à boire. Quelle dérision! L'arrosage accentue le malaise; la chaleur devient moite. Dans cette situation la dégradation des hommes s'opère rapidement; aucun rapport ne peut s'établir sérieusement.

Toutes les attaches avec l'extérieur sont rompues. Au départ, encore un peu conscient, j'ai écrit un petit mot que j'ai fait tomber sur la voie par une fente; il n'est jamais arrivé.

Certains se demandent s'ils ne peuvent malgré tout s'évader, en cassant une planche pour passer par-dessous ou en réussissant à ouvrir la porte à un moment donné. Ce serait entraîner de terribles conséquences pour les autres. La discipline inhumaine joue perpétuellement de ces moyens de pression sur les hommes.

Personnellement, je vis cette expérience comme une sorte de descente, où le niveau de conscience devient plus faible. On glisse sur une dalle qui est en pente, on tombe on ne sait comment, et on dérape de plus en plus vite, sans fin. La première période est très consciente : on essaie de s'arranger. Pendant la deuxième on est fatigué, très éprouvé; on se vide de soi-même. A la troisième période on n'a plus guère conscience d'autre chose que d'être secoué dans une caisse. A la fin je perds même plusieurs fois conscience. Quand on arrive au bout de ce voyage, on ne sait plus du tout où on est. On n'a pas suivi un trajet. Personne n'a réussi à repérer les gares qui se succédaient; aux arrêts on entendait seulement des mots allemands, que je comprenais.

En même temps l'image me poursuit de ce train vu de l'extérieur, cet assemblage de boîtes qui traversent la campagne. Nous y sommes comme emmurés. Ces boîtes fermées sont un symbole. Elles rappellent les camions marqués « transport de viande » qui, dit-on à Moscou, transfèrent les prisonniers d'une geôle à l'autre.

La locomotive à vapeur siffle. Aux arrêts en gare, on entend les manœuvres, les rails qui grincent... Tout ce bruit qui accompagnait les voyages d'autrefois. O dérisoire poésie!

Dans le wagon, certains perdent par moments connaissance. Nous avons sept ou huit morts; il y en aura beaucoup plus dans le convoi suivant, « le convoi de la mort ». Je pense qu'ils sont victimes de phénomènes congestifs, de l'asphyxie collective. Il n'est pas question d'ouvrir. On laisse les morts dans le wagon jusqu'à la fin du voyage. C'est un transport de marchandise. De marchandise avariée, cela importe peu.

Dans cette détresse et cet absurde absolus reste-t-il encore une possibilité d'espérer ?

Que vous dire ? Je n'ai jamais été sujet au désespoir. Mais ai-je espéré ? Je n'en suis pas sûr. Je suis sûr de n'avoir pas désespéré. Ce n'est pas tout à fait la même chose.

Mais l'espoir simple, rudimentaire, de revoir la lumière, d'arriver vivant au bout de cet étrange voyage ?

On est obsédé par cette idée d'arriver, la nécessité de tenir avec les forces qui restent. Le jour viendra-t-il où l'on reverra la lumière, où l'on marchera dans quelque campagne, où qu'elle soit ? Pour l'instant le camp le plus cruel nous paraît moins périlleux que la situation où nous sommes. A la fin, je suis effondré dans un coin, je n'ai plus tenu debout. Quand on est arrivé, j'étais à demi conscient.

L'entrée au camp

Dès l'arrêt du train en gare, les portes s'ouvrent. Nous nous trouvons brusquement devant une petite gare de campagne de Bavière, un peu arrangée. Dachau. C'est écrit en grandes lettres gothiques.

Immédiatement on débarque les hommes. Ceux qui sont morts — sont-ils tous morts ? je n'en sais rien — sont aussitôt expédiés pour être réduits en cendres. Les autres forment une espèce de cortège, où il faut se réveiller; tout le monde est à demi conscient. En marche donc ! Quelques kilomètres séparent la gare du camp. Certains traînent beaucoup la patte parce qu'ils ne trouvent pas immédiatement la force. Et c'est déjà le spectacle des gens à demi condamnés parce qu'ils sont toujours à la traîne dans les rassemblements. Nous avançons, bien encadrés. On s'entraide. Certains en soutiennent d'autres. Nous avançons sous les lazzi, les quolibets, les jets de pierres des gosses qui sont là, pour le spectacle, pour s'amuser.

En descendant du train, nous nous regardons, d'un regard amical entre les deux ou trois qui avons pu nous parler et nous reconnaître dans le train. Les gens ont maigri de plusieurs kilos. Ils n'ont plus leur silhouette. Au camp de Royallieu, ils gardaient un aspect de civils, éprouvés peut-être par de mauvais traitements : un bras cassé, la figure abîmée... Cette fois, il y a vraiment eu une métamorphose. On a la gueule du déporté. Le visage vidé, l'homme est réduit à un squelette, rien n'est plein, tout est creux. En nous regardant nous sommes étonnés. Le plein jour n'est plus sur nous le même que la lumière auparavant. Ce n'est plus le même monde. On ne sait pas dans quoi on va arriver, mais on sait déjà qu'on a franchi un seuil, avant même de franchir la porte du camp.

Nous passons près de Dachau même, une petite ville cossue et prospère, à 20 km au nord de Munich. A la fin de la guerre, nous lui devrons d'ailleurs une certaine reconnaissance, puisqu'elle avertira les Américains qui avancent vers la ville, peut-être par peur d'y passer elle-même. C'est une ville d'art où les peintres viennent se former. Dans ce paysage de marais, les levers et couchers de soleil sont des spectacles inouïs, excellents pour exercer de jeunes peintres à la virtuosité. D'ailleurs le camp a été installé là pour assainir le coin.

Le camp de Dachau, situé dans la plaine, a une histoire redoutable. Ce n'est pas le plus mal famé à l'époque, mais il a été un des premiers du régime depuis 1934. Avant d'avoir une histoire internationale, il a une histoire allemande, comme camp des déportés de l'intérieur. On y a mis en place une cruelle rééducation pour apprendre aux citoyens allemands réfractaires le nouvel art de vivre suivant la loi et l'esprit nazis. Quelques détenus, anciens militants politiques ou religieux, restent encore de cette époque au moment où nous arrivons. Pas encore débordé par le nombre de prisonniers, le monde gestapiste a eu tout le loisir de se développer. Les anciens détenus sont souvent soit des communistes, soit des prêtres et des religieux. S'agissant d'Allemands, les geôliers connaissent bien leur système de fonctionnement, leur mentalité, leurs habitudes sociales, leurs antagonismes. Ces prisonniers n'ont pas tellement pu entrer en relations les uns avec les autres. Ils étaient constamment espionnés. Des Allemands entre eux, c'était plus redoutable, je crois. En tout cas la première période du camp a été très meurtrière, en ces années où le reste de l'Europe n'était pas encore conscient de ce qui se passait en Allemagne. La plupart des internés ont disparu par suite du travail forcé pour la construction du camp, l'assainissement des sols et leur transformation en culture. Quand nous arrivons ce travail est fait.

L'établissement s'appelle *KZ (Konzentrationslager)*, camp de concentration. Les prisonniers sont des *Häftlinge*, des gens arrêtés, des détenus. Le nom de *Sträfling* (puni, condamné) n'est employé que pour des SS, car il y a un coin réservé à quelques SS en punition. Ils partent à l'exercice en chantant! Le suprême mépris est de les habiller avec des frusques militaires italiennes. Révélation sur l'estime des Allemands pour leurs alliés de l'autre côté des Alpes!

Du wagon au camp, d'un enfer à un autre ?

J'ai dû pour ainsi dire franchir deux seuils. Le premier, c'est le wagon, l'épreuve d'une destruction individuelle subjective : nous ne sommes plus qu'une masse et nous sortons décomposés, sans perspective sur l'avenir. Puis le deuxième seuil, c'est l'entrée au camp, les premiers jours. Plus tard, il s'organisera comme un monde à part avec ses règles de fonctionnement et ses formes de rapports entre groupes. Mais, dans un permier temps, ce monde n'est pas constitué, et on est dans une situation proche du wagon.

Le wagon, l'entrée au camp; ce sont deux moments où on est seul devant Dieu. Il n'y a encore que le temps individuel, le temps de la solitude. On n'est plus ni dans une époque, ni dans un cadre historique. On ne peut pas s'analyser, se situer. Nous vivons le passage.

Nous arrivons au camp un soir, vers 17 heures. A cette saison c'est le grand jour. La nuit viendra lentement. En passant sous la grille nous avons lu l'inscription en fer forgé : *Arbeit macht frei* (le travail rend libre). On nous parque dans un coin de la cour. On va attendre, on commence à prendre l'habitude des attentes, quelquefois sans fin.

Les gens ne peuvent plus se tenir debout. Assis, il faut attendre, sans savoir, rien. Quelques SS nous ont conduits là; un ou deux d'entre eux nous surveillent. Un cadre inconnu. Ce qui me frappe c'est l'immensité de cette cour, une allée avec des baraquements, un rectangle avec des cuisines, leurs toits à la bavaroise qui descendent jusqu'aux fenêtres. Sur le toit, des inscriptions que je ne repère pas à ce moment. Qu'est-ce qui va nous arriver ? C'est un camp, on le voit bien.

Puis un spectacle va me marquer, dont le souvenir évoque maintenant pour moi *La Maison des morts* de Dostoïevski. Nous assistons à la rentrée du travail. Pendant la journée, la plupart des déportés — il y a en ce moment environ 12 000 prisonniers à Dachau — travaillent hors du camp. Ils rentrent par la porte que nous avons franchie tout à l'heure. Je vois encore cette colonne qui n'en finit pas ; 15 ou 20 types de front, marchant lourdement de ce pas très pesant de gens qui ont uniquement des socques de bois aux pieds, le crâne rasé, le visage glabre, en costumes variés — car, contrairement à ce qu'on croit souvent, le costume rayé est une espèce de luxe ; dans la vie ordinaire du camp, on est vêtu de fripes de toutes sortes. Ces hommes rentrent en silence, il n'y a pas de musique à ce moment-là, heureusement. Ils rentrent fatigués, épuisés, avec la gueule que nous avons déjà, mais chez eux elle est encore plus accusée. Voilà ce défilé d'hommes, vrais damnés de la terre. Qui sont-ils ? Quels liens existent entre eux ? Depuis notre coin nous ne pouvons distinguer le petit triangle rouge fixé sur les poitrines des prisonniers politiques, de loin les plus nombreux. Aucune comparaison avec les souvenirs les plus difficiles de la caserne. Voici le monde où nous allons entrer. Une fois là, on se débattra, on sera au moins un homme parmi d'autres hommes.

Bien sûr, sorti de ce train affreux, on peut respirer ; on se dit que, certainement, on ne nous met pas là pour rien, ni pour mourir seulement. On a même l'impression, fallacieuse pour certains, vraie pour d'autres, de sortir des griffes immédiates de la Gestapo. Nous sommes dans l'univers SS ; mais la Gestapo, c'est-à-dire l'univers policier, avec le dossier individuel, ne semble pas nous avoir suivis. Dans un tel mélange, dans cette masse immense de gens, dont on a repéré tout de suite qu'ils étaient de plusieurs nations rien qu'à en juger au visage, on ne sera plus tel ou tel cas ; on sera le numéro, sauf pour ceux qui se feront repérer.

Voici ce qui me marque ce soir. L'humanité qui apparaît, c'est l'humanité des numéros fatigués, des numéros épuisés, mais des numéros en marche.

Alors vient la cérémonie d'entrée pour nous. Nous passons sous la douche dans un immense hall qui peut contenir 3 à 4 000 personnes. Là nous sommes dépouillés de nos affaires. Complètement. Pas le moindre objet personnel qu'on puisse encore sauver : le carnet précieux, les trois adresses, les noms qu'on a peur d'oublier et qu'on a écrits quelque part, pour certains le chapelet, la petite Bible... Tout est raflé, mis dans des sacs en papier soigneusement numérotés et rangés. C'est l'aspect impressionnant de l'organisation allemande. A la libération du camp je retrouverai ce qui n'a pas brûlé, ma soutane!

On vous prend vos vêtements et on vous jette des affaires. Je me trouve vêtu d'un pantalon qui m'arrive à mi-mollets, d'une veste de soldat italien, qui porte des rapiècements à des endroits significatifs — elle a vêtu un homme quand on l'a fusillé. On nous donne une casquette, cela permettra aux gardes de nous crier : *Mütze ab* — bas la casquette! Nous touchons des socques sans chaussettes et il nous faut apprendre à marcher sur des semelles en bois. On nous rase la tête. Ce ne sont pas des choses qui m'impressionnent très fort. Pour beaucoup c'est un total dépaysement.

Et maintenant en avant. C'est la période la plus inorganisée, un univers où on n'est relié à personne, jusqu'au moment où l'on fait l'appel, qui est la première introduction dans un univers structuré. Ce premier appel par notre nom pour nous attribuer le numéro par lequel nous serons toujours convoqués désormais. Je serai le 72944. A ce moment on ne pratique pas le tatouage. Je reçois un triangle rouge et le numéro sur la veste. Sous le triangle une lettre indique la nationalité. Ce sera donc « F » pour moi.

Les triangles ont une signification. Le vert : droit commun; le violet : condamnation pour raison de mœurs. Pendant un certain temps, les tziganes ont été mêlés avec les violets. La plupart des Russes ont un triangle vert. Prisonniers une première fois au front, dans les maquis ou pris dans des rafles, ils ont été envoyés dans des usines en Allemagne. Là ils ont fait les cent coups et sont considérés comme des destructeurs d'objets, de bien commun, donc comme des prisonniers de droit commun. C'était du moins l'argument officile. En réalité on cherchait à les faire passer pour des criminels. Les politiques portent le triangle rouge, ils se repèrent tout de suite et ont plus de confiance entre eux qu'avec les autres.

Un vieux déporté qui est dans les bureaux fait l'appel, vérifie le noms et les professions. C'est pour lui une façon astucieuse de faire une première connaissance des nouveaux venus. En fait, une bataille de listes se joue entre certains « kapos », des prisonniers qui font partie du fonctionnement administratif du camp. Les uns tentent de favoriser des liens et des entraides. Mais, dans l'ensemble, les kapos sont gagnés par le système et font n'importe quoi pour s'en sortir. Nous devenons les citoyens, les numéros de la cité concentrationnaire; du même coup nous entrons dans le jeu des forces souterraines, peu à peu reconnues, qui se battent à l'intérieur de cet univers. Pour l'instant nous n'en savons encore rien. Comme profession j'indique *Geistlicher*, ecclésiastique. Dans ce camp c'est plutôt une bonne référence. Tout un groupe de gens qui se soutiennent appartiennent à cette catégorie. Le vieux détenu qui fait l'appel est lui-même — je le saurai plus tard — un prêtre luxembourgeois, un homme très courageux qui vit encore. A Dachau, il est depuis longtemps dans les bureaux et sera dégommé. C'est sans doute à lui que je dois de trouver bientôt secrètement l'Eucharistie. Nous entrons en cortège, mais nous sommes déjà repérés à l'intérieur du camp.

En quarantaine

Nous vivons d'abord dans des blocks de quarantaine pendant quinze jours ou trois semaines, un peu comme nous arrivons, en pagaille, sans distinction. Ce n'est pas l'épreuve du travail mais de l'entassement, de la chaleur et du froid suivant les moments. Cela fait partie des structures de fonctionnement secret qu'on découvre petit à petit. En apparence, nous sommes là accumulés pour attendre peut-être des vérifications, une destination. Pour le moment rien ne se passe, rien. Nous sommes là toute la journée à ne rien faire, sous le nez du mirador.

Des appels, deux fois ou trois fois par jour; couchés à heure fixe, levés à 4 ou 5 h pour ne rien faire. Il ne faut jamais rester dedans pendant la journée mais être dehors. On apprend à toucher la gamelle, à manger debout, comme on peut, ce qu'on nous offre, et ce n'est pas très abondant. On commence à apprendre le jeûne perpétuel. Mais on ne le sent pas encore beaucoup, parce que les gens se sont un peu retapés par rapport à l'asphyxie du transport dans le wagon. Ici on retrouve du plein air, une bonne saison. C'est une période intermédiaire. Des relations se créent entre des gens qui seront séparés après. Ce n'est pas sans importance, nous le verrons. Les conversations redeviennent presque humaines, même spirituelles ou religieuses quelquefois. On se retrouve, on expose un peu ce qu'on fait dans la vie ordinaire. Les intellectuels apparaissent peu à peu ; ils font même des conférences !

Mais le mystère positif du camp déjà se dévoile pour moi. Nous voici le premier soir couchés sur des châlits. A ce moment chacun a encore une place. Nous nous allongeons dans des sacs en papier qui font un bruit du diable. Et, dans la poche de ma vareuse, je trouve un petit paquet. Quelqu'un l'a mis là. Qui ? Je ne le sais pas encore. Dans ce minuscule paquet, une petite boîte, dans cette petite boîte, un morceau de pain ordinaire à manger et... un petit morceau d'hostie. Comment ai-je été repéré par celui qui a composé le groupe ? Il ne m'a jamais rien dit.

Je ne suis donc pas seulement prisonnier. Quelque chose de plus s'est passé. Quel moment ! Je pénètre dans un univers inconnu, qui a désormais une structure qu'il va falloir que j'apprenne à connaître à ses différents niveaux d'échanges, avec ses relations d'encadrements, les rapports entre ceux qui sont là, les relations avec les kapos que nous commençons à apprendre. Mais il se passe autre chose qui m'est signifié dès le premier soir, une révélation indiquant que je suis reconnu pour ce que je suis. C'est un réconfort extraordinaire, avec un aspect un peu miraculeux. Oui, dans cet univers effrayant, inconnu, surgit quelque chose qui m'attend. Une solidarité apparaît. Plus tard je ferai partie de ce réseau qui se signifie en particulier par l'Eucharistie communiquée en secret.

Mais pourquoi donc cette quarantaine ? Je ne le sais pas encore maintenant. Sans doute le temps de classer les gens, de faire le repérage par professions, par catégories, par âges. Tous les arrivants ne sont pas destinés à rester dans le camp. Certains, surtout les plus jeunes, sont affectés à des kommandos qui partent loin de Dachau : kommandos en usine, kommandos souterrains pour le montage des V2. Pour moi, je resterai ici. Être repéré comme *Geistlicher* n'était peut-être pas sans danger, mais entraînait qu'on ne soit pas expédié ailleurs. Dans un groupe d'étudiants arrivés par un autre convoi se trouvait un jésuite, mort récemment. Il a fait des pieds et des mains pour n'être pas connu comme *Geistlicher*, afin de partir avec les autres en kommando. Et on l'a aidé. C'est un autre exemple de tout ce système secret de relations, qui ne se limite pas aux chrétiens et où se jouent sans bruit des entraides et des solidarités à des fins diverses.

En attendant nous voici donc entre récemment arrivés, encore réunis pour deux ou trois semaines. La quarantaine est à la fois la fin du transport et la transition vers la vie du camp, nouvelle humanité qui s'organise.

Affecté au block 26

Mais bientôt le groupe explose. Nous sommes dispersés pour déboucher dans un autre monde, avec de nouveaux repères. On m'affecte au block 26.

Les baraques donnent à la verticale sur une allée. Des blocks, des allées, des blocks, des allées... Dans le block 26 on trouve surtout des *Geistliche*, prêtres, religieux, pasteurs protestants. Plus tard je serai dans un block avec des Russes. Un block voisin est plein de prêtres polonais. Au bout du nôtre, on a aménagé quelque chose comme une petite chapelle. Chose curieuse : dans le camp deux ou trois règlements se superposent. Dès le début, on vous dit qu'il est interdit de prier. Mais on tolère ce lieu où se passe quelque chose de religieux, à condition que personne de l'extérieur n'y entre, surtout pas les prêtres polonais.

Pour entrer dans un autre block, il faut avoir une raison ou autorisation de service. Quand on se déplace tout seul, il importe d'avoir toujours l'air d'être en service commandé. En tout cas, on ne peut pas entrer dans le block des *Geistliche* et surtout pas dans la petite pièce qui est la première en entrant et qui sert de chapelle. Les blocks sont divisés en *Stuben*, en chambrées. Dans notre chambrée sont réunis des pasteurs protestants et des prêtres catholiques allemands, quelques Italiens, quelques Grecs, un assez grand nombre de Tchèques, parmi lesquels le futur cardinal Beran. Les derniers arrivés sont refoulés dans la quatrième chambrée au fond. Le kapo, du moins celui qui doit en remplir la fonction, est un prêtre allemand, qui fera tout ce qu'il pourra, même s'il a des moments de raideur — sa fonction est probablement très difficile, car il est pris entre les prisonniers et les gardiens.

Nous trouvons dans ce block une population ancienne du camp, effrayée et terrifiée, uniquement allemande, envoyée ici avant l'invasion internationale qui commence en 1939. Ces hommes ont gardé une certaine dignité, mais repliés sur eux-mêmes, sur leur petit groupe. Certains ont trouvé des trucs pour se procurer de temps en temps un morceau de pain, ou même de chocolat, par un prisonnier qui travaille au-dehors. Ils sont allés jusqu'à corrompre un SS en lui rendant quelques services. A quelque milieu qu'ils appartiennent, les anciens sont rigides. Jamais les vieux communistes allemands n'adressent la parole à un *Geistlicher* allemand, et vice versa. Ces gens sont terrifiés dès qu'on fait un geste qui dépasse la stricte discipline. Pour notre part, nous craignons certes beaucoup de choses, mais nous ne cédons pas à cette frayeur.

A cause de l'afflux considérable de prisonniers à cette époque, l'administration, l'ordre allemand, est déjà un peu dépassé. Le mélange des nations est devenu une caractéristique des camps. Jusque-là les prisonniers arrêtés à l'ouest étaient envoyés à l'est, en particulier à Buchenwald. Pour la première fois les Français arrivent un peu nombreux à Dachau. Auparavant le petit groupe français, avec Michelet arrêté depuis deux ans, n'était pas important. Maintenant on doit compter 6 000 à 7 000 Polonais, 10 000 Russes, 3 000 à 4 000 Allemands venus de la Résistance ou arrêtés pour marché noir, 1 000 ou 2 000 Tchèques et Yougoslaves, des garçons qui ont fait une résistance active. Ajoutez quelques Italiens et deux Anglais, sans doute des espions. Ces deux-là ont organisé leur vie de façon tout à fait privée!

Cette période est très éprouvante pour nous. Les prisonniers nous réservent un accueil pénible. Pour les Polonais, nous sommes les Français qui ont été, en 1940, la cause de leurs maux. Chaque groupe se ferme sur son image nationale. Heureusement, nous avons été accueillis par un tout petit groupe de Français, de Belges, de Luxembourgeois, d'Alsaciens-Lorrains. Les prêtres alsaciens et lorrains composent une espèce de groupe solidaire avec les Luxembourgeois; ils ont toujours voulu se distinguer du groupe allemand. Nous, Français, sommes précédés de notre réputation de semeurs de désordre, ce que d'autres appellent la liberté! Nous constituons une menace pour l'avenir, tellement tous ces hommes vivent dans une terreur, une terreur organisée pour ne jamais déborder ce qui était permis. Nous venons troubler une stabilité difficilement trouvée. Le mode de relation va changer. Assez vite, quelques-uns du groupe français pourront avoir accès aux bureaux, dont mon ami Joseph Rovan, dit « Citron ». Ce n'est pas sans risque. Cet homme à la fois saint et habile qu'est Edmond Michelet joue un rôle très important pour faire surgir en quelque sorte une communauté française vivante et aussi une communauté internationale. Il sait créer des liens positifs avec les différentes minorités. Du côté nazi on voit avec une certaine inquiétude cette masse de Français qui se développe.

Dachau au quotidien

Nous nous installons donc dans les baraques, les lieux où l'on dort, d'où on part le matin pour revenir le soir. D'abord, nous sommes deux par couchette de 80 cm, puis trois et même quatre à la fin de la guerre. Et il y a trois couchettes superposées par châlit. C'est la période de surpopulation! A partir du moment où nous nous entassons à quatre, tête-bêche, le nez sur les pieds de l'autre, on se couche sur le côté, bloqué pour toute la nuit. Pas question de bouger. Entre gens qui petit à petit se connaissent relativement, on peut avoir plus ou moins confiance; et on vit assez ensemble pour reconnaître ceux dont il faut se méfier. Mais on peut se tromper pour quelque temps.

Le deuxième volet est la vie de travail. Un travail peu productif. Le lever est à 4 h 1/2, je crois. Il faut se laver, une qualité allemande à ne pas lâcher. Les toilettes avec les robinets et les installations d'aisance sont aussi le lieu de conférences, le lieu où les nouvelles s'échangent. Vingt minutes après le lever, c'est le jus qui est une espèce de liquide noir; il n'a pas grand-chose de commun avec le café. Surtout c'est un peu léger. Puis on s'en va au travail.

A ce moment a lieu le grand rassemblement des prisonniers. Par *Stube* on constitue des groupes bien encadrés devant chaque block. Puis, en avant pour la grande place! Chaque groupe rejoint sa place. C'est saisissant ce moment où on est tous ensemble! 12 000 hommes, puis plus. Ce rassemblement dure une demi-heure, trois quarts d'heure, quelquefois trois ou quatre heures quand il se passe quelque chose, par exemple quand un individu manque et reste introuvable. Tant qu'un groupe n'est pas formé, il n'est pas question de bouger. Il faut que les comptes soient exacts! La minutie est telle qu'à un moment donné, il faut emmener au rassemblement ceux qui sont morts la nuit et les tenir debout, parce qu'ils ne sont pas encore comptés comme absents. Un kapo est responsable de la *Stube*, un SS de chaque block. L'adjudant général rend compte à l'officier de service.

Le rassemblement se dissout pour former immédiatement des colonnes qui vont au travail, les uns à l'extérieur, les autres dans le camp. Certains jours, des kommandos sont même partis plus tôt déjà le matin, pour déblayer les décombres des bombardements à Munich, ou enlever les bombes qui n'ont pas éclaté. C'est un travail épuisant; les hommes partent à 3 h du matin pour revenur à 10 h du soir, et ils repartent le lendemain. Ceux qui restent dans le camp vont à leurs bureaux. Il faudra parler aussi de la zone du *Revier*, de l'infirmerie.

L'habillement est léger; l'hiver nous ne toucherons jamais de chandail. Certains vont mourir de froid et d'épuisement.

Je n'ai fait partie que de kommandos envoyés dans les environs du camp. Au début pour travailler dans des champs de glaïeuls. Quoi de plus merveilleux, dira-t-on! Depuis ce temps, je ne supporte plus cette fleur aux couleurs magnifiques. J'y vois comme un redoutable symbole. Pendant le travail, on a le temps de rêver, de réfléchir, d'évoquer. Cette immense exploitation de glaïeuls est faite pour extraire de cette plante des calories. Ainsi de nous. Au milieu du champ s'élève un magnifique bâtiment dans lequel je ne suis jamais entré. Il se dresse là avec son toit à la munichoise, des géraniums partout. C'est là que les grands maîtres des camps viennent se reposer. Ils n'entrent jamais dans le camp. Ils s'installent dans ces appartements luxueux que nous apercevons du dehors. Un univers absolument dichotomique. L'hiver j'ai travaillé dans des champs gelés à arracher des betteraves avec les mains. C'était austère. Le travail est toujours pénible, ne fût-ce que par sa monotonie, sa durée, la faim. Souvent la pénibilité est feutrée par un rythme assez lent. Si nos geôliers avaient eu le souci du rendement, il leur aurait fallu en tirer les conséquences et nourrir les hommes.

Au moment des rassemblements comme au travail, toujours le même encadrement. Des SS, des gardes en mitraillette, et les chiens en laisse, tirant sur la corde. Toujours les chiens. C'est le plus désagréable. Ils assurent que tout se fasse vite. Qu'un type traîne, hop! on les lâche dans sa direction. Pas même besoin de tirer. J'ai rarement vu tirer immédiatement sur un prisonnier, mais j'ai vu souvent lâcher le chien. Il vous saute à la gorge et cela peut avoir des effets définitifs. Il vous emporte un morceau de fesse. C'est très dangereux, un danger mortel.

Un des grands arts de la survie, c'est d'être toujours au milieu d'une colonne. Être devant, c'est se faire interpeller, se faire aligner.

On ne sait jamais ce qui peut se produire. Être dans la fin, c'est être exposé à tous les coups possibles. Sur les flancs, on est la proie facile des coups de *Gummi* (caoutchouc), qui tombent aisément. 36 coups peuvent ne rien vous faire, sinon un bleu; mais un seul coup qui vous tombe sur le crâne d'une mauvaise façon peut avoir des effets désastreux. La protection de la vie est au milieu de la colonne. Comme par réflexe, on le sent. Et certains mènent très consciemment des politiques de ce genre. La plupart font ce qu'ils peuvent. D'autres organisent des systèmes de protection; tel fait attention au copain mal en point et le soutient jusqu'à l'arrivée; il le fait mettre à l'endroit où il risquera moins. Mais ce jour-là il paiera peut-être lui-même le prix fort. Et celui qui s'est tordu le pied, quoi que je fasse, arrivera le dernier; il aura les chiens aux fesses et le coup de *Gummi* sur la tête.

Une sorte de compromis constant se cherche. Mais, chaque jour, un tribut est payé par des accidents de ce genre, par celui qui est à la limite de l'épuisement, qui est malade et qui tombe; on le ramène comme on peut. Quelquefois, la vie le lâche. Dans la deuxième partie de ma captivité — car je vais être là pour onze mois —, le typhus fera son apparition. Ce sera le dernier hiver.

Au travail, des accidents surviennent. Nous travaillons dans des conditions ridicules à défaire des silos de choux rouges ou de betteraves rouges, gelés et abîmés. Il faut ouvrir la terre gelée avec les mains, avec un couteau ébréché couper la partie gelée du légume pour sauvegarder l'autre partie, puis refaire des silos avec ce qui n'est pas gelé. Travail purement illusoire d'ailleurs, ces fruits, une fois entamés, continuent à s'abîmer.

Des kommandos russes qui travaillent avec nous ont une tout autre façon de vivre. Ils risquent plus facilement leur peau, fût-ce pour voler les choux rouges. Ils essaient de corrompre les kapos allemands, puis les SS, pour pouvoir cacher les affaires, sans être pris si on fait une fouille à la rentrée. Ça leur coûte quelquefois très cher en hommes, mais ils arrivent à se nourrir plus que nous. Leur calcul est différent.

Le pouvoir des kapos

Les kapos passent pour les figures les plus odieuses des camps de concentration. Pourtant ce sont des Häftlinge, *des prisonniers. Choisit-on d'emblée des personnages plus ou moins abjects ou la fonction fait-elle d'eux les relais de l'inhumanité des maîtres nazis et de leur système ?*

Le kapo n'est pas toujours un Allemand. Il peut quelquefois être un Russe pour les Russes. Mais je n'ai jamais vu de kapo français pour les Français.

D'une manière presque systématique, les kapos sont pris parmi ceux dont la réputation est déjà détruite vis-à-vis des autres. Souvent ils sont choisis parmi les « verts », c'est-à-dire les prisonniers réputés de droit commun. Dans le langage des camps, ils représentent, à tort ou à raison, une humanité prête à tout pour sauver sa croûte ou sa vie. Les solidarités humaines sont extrêmement faibles chez eux et ils viennent de l'extérieur de toute solidarité; ils ne sont pas liés à un combat antérieur. Et ils infectent notre solidarité. Voilà du moins le tableau général. Il souffre des exceptions.

Le kapo est placé dans une situation assez extraordinaire à la fois d'autorité et de dépendance. Au fur et à mesure que les mois passent, sauf aux moments, d'ailleurs fréquents, où on envoie des hommes à la chambre à gaz, le SS apparaît pour ainsi dire de moins en moins. Quand il n'y a plus qu'un ou deux SS chargés d'un block, ce SS aura tendance à jouer grossièrement la terreur. Quand il vient, il cherche à faire trembler tout le monde, il hurle... Mais il exerce une vigilance constante par le kapo. Le kapo vit dans une situation de dépendance très radicale vis-à-vis du SS. Le jour où le SS se plaint du kapo, celui-ci disparaît. Le poste comporte donc une sorte de fragilité.

Et pourtant le kapo a tout pouvoir parce que lui seul est là tout le temps. Il assure le fonctionnement de la *Stube* et du block. Il a une possibilité de pouvoir arbitraire étonnant. Par ailleurs, il se nourrit bien, il a toutes sortes de possibilités d'avoir une ration supplémentaire. Les moyens de corruption sont nombreux, à tous points de vue, par exemple dans le domaine des mœurs vis-à-vis des jeunes. Les jeunes Russes leur servent de jouets. D'autres gens, qui seraient honnêtes s'ils n'avaient trop faim, cèdent à la tentation de faire ce que le kapo demande, par exemple désigner des gens, dénoncer quelqu'un. Au moment où le kapo se sent faible, il va dénoncer. Mais ne connaissant pas les faits par lui-même, il travaille pour que d'autres les rapportent. Les kapos connaissent tout ce monde souterrain où il y a beaucoup de luttes. Car ils vivent avec les autres détenus. Dans la *Stube,* ils ont un petit coin séparé qui leur permet de mieux observer.

Le kapo doit toujours être là au rassemblement avec son block. Il a la redoutable responsabilité de fournir des chiffres justes. Souvent se tient aussi le rassemblement des kapos, où ils ont à rendre compte de ce qui se passe. Ils vivent en tremblant, mais ils tiennent à ce poste parce que la survie leur paraît plus assurée. Une habileté satanique de l'organisation du camp fait que ces kapos ne peuvent pas devenir un groupe un peu solidaire, fût-ce à la manière d'un milieu criminel. Chaque kapo est fragile devant son SS.

Les relations entre eux s'inscrivent dans le cadre de leur nationalité. Ainsi les kapos polonais auront des rapports entre eux. Ces liens font partie de la bataille pour dominer le camp. Cette lutte remonte jusqu'au délégué principal des déportés, qui ne joue pas un grand rôle sauf pour les nominations dans les bureaux et les nominations des kapos. Et chaque nation veut dominer par ce réseau.

Pourtant certains kapos courageux acceptent une mission difficile dans des moments redoutables. Ainsi des kapos choisis parmi les prêtres allemands jouent le jeu de façon différente, plus ou moins agréable, mais avec honnêteté. Longtemps j'ai eu un kapo qui avait été arrêté parce que, du haut de la chaire, il avait condamné l'arrestation des juifs. Chez les Russes, des hommes du bon peuple savent quelquefois utiliser leur autorité naturelle pour ménager ceux dont ils sont chargés tout en étant dociles aux exigences de l'empire SS. Tous les kapos ne sont pas des salauds. Je réserverai toujours mon jugement sur les hommes catalogués honorables ou condamnables du seul fait de leur appartenance à une catégorie donnée.

La mort est près de la vie

Une sorte de vie apparente s'installe, car beaucoup de choses se passent. Les anciens disent : « A Dachau, la mort est près de la vie. » Cette existence peut se continuer pendant des mois, des années, d'une certaine façon. On est là devant une vie aux travaux ennuyeux et faciles, du moins qui ne demandent pas beaucoup d'intelligence. Mais la surprise nous guette sans cesse. L'incertitude du lendemain, de l'heure suivante; l'événement malheureux est seul possible : maladie, punition, départ ou mort... c'est l'incertitude, l'arbitraire constants. Subitement, on constitue des kommandos qui partent pour un endroit dont on ne sait rien. On redoute d'en être, simplement parce que c'est l'inconnu.

Le mauvais coup est toujours à redouter. Au travail, on peut se faire repérer par un garde qui vous tapera dessus plus que sur les autres. L'effet progressif de la faim est visible, en particulier sur les jeunes de 20 ans, 22 ans. Aux douches, on constate que la structure des types change. Et on dit : « Attention, ces jeunes ont perdu leurs fesses, ils sont sur une mauvaise pente. » Plus rien, plus de relief. Les muscles ont disparu. Un jour, les plus épuisés tombent. Cette chute les emmène soit à l'hôpital, le *Revier* où un certain nombre meurent. D'autres meurent quelquefois sur place. Les gens d'un certain âge aussi tombent. Et cette chute est en général suivie d'assez près par la mort.

Il y a deux sortes de morts : la mort par usure et la mort par mauvais coups. Surtout la mort par mauvais coups. Quand les choses ne marchent pas comme le SS le veut, il tape. Celui qui attrape un mauvais coup sur la tête ou le bras, un mauvais coup qui casse quelque chose, souvent ne résiste pas.

A l'intérieur de cette vie, des groupes se constituent et c'est un autre genre de péril. Certains vont beaucoup trafiquer. Une espèce de commerce clandestin va naître. Il est alimenté par des vols, par des rapines. Les Russes plus que les Polonais en sont les grands spécialistes. Leur inconscience devant le danger leur fait accepter tous les risques. Ces marchés clandestins commencent par celui qui rafle, dans les bureaux ou dans les organisations SS, des souliers ou je ne sais quels objets entreposés dans l'intendance du camp à destination des maîtres. Les Russes sont experts pour suivre des filières et créer un commerce. Quand ce commerce est coincé par les SS, les punitions sont redoutables. En cas de vol d'objets appartenant à la structure SS, c'est l'exécution publique par pendaison, soit des exécutions par fusillade dans un coin. Dans un quartier au-delà du carré du camp, il y a le crématoire, où l'on exécute aussi. Il servira souvent quand il s'agit de mettre à mort des groupes consistants. Pour les individus, c'est la plupart du temps la balle dans la nuque, mais après qu'ils ont été fustigés.

Les choses moindres n'entraînent pas la mort mais les punitions : l'enfermement dans une cellule étroite pendant quelque temps, seul, sans manger, dans le froid. Les coups de *Gummi* : 20 coups, 30 ou 40. Curieusement, tout ce qui concerne la punition pour infraction remonte à Berlin puis redescend. Le garde qui tape fait partie du fonctionnement ordinaire. Mais, quand il s'agit d'une punition, il faut un papier, un ordre. Ce recours semblerait fait pour freiner les abus. En réalité, Berlin ne demande qu'à punir, la réponse est toujours positive. J'ai échappé à la punition. C'est peut-être pour cette raison que je m'en suis sorti.

Autre aspect menaçant : sans qu'on le sache, à Berlin ou ailleurs, on continue à retravailler des dossiers. Chez nous, le cas du général Delestraint est le plus flagrant. C'est un ancien chef de Charles de Gaulle, quand celui-ci était colonel, et l'un des grands organisateurs de la Résistance dans la région lyonnaise. Un jour, il se fait repérer de façon assez étonnante dans un grand rassemblement. On a un besoin urgent d'un kommando, et les listes ne coïncident pas, les bureaux n'arrivent pas à mettre les choses au point. Alors on rassemble tout le camp. Les 12 000 types se trouvent debout sur le carré pendant quatre ou cinq heures. Et pendant ce temps ils travaillent, comme ils disent, « sur la peau » : ils vérifient que chaque numéro est bien là. Pour mieux former un kommando apte à ce qu'on attend de lui, on demande aux prisonniers de dire leur métier. Un officier supérieur SS assiste à l'opération, chose très rare. Le sous-officier SS demande à quelqu'un, à côté de moi : « Ton nom, ta profession ? » « Soldat », répond le prisonnier. Puis, et c'est le mystère des démarches humaines : « Quel grade ? » « Général Delestraint. » Ils n'ont rien dit. Mais ils ont entendu et noté. Son dossier justement avait été perdu dans le système des camps allemands — cela se produisait souvent et sauvait des gens d'une exécution immédiate. Pour Delestraint, le dossier existait, mais on ne savait plus où était l'individu. Alors le lien a été fait. Delestraint est appelé et envoyé dans le *Herrenbunker*. On y met les gens de considération, qu'on nourrit bien, mais ils servent d'otages de façon très immédiate. Quinze jours après, l'ordre de l'exécution arrive. On l'emmène et on l'exécute d'une balle dans la nuque.

Il existe donc le danger de la reprise de dossiers ou d'affaires antérieures. Chose peu fréquente, mais possible.

Edmond Michelet ranime la cendre

Dans la chambrée les prisonniers discutent-ils des menaces qui pèsent sur eux ou se murent-ils dans le silence, peut-être simplement pour pouvoir tenir et survivre ?

Difficile à dire. On voit les gens peu à peu menacés parce qu'ils se décomposent, parce qu'ils sont vraiment au bout de leur rouleau.

Un réseau de solidarité s'établit souvent par nation. Des communications entre nations existent aussi, mais par l'intermédiaire de leaders plus ou moins cachés. Une grande séparation s'instaure peu à peu entre les communistes et les autres, même à l'intérieur de chaque nation !

Plus que pour d'autres nations, grâce à Michelet, dès qu'un Français arrive, il est assez vite repéré comme tel et fait partie, qu'il le veuille ou non, j'allais dire du système français dans cet ensemble. Il y a un effort de soutien pour les types menacés, pour une raison ou pour une autre, soit de punition, soit du point de vue de leur santé ou équilibre. Michelet est devenu l'âme de la communauté française, une sorte de lien, toujours un peu secret, mais très réel. Entre Français on se sait renseigné et soutenu, grâce à cet homme qui réussit à obtenir un poste ambulatoire — ce qui n'est pas sans danger. Il est chargé de la désinfection des poignées de porte ! Ainsi il peut aller partout. Il prend des risques. Il va à la désinfection chercher des chandails ou des choses de ce genre pour les apporter au pauvre gars de 20 ans qui arrive éclopé, qui n'a rien, et qui risque d'y passer rapidement, parce qu'on ne résiste pas à cet âge-là. Michelet est tout à fait extraordinaire. Pourtant, il a une famille nombreuse en France. Mais la solidarité au camp passe avant tout.

Puis, il y a la zone puissante des gens engagés peu à peu dans les bureaux, grâce à son aide ; c'est le groupe des amis, puisque les circonstances me font ensuite entrer en relation toute particulière avec un certain nombre de ces gens que j'appelle les jeunes intellectuels, les uns tout à fait incroyants, les autres tout à fait croyants. Souvent ils parlent plusieurs langues, dont l'allemand. Ils sont dans les bureaux grâce à Michelet.

Or cette présence dans les bureaux est extrêmement importante. Là, on voit venir les dangers et les difficultés. Ainsi nous savons ce qui se passe et se prépare. Les bureaux permettent une relation légère avec l'extérieur, y compris avec la structure SS, qui est bien obligée de parler avec une structure intérieure, car elle ne peut se passer de certains rouages d'échange.

Ces bureaux sont nécessairement des lieux de rivalité sanglante entre nations. Nous avons réussi à ce que sept ou huit Français soient là presque en permanence. Ils peuvent, par exemple, collationner les listes des Français qui arrivent ou partent. Ces gens sont admirables.

Grâce à l'autorité morale d'Edmond Michelet, et grâce aux compagnons efficaces qu'il a su recruter, des relations se nouent avec ceux qui sont, comme moi, dans la vie plus ordinaire du camp. Ce travail dans la vie ordinaire aide à échapper au moment extraordinaire, qui peut être de conséquence redoutable.

L'action de Michelet n'est pas simplement de l'ordre du charisme. Cet homme représente la catégorie des militants chrétiens bien formés. Il a une grande culture littéraire et politique. Dès avant la guerre, il a perçu ce qui se préparait. C'est un fidèle de Péguy, pas seulement dans le sens patriotique mais pour la défense vraiment concrète des valeurs. Avant guerre, il a beaucoup travaillé avec les dominicains autour de *La Vie intellectuelle* et de *Sept.* Dans sa région de Brive, il était l'âme d'une animation chrétienne avec un impact social qui allait plus loin que le bien-être, que la défense des avantages, et se souciait de la défense des valeurs de la société. De plus, de la tradition sociale-chrétienne ou démocrate-chrétienne d'avant guerre, il avait un grand sens de la relation concrète internationale.

Michelet est arrivé à Dachau deux ans avant, presque par erreur, au moment où on envoyait les Français dans d'autres camps plus à l'est. Il est resté, alors que d'autres ont disparu. Par un réflexe chrétien qui a des trésors d'humanité, il cristallise les hommes autour de lui. Dès le début, il est resté fidèle à ce très modeste commandement, mais qui est en même temps le grand commandement, c'est-à-dire qu'il a exercé la charité fraternelle envers les gens qui le touchaient de près dans ce camp. Personne ne lui a été étranger. Chacun de ses voisins successifs a été bénéficiaire de sa présence. Très vite il est, par bien des côtés, l'âme de ce camp. Il mène une action discrète et soutenue en quelque sorte dans le style de saint Vincent de Paul.

Cet homme formé est habité par une pensée et une visée politiques. Dès les premiers jours de l'occupation il a choisi la Résistance. La dimension de résistance l'habite comme une foi, antérieurement à l'efficacité politique, tout en l'engageant dans un style d'efficacité. Elle se traduit dans des gestes d'entraide, alors qu'aucune action n'est plus possible. Il a une espèce de génie.

Au camp, il pratique de façon constante la relation. Il noue des contacts, parle aux gens, discrètement. Il ranime le feu, la petite cendre qui est là. Son génie est de créer une relation entre des gens qui sont habités par une attitude commune mais ne le savent pas. Il réveille ce qui est replié dans l'attitude individuelle, parce que les gens sont isolés, calfeutrés. Il y met une sorte d'humour, une liberté intérieure étonnante. Mais il court beaucoup de risques pour créer cette relation.

Ainsi peu à peu les relations se nouent. D'abord elles ne conduisent à rien. Mais un terrain se prépare. Les Français arrivent plus nombreux et parmi eux des gens capables d'entendre ce discours et capables aussi d'agir avec leurs qualités différentes. Alors Michelet, qui ne se pose pas en manipulateur, a en main des forces disponibles pour les placer au bon endroit. Car il connaît le monde du camp par le dedans. Il établit des liaisons avec des chrétiens d'autres pays de même famille spirituelle et politique, qu'ils soient d'Allemagne, d'Autriche, d'Italie... Cet animateur va regrouper autour de lui, à travers l'histoire de ce camp, qui approche peu à peu d'une fin possible, des gens de bonne volonté qui, eux-mêmes, sont tout disposés à courir des risques mais qui n'inventeraient peut-être pas les possibilités tout seuls. En parlant avec eux, il suggère, il propose. Il demande aussi conseil, parce que sur certains points il est moins habile, ne connaissant que peu l'allemand.

Ainsi se forment autour de lui des relations, un groupe formé soit de jeunes intellectuels, soit d'autres, notamment de médecins mais aussi d'hommes issus de milieux populaires. Beaucoup de détenus considèrent les militants et aumôniers JOC comme suspects, parce qu'ils étaient partis en Allemagne avec le STO, ce qui était jugé contraire à la Résistance. Michelet n'en est plus là.

A travers des relations de type sociopolitique d'inspiration chrétienne, cet homme prépare l'avenir avec beaucoup de continuité. Il est prêt pour le rôle très actif et positif qu'il jouera à la fin du camp pour l'ensemble des prisonniers. Ses relations ne seront pas perdues pour les jours après la guerre.

En tout cas, quelque chose s'est organisé un peu qui donne des raisons d'espérer, en particulier pour nous Français. De ce fait, vous pouvez avoir l'impression que la vie à Dachau est moins angoissante que celle d'Auschwitz, par exemple. Le groupe qui s'est constitué petit à petit est le signe chaque jour affirmé d'une certaine possibilité de vivre et de survivre, de donner un sens à ce qu'on fait. Et la peine des camps, l'angoisse, cette sorte de désespoir général qui a atteint dans certains cas, surtout au moment de l'hiver 1944-1945, un paroxysme, est sinon maîtrisée du moins un peu modérée.

Comment se fait-il que Michelet n'ait pas été dénoncé ni inquiété par les kapos ? Il n'entretient pas de relations amicales avec eux, se tient plutôt en retrait, discrètement. Lors des grands mouvements du camp, certains groupes de kapos et surtout des gens du bureau sont vidés d'une seule fois; une nation remplace l'autre dans la domination. Michelet reste à son travail de désinfection. Il fait ce qu'il peut, il place ses pions. Même pour moi cela reste mystérieux qu'il ait traversé tous les risques. L'imagination de la charité ou de la justice déborde les organisations les plus dures.

Quand l'aurore de la libération se lève à l'horizon, paradoxalement à l'ouest, la cote des Français remonte de façon étonnante. On entend que la France participe au combat militaire tout proche. Les représentants nationaux, même s'ils n'ont pas réussi l'irrigation au point où Michelet l'a faite pour les Français, des hommes politiques discrets mais déjà représentatifs, entrent en relation avec lui et avec son groupe. Il prépare les ententes possibles sur les rôles que les Français doivent prendre dans le dialogue avec les Américains qui vont venir. Ils sont les alliés organisés, participants au combat. Les Polonais en particulier y tiennent. Une autorité commençante va se dégager autour de Michelet pour représenter les détenus auprès des pouvoirs nouveaux des libérateurs.

Les communistes, les chrétiens et les autres

> *Pour chaque nation, peut-être moins pour les Français, les communistes se situent à part.*

Plusieurs situations sont à considérer. Les vieux communistes allemands sont vraiment des hommes du Parti, qui est sacré à leurs yeux. Quand la terreur contrecarre toute relation, ils se replient sur eux-mêmes et entre eux. Chez les autres, Français, Espagnols, etc., le Parti communiste se recompose tout de suite avec une certaine force. Sauf chez les Russes. Chez eux, il n'y a jamais de structure communiste en place, pour la bonne raison que dans l'armée les vrais acteurs du Parti communiste soviétique sont officiers. Or les nazis ont mis ces officiers à l'écart. Le peuple russe est là à l'état naissant, nullement marqué par la division politique. Chez les Français,

Michelet, qui a constitué un groupe spécifique, est constamment en relation avec des gens marquants des communistes, avec les communistes français en particulier.

Les communistes, c'est indiscutable pour le camp où je suis, prennent part à la tâche de la libération. L'idéologie de l'avenir à construire n'est jamais absente; le Parti fait l'avenir. Et cet avenir, à travers tout ce qui se débat, devra être un avenir de démocratie populaire, en tout cas un avenir communiste et marxiste. Même si on se bat aux côtés d'autres, dans des liens de solidarité, ce n'est pas pour leur laisser n'importe quels succès pour demain. Chez les communistes, c'est un réflexe normal, le fruit d'une formation antérieure. Ils sont sûrs d'avoir la vérité de l'avenir. Cependant, en collaborant avec les autres, dans la solidarité réelle et la camaraderie entre hommes, ils apprennent à reconnaître aussi des gens qu'ils méconnaissaient avant ou qu'ils ignoraient. Ils découvrent la qualité d'un homme chrétien. Un rapprochement se fait. Mais toutes les estimes entre hommes sont secondaires par rapport au but vers lequel ils tendent. Et, à des moments décisifs pour le camp, le choix contre une politique ou une autre se fera dans la perspective de ce but.

Un épisode crucial, dont nous aurons à parler, reste à cet égard tout à fait saisissant. L'initiative à prendre au moment du typhus, où les malades sont enfermés et abandonnés dans des baraques de débarras, accusera cette différence de politique entre eux et nous.

Peu à peu nous nous apercevons d'ailleurs que nous ne connaissons pas les vrais responsables du groupe communiste, nous rencontrons seulement ceux qui les représentent. Quand Michelet est obligé de savoir, avant d'entreprendre une action, ce que feront les communistes, il ne trouvera jamais le responsable de ce noyau. C'est une façon, je crois, de sauver leur possibilité et puissance de décision quand ils jouent leur carte à l'intérieur du jeu commun. Au fond, dans le jeu commun, il y a à leurs yeux une carte maîtresse et ils tiennent à la garder. Même au prix de la vie de militants ou d'autres. Les responsables communistes ont appris à agir de la sorte dans la Résistance et dans le Parti.

Leur détermination comporte une part d'illusion formidable, parce qu'ils laissent dans l'ombre ou écartent une dimension du mystère de ce qui se passe. Ils ont le réflexe de structures d'action qui sont celles de gens convaincus d'avoir la formule maîtresse pour le futur. Et cela seul importe. Ils ont une certaine tendance à ne rejoindre l'homme qu'à travers l'organisation. Cela n'exclut nullement que, pour tel communiste, le camp n'entraîne une conversion à certaines choses. Poursuivant leur but, ils sont en relation avec des hommes de qualité humaine, auxquels ils ne peuvent rester totalement indifférents. On ne côtoie pas la mort tous les jours, l'usure psychique, la nécessité de réalimenter son courage, sans qu'il y ait une brèche dans le fonctionnement propre. Si eux-mêmes ne prennent pas certaines décisions pour le soutien des hommes en détresse, quels qu'ils soient, ils admirent jusqu'à un certain point que d'autres prennent de telles décisions.

Je pars du cas français, non pour lancer une espèce de cocorico, mais simplement parce que c'est ma situation de fait. Deux groupes plus ou moins conscients et actifs se côtoient : des chrétiens convaincus et des communistes. Des groupes bien différents mais qui se ressemblent aussi dans cette situation limite. Mais la complexité des populations par pays est beaucoup plus grande. Les Français aussi forment un univers multiple. C'est vrai des Tchèques, mais beaucoup moins des Russes.

Les chrétiens assez convaincus se rassemblent de quelque manière et se tiennent assez directement parce que la conviction chrétienne est la source de leurs débats et du désir d'une reprise entre soi pour aller avec d'autres. Ils ont une foi vive en Dieu, dans le Christ; et, dans ces conditions redoutables, ils se reconnaissent dans des gens qui font des projets sociaux et construisent une sorte de noyau fondamental. Mais d'autres attitudes existent, à l'image de la société française. Ainsi vous trouvez des hommes dont la dimension première n'est pas la foi chrétienne, même si certains se reconnaissent chrétiens; leur christianisme est davantage une sorte de dimension éthique ou humaniste. Vous avez là des gens de professions libérales, ou d'origine militaire, une bourgeoisie éclairée, un peu suffisante, caractérisée par un mélange d'*Aufklärung* et de reste de foi chrétienne, qui les fait tenir sur pieds malgré tout. Mais ils ne vont pas jusqu'aux solidarités capables d'action collective forte. Venus d'un monde sans doute trop individualiste, ces gens s'appuient plutôt les uns sur les autres par amitié, car il y a des amitiés très réelles entre des hommes de cet univers. Ils ont leurs fiertés personnelles, des amitiés en petits groupes, se rendant service, répondant même à l'occasion à une demande de service qui leur vient de Michelet. Mais ils ne dépassent pas ce stade, me semble-t-il.

Communistes et chrétiens engagés se retrouvent, mais souvent conflictuellement, au nom de leurs convictions et aussi du fait de leur appartenance antérieure à des groupes d'action ou de réflexion. Parmi les autres, beaucoup ont de vraies convictions mais pas d'appartenance. C'est un peu le drame de mes amis intellectuels.

M'ayant repéré comme jeune jésuite à goût intellectuel (!), Michelet m'a un peu confié de faire chemin avec les jeunes intellectuels français. Certains sont d'un athéisme tout à fait radical; c'est un groupe de Normale Sup, de jeunes professeurs, d'auteurs littéraires, scientifiques, philologues, etc. Ce groupe se reconnaît par son identité sociale.

Invités, ils acceptent d'entrer dans un jeu qui utilise leur solidarité sociale relative, qui va de pair avec beaucoup d'individualisme. Mais auraient-ils trouvé la voie et réussi à survivre sans la demande leur venant de chrétiens comme Michelet et Rovan ? L'un d'entre eux en était certainement capable à partir de convictions tout à fait rationalistes, mais il est mort assez vite : François Vernet, auteur de plusieurs essais et dont je suis devenu l'ami. Dans son livre sur Dachau, *Rue de la liberté*, Michelet évoque le moment où ce jeune homme et moi nous nous promenons le soir. On a quelquefois une marge de vingt minutes qui nous permet de nous retrouver. Nous sympathisons beaucoup, alors que nos univers sont tout à fait différents.

La liberté nue

Dans cette vie faite de surveillance continuelle, de travail pénible, de menace constante et imprévue, de faim et d'épuisement, reste-t-il le temps et le désir d'une réflexion ou d'une reprise un peu personnelle, un minimum de droit à exister intérieurement ?

Si j'essaie de retrouver la vie quotidienne au camp, je remarque curieusement qu'elle partage le rythme de la vie de toute l'humanité depuis les temps les plus primitifs. La vie du soir et de la nuit, puis le retour au travail. Et, comme ce sera la situation dans les derniers mois, à quatre dans un lit, où il ne faut pas bouger, c'est quand même le repos. Et le travail difficile, c'est l'ouvrage quotidien, mais dans un autre contexte, celui de l'ordre massif imposé par la réunion de milliers de détenus.

Il faut distinguer ce qui se passe chaque jour au début et ce qu'on vit après. Il y a un apprentissage qui peut être aussi un désapprentissage. Au début, on vit instinctivement, comme on peut. Excusez la formule pédante, des gens vont se déconstruire, d'autres vont se construire. Les deux vivent ensemble, mais on sent qu'un tel glisse. Il y a des pentes descendantes et des pentes montantes.

Les gens peuvent se retrouver quelques minutes dans le relatif désordre en allant des blocks au rassemblement et en revenant des rassemblements aux blocks. Une image curieuse et contradictoire : au moment où l'organisation du camp rassemble 20 000, puis 25 000 et, dans les dernières semaines, plus de 40 000 personnes, dans un ordre purement extérieur, on trouve l'occasion d'un bref échange; exactement quand la foule se rassemble et quand elle se désagrège. On peut être trois ou quatre pour faire ce voyage et parler humainement. C'est l'instant où se ressuscite un moment de confiance. Cela ne semble rien du tout, mais on a rencontré celui à qui on peut parler et celui de qui on peut entendre. Cette part de vie personnelle, très personnelle, est quand même un appui pour certains. Là aussi se nouent les petites intrigues qui mènent quelquefois à de grandes actions secrètes. Des fidélités actives se tissent. Les initiatives de Michelet et des amis autour de lui se dessinent là en quelques instants.

Il reste des marges de liberté qui résistent à cet ordre qui emmène tout, à ce contrôle permanent et à la promiscuité qui renforce en quelque sorte la surveillance. Le contrôle des chefs est remplacé par le contrôle de la peau contre la peau. Et pourtant quelques échappées peuvent donner prise à la réflexion, à la méditation.

Il existe une grande différence, presque insondable et inanalysable, entre les façons dont chacun fait face, quels que soient les actes à travers lesquels va se traduire ensuite cette résistance. Au fond, cela me frappe dès le début, autre chose est la liberté, autre chose la libération. La lutte pour la libération, c'était la résistance avant qu'on soit arrêté. Dans l'épreuve, qui est comme la « réduction à zéro », elle fait place à ce qui est, pour moi du moins, une surprise : que la libération n'est pas la liberté et que la liberté peut être vécue de façon nue, peut-être. Plus de libération possible, mais la liberté résiste. Une révélation plus stupéfiante qu'éprouvante! On est pris entre deux issues. D'une part, la capitulation toujours possible, celle de certains qu'on voit, la sienne qu'on peut craindre. La capitulation de la vie biologique, qui fait que je m'arrête et vais mourir. La capitulation intérieure. D'autre part, la lutte pour un peu de dignité dans ce qui se passe, pour redresser la tête quand on est injurié, que sais-je ? L'humiliation et le mépris sont choses auxquelles on est extrêmement sensible.

Justement à travers le « passage à zéro », j'ai été amené à prendre conscience que, dans l'action de Résistance antérieurement, deux choses étaient mêlées : la protestation d'une liberté pour elle-même et l'action de libération; or les deux sont disjointes en quelque sorte à mesure que la lutte pour la libération a cessé. Dans la prison déjà, ce qui fut lutte pour la libération devint le temps d'une attente. Il n'y a rien à faire et on se dissocie, on se désengage peu à peu. Alors on découvre ou non la liberté. La libération est peu de choses à ce moment-là. Il ne reste plus que la liberté.

Pour moi, l'apogée, si on peut dire, fut le transport dans le train puis les premières heures à Dachau. Ensuite la vie quotidienne ressemble un peu à la vie d'un ouvrier de petite condition, d'un pauvre type qui est exposé tous les jours lui aussi à un accident du travail : la vie de gens que j'appelle les pauvres gens. Les avant-derniers de la colonne. A première vue, sommes-nous tellement différents des pauvres gens de la ville voisine? Et pourtant il y a une grande différence. Cette liberté qui a traversé le néant précédemment peut se reconstruire. Moment positif, qui n'existe peut-être pas dans la vie de l'ouvrier allant depuis toujours à son usine sans se poser de questions de ce genre. Mais quel moment plus dangereux aussi; on peut glisser, on peut abandonner la liberté. Alors la vie collective sera déconstruction. Certains vivent cette situation ambiguë de liberté de façon plus consciente; d'autres, sans qu'ils en prennent conscience, gardent une sorte de dignité ou de fierté. Pas tous. Certains vont se limiter à satisfaire le besoin, quitte à sacrifier la liberté ou la dignité qui restent. Ou bien on essaiera de s'en sortir, tant pis pour ce qui pourtant a été payé de tant de périls; ou bien on essaiera de reconstruire cette relation très élémentaire qu'est la vie sociale, la vie du camp, la vie de l'avenir, à partir de ce zéro et de cette liberté sauvée. La vie quotidienne est médiocre et, pour une part, absolument vulgaire. Pour le fond, c'est le style de la vie de tant d'hommes aujourd'hui et de tous les temps. La vie de la masse des hommes qui font peut-être l'histoire et dont on ne parle pas quand on parle de l'histoire, sinon en les transformant en une sorte de mythe.

La faim obsédante

Nous connaissons la faim. La nourriture est pauvre. Le matin, un jus noir fait avec des fèves ou je ne sais quoi. Pas de pain. Au travail, à 10 h, il y a la *Brotzeit*, le moment du casse-croûte; nous avons un morceau de pain noir, fait probablement avec autre chose que du blé, et un morceau de margarine. C'est le luxe de la journée.

A midi, soit au camp quand on n'est pas loin, soit sur le lieu du travail, l'essentiel est la soupe dans la gamelle, un liquide plus ou moins épais, de l'orge et du cumin. Depuis ce temps, je ne puis plus manger du bon fromage de Munster au cumin! Puis il faut attendre le soir pour recevoir encore une assiette de soupe semblable.

Avec cette nourriture pauvre, les gars de 20 ans perdent leurs fesses. Quand on est plus âgé, on tient quand même. C'est étonnant ce qu'on peut vivre de l'air du temps!

Naturellement il se fait tout un trafic de morceaux de pain. Celui qui sort pour déterrer les bombes à Munich se fait donner une moitié de pain, le rapporte et le monnaie.

La défense du groupe au travail s'organise aussi. Certains se défendent, d'autres non. Tel bon Français misérable, pauvre gars, paumé, maigrit à mort. Pendant ce temps, le Russe se débrouille pour avoir deux costumes l'un sur l'autre; dessous un bleu usé, aussi fripé que possible, pris sur un mort — les morts sont si nombreux que les réserves sont inépuisables pour ceux qui savent y arriver. Notre Russe fauche des patates, les fourre dans le pantalon fermé par un fil au bas du mollet et un autre au-dessus du genou. Il rentre au camp un peu lourd; mais les Russes sont assez massifs. Et il y a des « combines » avec celui qui fait les contrôles.

Quelques Norvégiens égarés là reçoivent des colis. On les bouscule légèrement, le colis bascule, il passe entre les mains d'un Russe qui est entre deux blocks de baraques, et il parcourt la moitié du camp, de main en main.

La faim devient une réalité obsédante. Réalité biologique éprouvée, elle n'est pas seulement le besoin à satisfaire, mais en même temps un désir frustré. Ce que le repas apportait d'humain, de conversation, de communication, de renouvellement, a disparu. Même le geste symbolique de se passer le pain. Cette perte laisse une sorte de rêve frustré. Des gens âgés, pour qui les longs rassemblements avant le travail sont particulièrement pénibles, se donnent du courage ou de la patience en construisant ensemble le menu qu'ils feraient pour telle ou telle circonstance : « Ici, mon cher, je mettrai un sauternes! »

Le domaine de l'affectivité sexuelle est liquidé; certains disent leur étonnement de n'avoir pas le moindre rêve érotique; le transfert se fait sur l'envie de manger. Ils comprennent comment les curés peuvent devenir des gourmands!

Et voici un aspect plus tragique. Des petits garçons russes de 12 à 14 ans feront n'importe quoi pour trouver à manger; exténués, ils sont capables de se vendre corps et âme, d'avaler des choses qui les feront mourir. Ils vivent dans la hantise de voler. Mais ils sont capables de sacrifier tout ce qu'ils ont volé pour une « touche » de fumée de cigarette. Ils vont jusqu'à se partager du *marorka*, de la tige de tabac coupée en morceaux, et la fumer dans du papier journal. Ils se battent. Il y a ceux qui fument et ceux qui ne fument pas. Je ne sais d'où viennent les cigarettes. Elles deviennent la monnaie; cet équivalent transmissible est signe qu'une vie économique se construit dans le camp. Mais cette pratique peut aller vers la captation ou le don.

L'ambiguïté est là dans les choses les plus ordinaires. Le camp est une psychanalyse collective.

Dans la promiscuité les milieux se reforment

Après la faim, il faut parler du vivre ensemble toute la journée, de la tension d'être ensemble. On ne vit seul que par punition, dans le *Bunker*, une pièce de béton, dans des conditions de froid qui rendent toute méditation socratique impossible, sauf peut-être la prière! Il arrive qu'on s'isole à deux pour manger ensemble un quignon de pain qui, par hasard, a survécu à un partage. Dans le travail forcé, on donne le coup de main pour pousser la meule trop lourde. Quand nous travaillons dans les fleurs ou à défaire les silos, si je vois que l'un avance moins vite parce qu'il est exténué, j'irai un peu plus vite pour que l'ensemble arrive à finir le travail exigé.

L'envers du décor, c'est la promiscuité. A vivre dans ce mépris, qui englobe tout, on doit devenir les ennemis corporels les uns des autres. Parce qu'on est tout le temps entassés. Dans les dernières semaines, quand on rentre dans la baraque, on ne peut plus être assis; on est debout, serrés les uns contre les autres. C'est la suite du wagon.

Au travail, à l'appel, dans la chambrée, on est toujours debout, les uns sur les autres. Et il y a le contrôle des poux. On est amené à se déshabiller tous, sept, dix fois par jour; plus de beauté dans ces corps! Les vivants décharnés examinent les plis de leurs chemises avec un soin méticuleux. Ils passeront la nuit à poil dans la grande salle des douches, pendant que leurs affaires iront à la désinfection.

Peut-être existe-t-il quelquefois un moment d'isolement dans le travail, par ailleurs le plus ennuyeux et le plus répétitif, sans signification. Je peux, sinon méditer ou prier, du moins être un peu moi. Le reste du temps, il est impossible de vivre humainement les gestes élémentaires qui signifient la vie communautaire, à cause de cette compression des gens ensemble.

Et pourtant quelque chose se joue, qui est très important. Au départ tout le monde est un peu solidaire du passé qu'il quitte; puis les vêtements tombent; la mémoire peut revenir, mais les lieux ne sont plus là; on est déraciné tout simplement. Alors il se fait une sorte de recomposition sociale dont certains vont être victimes et où d'autres trouveront leur possibilité d'action. Le phénomène me fait réfléchir sur toute l'histoire humaine. Le grand courant, la masse de ce flux humain des camps, se partage en sous-courants ou sous-groupes : ce sont les nations. Il y en a une dizaine. Elles sont concurrentes. Chacun va courir après sa nation. Le projet du camp est d'affirmer qu'il n'y a qu'une seule race, celle des maîtres, qui vous dit que vous devez être, tous, les sujets du grand Reich. Programme universel! Mais les organisateurs vont utiliser les divisions, les groupes nationaux qui se reforment. Dès le départ, et d'eux-mêmes, ces groupes produisent beaucoup plus de rivalités que de solidarités. Même dans ce contexte de promiscuité et de faim, malgré tout ce qui est commun, il existe des façons spécifiques de vivre. Cette recomposition se fait au profit de certains contre d'autres, inconsciemment.

Certains sont des exclus. Pensez aux pauvres gars de 20 ans, déportés du travail en Allemagne, pris par hasard dans une rafle sans qu'ils sachent pourquoi. Ils sont désemparés, sans référence, sans appartenance. Même chez les *Geistliche*, le tout jeune séminariste est abandonné à lui-même. Et tels hommes de 30 voire 50 ans, dont la vie s'est limitée à aider leur vieille mère à bien finir ses derniers jours, sont perdus. Jetés dans cet univers, ils ne sont rien, ils disparaissent.

C'est le génie d'hommes, comme Michelet ou d'autres, qui s'occupent de la politique de demain dans des perspectives sociales et démocratiques, de prendre en compte les exclus.

Donc des groupes se forment d'abord par nations : Russes, Polonais, Tchèques, Slovaques, Slovènes... Dans un premier temps on les juge sur leur passé et avec les idées reçues, plus tard sur les qualités du groupe lui-même. Français, nous arrivons en petit nombre dans un premier temps, méprisés !

Nous sommes mal vus des SS, parce qu'au début nous ne portons pas une casquette comme les autres, mais un béret, à leurs yeux le signe même du désordre. Mais dans l'immédiat le camp n'a pas autre chose à nous donner et il faut être couvert pour enlever le couvre-chef quand retentit l'ordre : *Mütze ab !* Pendant les longs appels, le silence est tout à fait menacé du côté français. Non point par des chahuts, mais parce qu'on parle ensemble, à deux ou à trois. Le Français se fait confidence.

Voilà pour l'aspect extérieur. Mais à l'intérieur de chaque groupe se retrouvent des gens marqués par une idéologie active. C'est une question majeure, sauf pour les Russes, leurs militants n'étant pas là.

Il existe aussi des groupes plus secondaires et ils seront plus nombreux par la suite. Les sociaux-démocrates ne sont plus marxistes. A quelques officiers français près, ce milieu est à dominante idéologique un peu socialisante. Sans être uniquement bloqués sur la patrie, ce sont des politiques. Des différences de classe apparaissent aussi : classe libérale, militaires, hauts techniciens, enfin les représentants variés de la bourgeoisie française. Officiers, médecins, avocats, n'ont pas tellement de connivence quand ils viennent de France. Mais dans le camp, ils vont se reconnaître et progresser vers un certain désintéressement. Beaucoup trouvent même une vraie solidarité avec des gens d'origine franchement ouvrière. Cette rencontre ou réconciliation reste pourtant difficile. L'univers du langage pour se défendre sur l'élémentaire, pour protester, n'est pas le même. Chez les Français, la stratification est extrêmement forte au départ; ce n'est pas du calcaire, c'est du granit!

Les intellectuels et universitaires ne se mêlent pas directement aux « travailleurs », ni même au milieu bourgeois dont ils trouvent les idées, fussent-elles héroïques, désuètes. Ces gens sont marqués par la dimension d'une critique intelligente, qui tend à dissoudre par son acuité ce qui peu à peu apparaît de positif chez les autres. Mais elle est aussi recherche et loyauté avec soi-même. Michelet les appelle les « intellectuels délirants », parce que pour une décision, qui est quelquefois une très bonne décision, il leur faut un peu plus de temps de parole qu'à d'autres, se retrouver, passer quelques soirs en cachette en petit groupe. Michelet sait capter en quelque sorte ces jeunes énergies, autrement vouées simplement à l'anarchie ou à s'isoler dans leur coin. Il en fait des serviteurs du bien public au sens le plus noble du mot, les acteurs de lieux où les autres ne peuvent guère pénétrer. Ces intellectuels connaissent les langues, ils sont assez souples pour passer d'un travail à l'autre, pour réfléchir un peu plus vivement en se déconnectant de leurs habitudes antérieures.

D'autres nationalités ont essayé de s'organiser ainsi, mais elles l'ont moins bien réussi. Les Italiens et les Espagnols étaient trop peu nombreux. Chez les Allemands, le groupe clérical s'est replié sur sa propre défense, les liaisons avec les communistes semblant impossibles. Les Tchèques étaient 6 000 ou 7 000, sinon 10 000 à un moment donné. Le groupe polonais s'est montré très courageux; mais, au début, il avait tendance à se sauver par la résistance et sa cohésion contre les autres. Parmi les 10 000 déportés polonais, il devait bien y avoir 1 000 prêtres, religieux et séminaristes.

Dachau, terre de rencontres

Malgré moi, je fais plutôt partie du groupe des intellectuels. Ces échanges gardent pour moi une importance fondamentale. Certains suivent des chemins de conversion qui s'entrecroisent : des chrétiens deviennent athées, des athées deviennent chrétiens. Ce groupe réussit parfois une communication plus universelle, par exemple avec les Tchèques et les Polonais, surtout avec des représentants de la vieille aristocratie qui savent le français et ont déjà vécu un peu partout en Europe.

Parmi les relations les plus proches, je placerai un jeune dominicain, le Père Georges Morelli, qui vivra plus tard dans les faubourgs de Mexico. Il a succombé, depuis, à un cancer des os. Avec lui et deux prêtres diocésains, nous formons une équipe plus intime au milieu du groupe des jeunes intellectuels. Le prêtre lorrain, officier de réserve d'aviation — à qui les SS offrent de reprendre du service dans la

Luftwaffe ! —, est de cette équipe. Par ailleurs, j'ai toujours de bons rapports avec les jeunes séminaristes en cours de formation, et en général avec de jeunes chrétiens motivés.

Les rencontres personnelles avec différents types de credo m'ont marqué jusqu'à maintenant. J'ai commencé alors la discussion avec les marxistes et le Parti communiste. Je connaissais déjà un peu la mentalité, le système et quelques hommes; et je connaissais aussi les conditions de la vie ouvrière. La confrontation avec cet univers et les hommes qui le représentent s'inscrivait à Dachau dans des situations très différentes. Repérable comme chrétien, ma présence permettait des relations et provoquait des oppositions. Tel chef de block, un kapo nullement méprisable, vieux révolutionnaire espagnol, manifestait un anticléricalisme farouche. Il ne pouvait se faire à l'idée de se trouver avec des curés résistants, et il nous annonçait que nous ne tiendrions pas. Je n'ai pas eu beaucoup de rapports avec l'organisation communiste même; d'ailleurs, elle dissimulait ses responsables.

Une relation centrale pour moi dans l'aventure de foi du camp fut la relation avec un garçon de 27 ou 28 ans, originaire d'Anvers, fils adoptif d'un vieux ménage communiste ouvrier. Militant formé à l'Internationale de Moscou, il faisait plus cas de la vérité du Parti que du sort des personnes. Un jour, il a trouvé, on ne sait comment, sur le bord de sa couchette, une page arrachée d'un petit fascicule d'évangile. Il a lu ainsi les « béatitudes » sans savoir ce que c'était. Il a été bouleversé. Il ne savait même pas ce qu'étaient des églises; à ses yeux il s'agissait de monuments comme les musées et les banques. Pour lui, tout cela appartenait au passé. En partant de cette lecture, il a découvert qu'il y avait des chrétiens dans ce camp. Il n'en avait jamais rencontré. Ce texte l'a préoccupé, peut-être parce que lui était communiste. Nous avons fait un chemin ensemble. Je lui ai parlé de la communauté qui transporte ce texte, de l'Église. A quelqu'un qui connaissait surtout le langage du Parti, il n'était pas facile de comprendre que l'Église était communauté, communion.

Des conversations même théoriques se sont amorcées sur le marxisme-parti, sur les relations possibles avec une foi chrétienne. Cette problématique se développera après la guerre. Le fait d'avoir vécu une condition commune était fondamental pour les marxistes avec qui je garderai des relations plus tard. On ne peut pas nier ou oublier les quelques hommes à qui on a pu faire confiance, ni cesser d'être exigeant avec ceux qu'on a connus dans ces conditions. Cette relation humaine, amorcée dans des conditions de sérieux et d'authenticité, a quelque chose d'irréversible.

Mais le souvenir le plus étonnant reste pour moi la relation avec les Russes à l'occasion du travail. Belges, Luxembourgeois, Suisses sont presque des concitoyens. Les Russes représentent ce pays immense si loin de nous. Je communique avec eux dans l'allemand élémentaire et grossier du camp.

Pendant le travail, il m'arrive d'aller me cacher dans un coin, derrière des meules de foin, avec quelques jeunes Russes. Et là, nous nous racontons des histoires. Ces garçons viennent de leurs forêts, de leur toundra, de je ne sais où. Ils ont souvent passé par des usines et se sont fait prendre. Des garçons pleins de fidélité qui vivaient dans l'anarchie. Tel ou tel a une inscription russe sur son bras; ce sont les dernières paroles que sa mère lui a adressées quand il a quitté la terre. Sa terre, sa mère, voilà ce qui reste dans son subconscient. Le jour où Leclerc prendra Strasbourg, je l'apprendrai d'un jeune Russe. Que sait-il de Strasbourg ? Mais il en comprend intuitivement le sens. Au mépris du danger, il vole une pomme de terre, la fait griller pendant le travail et me l'apporte. C'est la seule pomme de terre que j'ai mangée dans l'année au camp, à l'exception du jour de Noël. Ces jeunes Russes n'ont qu'un désir : une fois libres, passer par Paris en rentrant chez eux. Les pauvres gens! Ils passeront d'un camp à un goulag.

En tout cas, ces liens de population sont quelque chose d'impressionnant.

Je change de baraque plusieurs fois. C'est dans la *Stube* 4 que je suis resté le plus longtemps. J'y ai cohabité avec le futur cardinal Beran, archevêque de Prague. Il est alors directeur de séminaire, un homme important que tous respectent. Je le rencontrerai plus tard à Vatican II, et nous ne parlerons pas latin mais allemand! D'ailleurs, il ne pourra plus retourner dans son pays et mourra à Rome.

Je passe quelques jours dans une baraque polonaise. Peu à peu les Polonais remettront leur sort à Michelet pour passer d'un côté ou de l'autre de l'Europe. Un certain nombre repartiront chez eux à la suppression du camp, d'autres s'en iront vers des destinées diverses par la médiation de la France, grâce à Michelet.

A deux ou trois Français, nous sommes quelque temps dans une chambrée russe. Une chambrée un peu pagaille, où je retrouve le mystère russe. Certes, on éteint à l'heure. Mais quelle vie à l'intérieur, qui est aussi une vie spirituelle. Ces gars, assez rudes par certains côtés, ont entre eux des engueulades terribles et échangent des coups. Mais, finalement, grâce à l'autorité de certains, ils se pacifient. Ce sont uniquement des paysans. Les autres ont échappé ou sont déjà morts. Ils ne parlent pas du communisme mais de leur terre, de leurs champs, de leur mère, de tout ce qu'ils viennent de quitter. Ils parlent peu de l'Église, mais quelquefois ils manifestent fortement leur « religion ». Un jour j'en vois un faire un signe de croix avant de manger et les autres acceptent. Certains ont un magnifique crucifix de style orthodoxe imprimé sur la peau.

Le samedi soir, nous sommes couchés entre 8 h 1/2 et 9 h; le lendemain le lever sera à 5 h, une heure plus tard que les autres jours. Tout s'éteint comme d'habitude et je m'endors. A 11 h, un vague bruit me réveille. C'est en russe. Quelqu'un m'explique. L'un prend la parole, raconte, puis se tait. Un autre reprend, et ainsi de suite, presque toute la nuit. Chacun dit un conte de son village ou de sa région. Une expérience étonnante pour moi, que je ne trouverai dans aucun autre groupe.

Ceux des bureaux et ceux de l'infirmerie

Ceux qui travaillent dans les bureaux viennent le soir dans la chambrée. En fait, ils ont une vie à part et, peut-être, une certaine chance. Au rassemblement, ils forment la colonne 38. La vie dans les bureaux comporte plus d'échanges entre hommes de pays différents. Jusqu'à l'officier SS qui passe manifeste parfois une envie de parler, même si tout de suite après il fait établir la liste des transports et des exécutions. Dans les bureaux on reçoit les directives pour la marche du camp, et on peut intervenir parfois dans l'organisation des groupes. Les Français en discutent. En secret, sous le plancher, certains tiennent à jour une liste des Français à mesure qu'ils arrivent. C'est par eux que nous apprendrons quelques informations du dehors : par exemple, que les habitants de Dachau craignent que nous soyons passés au lance-flammes, en cas de menace immédiate ou d'évacuation du camp.

En plus de la tenue de la comptabilité générale de l'empire SS, que les Anglais bombarderont avec beaucoup de précision, une section très particulière est chargée d'exploiter une enquête sur la population locale et géographique du Reich, sur le nombre d'enfants et les courbes de natalité. Et on y travaille minutieusement, comme si on avait l'éternité devant soi!

Je fréquenterai enfin le milieu à la fois curieux et cruel, qui est le salut pour certains, le *Revier*, c'est-à-dire le monde de l'infirmerie. Ceux qui y entrent ont en général peu de chances d'en sortir. C'est là que le Père Dillard, jésuite, économiste, prêtre-ouvrier en Allemagne, sera reçu à la fin et qu'il trouvera la mort.

Là sévit un groupe terrible de pseudo-infirmiers, des kapos dont certains n'ont aucune compétence technique. Ils sont dirigés par un super-kapo, pire qu'un SS. Ils peuvent refuser des malades. Au début un Français qui entrait au *Revier*, était sûr de ne pas être soigné. Souvent, le médecin, un *Häftling* distingué, mis là pour rendre service, est en conflit permanent avec ce groupe qui impose sa loi.

Quatre *Versuchsstationen*, des laboratoires d'expérimentation sur le corps humain, font partie de cet ensemble du *Revier*. La plus redoutable fait des recherches sur la résistance du corps humain dans les conditions extrêmes de froid, de variation de température; on y traite le cas des aviateurs tombés en mer. Une autre station étudie la propagation des infections dans le corps, par exemple à partir d'un abcès, jusqu'à la désagrégation de l'organisme. Dans une expérimentation de ce genre, un prêtre tchèque, curé de l'Enfant-Jésus de Prague, perd une jambe et la moitié d'un bras. Cependant certains se portent volontaires pour ces stations d'expérimentation dans l'espoir de recevoir chaque jour un bol de riz sucré. Tel peut être l'effet de la faim. Certains ressortiront dans un piteux état, d'autres meurent.

L'hiver de l'inespérance

Dans ce camp, les jours se répètent-ils dans leur atroce cruauté ou note-t-on des changements importants ?

Au dire des Allemands, mais aussi des détenus, se suivent les moments où le camp « marche bien » et ceux où « tout fout le camp ». Mais ces mots n'ont pas le même sens pour tous.

D'abord les saisons marquent les conditions d'existence. Printemps et été sont plus faciles, malgré quelques pluies. Un coin de soleil, c'est l'éternité! « Le soleil est l'ami des prisonniers », ça vient du fond des âges. L'hiver au contraire est d'une dureté inimaginable.

Durant l'été 1944, les convois arrivent de toutes parts. C'est pour nous un début d'espoir, le signe que les Allemands sont acculés à se replier sur leur pays et qu'ils ne tiennent plus leurs fronts. Mais beaucoup de détenus disparaissent. Du fait des arrivées massives, beaucoup n'apprennent pas l'art de vivre au camp. L'épreuve du typhus se prépare. Il fait encore chaud, beaucoup boivent de l'eau n'importe où quand ils peuvent en trouver, n'étant pas habitués à cette sorte de discipline personnelle absolument nécessaire au détenu. L'eau souillée provoque la dysenterie. Il faut beaucoup de décision personnelle pour ne pas céder à la soif ou pour résister au désir de manger n'importe quoi qui traîne par terre. Avec d'autres, je me suis imposé de ne jamais boire une goutte d'eau en dehors du liquide bouilli qu'on nous donne le matin et le soir.

Beaucoup se mettent à rêver qu'ils seront rentrés pour Noël. On sent que la situation évolue. L'aviation allemande a pratiquement disparu du ciel. La Russie engloutit les soldats allemands. Progressivement les générations plus jeunes de l'encadrement SS sont remplacées par des gens plus âgés. C'est un changement de période. On sent monter la victoire, celle du dehors et la nôtre. Mais le camp passe de 20 000 à 35 000 habitants. On se tasse partout. Temps de l'espoir, mais aussi temps des grandes tensions et des choix collectifs.

Pour savoir ce qu'est une épreuve collective, il faut avoir vécu ce dernier hiver au camp. Vers octobre-novembre, le temps devient gris, il faut réapprendre à vivre avec le froid. On met du papier journal entre la peau et le costume. On pressent que commence une étape inconnue. Après l'espoir un peu fou, romantique et léger de l'été, l'entrée dans l'hiver jette tout à coup le camp dans le temps de l'inespérance. Nous avons quelques nouvelles, ne fût-ce que par le *Völkischer Beobachter*, le grand journal nazi dont le papier enveloppe les choses qui nous arrivent; et les Allemands ne déforment pas tellement les nouvelles militaires. Il y a aussi quelques radios clandestines dans le camp. La contre-offensive allemande de von Rundstedt dans les Ardennes, le lancement des V2, voilà des informations qui nous ébranlent. L'Allemagne va-t-elle malgré tout reprendre le dessus, les Américains reculeront-ils ? Le choc est terrible pour tous.

Le typhus... 15 000 agonisants

Et puis, un jour, le typhus. Un, deux, trois, quatre... dix, vingt, quarante cas... Il y en a toujours plus. Des baraques entières sont atteintes. Chacun se sait immédiatement menacé. Les morts sont nombreux. Nous étions bloqués à quatre sur un même lit, alignés tête-bêche, maintenant on peut se trouver seul pour cinq ou six lits.

Un jour, au coin d'une baraque, je serre la main à Michelet. Elle est moite et chaude. « Ça y est, lui aussi. » Il en sortira, c'est presque miraculeux. Moi-même j'échappe au typhus. Quand les Américains viendront nous délivrer, ils trouveront 15 000 agonisants dans le camp.

Nous avons l'impression de nous enfoncer dans la nuit, avec le typhus, le recul des armées alliées, l'accumulation des prisonniers qui arrivent dans des conditions de plus en plus atroces. C'est le reflux des camps vers l'intérieur de l'Allemagne. Des wagons entiers de Polonais débarquent, dont certains ne sortent même pas de la gare. Le train est abandonné avec ses occupants.

Une nouvelle épopée de la solidarité chrétienne commence alors. Cet hiver du corps et de l'âme est une très forte épreuve. Le SS-hiver est là, les espoirs de libération se font plus lointains. Voilà Noël. Nous sommes toujours là. Le typhus défait tout. Les structures de communication, établies, peu à peu sont menacées. L'image de la mort envahit tout, massivement. Ce ne sont plus seulement des individus qui meurent, tout le corps humain collectif devient chaque jour plus mortel. A ce moment vont se juger les grandes options personnelles et collectives. Un nouveau temps carrefour où s'inscrivent l'angoisse et encore une nouvelle façon d'espérer.

L'univers SS est affolé, il n'aime pas les épidémies. La vieille Europe centrale sait ce que furent les pestes d'autrefois. La solution SS est de traiter ce mal d'autorité et à la racine. Sur les 25 blocks, quatre sont réquisitionnés pour y enfermer les typhiques. On soigne un peu les autres en exigeant moins de travail d'eux.

Un homme marqué par le typhus sera désormais retranché de la communauté. Les quatre baraques de typhiques sont entourées de barbelés supplémentaires. A l'entrée, on dépose chaque jour une grande cuve de soupe claire. Chaque matin, on procède à l'enlèvement des cadavres, placés devant la porte. On recommence chaque jour, pendant deux mois et demi.

Entre ce que je nomme « les groupes idéologiques », c'est le moment du plus grand conflit et sur des questions profondes, en particulier entre communistes et chrétiens. Les groupes qui dirigent pour ainsi dire clandestinement le camp ont à prendre des décisions. Ce sont les politiques « purs et durs », surtout ceux du Parti communiste, qui posent les premiers la question. Les communistes français discutent avec d'autres partis communistes de ce qu'il faut faire. Ils le font dans une perspective particulière, où se révèlent la grandeur et la dureté du choix politique. Des militants communistes de grande valeur sont en train de mourir dans les baraques du typhus. Le Parti communiste doit-il agir comme parti ? S'il faut faire quelque chose, on y mettra le prix et on acceptera le risque pour soi dans l'aventure. Mais les risques ne l'emportent-ils pas sur les chances de réussite ? Cette action ne dévorera-t-elle pas plus d'énergie qu'elle n'en procurera pour la société de demain ? Finalement la décision est négative ; on n'entreprendra rien pour les typhiques. Pour des raisons dont il ne faut pas se cacher la force. Ils ont d'autres actions à mener, risquées elles aussi, dangereuses peut-être, dans tel ou tel kommando ou bureau. Elles sont plus importantes pour demain, elles ont donc priorité. Cynisme ou réalisme ?

Parmi les chrétiens se dégagent deux attitudes. Sans aller jusqu'à une réflexion systématique devant l'histoire, les uns trouvent simplement que le risque de secourir les malades est trop grand ; d'ailleurs, dans le meilleur des cas, les malheureux ne s'en sortiront que moitié « clabautants ». J'ai pitié de mon voisin, il est plus important que les autres que, après tout, je ne connais pas vraiment.

Chez d'autres la conscience chrétienne se manifeste plus vigoureuse. Et une réconciliation se fait avec les « classes libérales ». Des médecins et des prêtres, principalement, décident finalement d'entreprendre une action pour ceux qui sont abandonnés à la fièvre mortelle. N'étant pas de ceux qui sont élus pour la réaliser, je puis en parler librement.

Un certain nombre de prêtres donc sont convaincus de la nécessité d'entreprendre quelque chose. Ils ne pensent pas qu'ils puissent en décider seuls. Ils n'en parleront qu'après quelques jours de prière. Imaginez, dans la vie du camp, ces quelques jours où nous sommes en état de prière sur cette question. Puis une réflexion se fera, avec beaucoup de clarté, avec les médecins. Dans la décision, il y a un aspect mystique : dans ces typhiques, Jésus Christ est là avec ses plaies. Mais aussi une réflexion politique, au sens large du mot : si nous ne soignons pas ces hommes aujourd'hui, que fera la cité demain ? Nous voici pour de vrai devant des exclus, des rebuts. La nouvelle société que nous appelons, que fera-t-elle devant les exclus de demain ? Si nous nous dérobons ici, quelles chances avons-nous de nous battre pour quelque chose qui soit la dignité des hommes, de tous les hommes ?

Ces gens décident donc qu'il faut intervenir immédiatement. Cependant — et cela signifie pour moi une redécouverte de l'Église et nous y reviendrons plus longuement —, ils sentent qu'ils ne pourront avancer sans être « appelés » concrètement. Ils ne sont pas les maîtres de leur vie. Qui peut représenter cette autorité ou répondre à ce désir ? C'est l'Église. Et qui représente l'Église ? Mgr Piguet, l'évêque de Clermont, n'est pas là pour le moment; sans doute est-il dans le *Bunker* ou expédié dans un kommando extérieur. Alors un vieux chanoine, sans qualité particulière, un honnête homme du Midi ou des Pyrénées, le chanoine Daguzan, courageux à sa façon, représente pour nous la communauté ecclésiale. A cet homme le groupe de prêtres et de médecins donne les noms de ceux qui sont prêts à aller chez les typhiques. A lui d'établir la liste de ceux qui partiront les premiers.

L'action consiste simplement à s'enfermer dans les baraques des typhiques. Vivre comme des vivants, pour aider les mourants à mourir comme des vivants. Cela veut dire se procurer de l'eau, faire passer en cachette quelques affaires, qui sont très peu de chose, il est vrai. Partager la vie du mourant de telle sorte que son agonie soit vraiment une lutte pour la vie. Une quarantaine se succéderont. Quelques-uns pourront en ressortir, un certain nombre y laisseront leur vie.

Voilà pour moi un des points capitaux, une lumière. Quand je dis que je reviens au camp comme à ma caverne de Manrèse, je pense à des expériences de ce genre. La vie du camp est tout entière une vie vulgaire, où l'on se bat avec son travail, sa faim... Et tout à coup on est acculé à un choix. Même quand on l'a vécu, on ne sait pas si on serait capable de le refaire. Une sorte de mystère de gratuité, de grâce, traverse ce moment.

Il me faut vraiment insister pour que le Père Sommet dise quelque chose des responsabilités qu'il a acceptées lui-même.

Puisque vous m'y acculez, je puis dire tout bonnement que je me suis proposé pour la liste. Humble démarche sans plus; grâce reçue! mais non élu!

Garder l'esprit vivant

Dans le sillage des initiatives de Michelet, je partage surtout les préoccupations des jeunes intellectuels. C'est l'effort d'un témoignage humain et chrétien de l'intelligence.

Les activités dans le camp et dans les bureaux deviennent ainsi une véritable expérience de la liberté. Sans le ressourcement suffisant, ces jeunes gens risquent de s'abandonner. Il importe de simplement parler ensemble, c'est le vieux dialogue de Montaigne et de Pascal. Avec ceux qui sont un peu techniciens de la philosophie, nous mettons en dialogue Kant et Brunschvicg, Heidegger... Cela peut paraître étrange, mais si c'était la source ? Avec les autres, c'est le biais littéraire qui nous soutient. Nous avons raflé quelques pages de *L'Être et le Néant* de Sartre et nous les commentons.

Kant et Heidegger entre les coups de Gummi*!*

Justement c'est là que l'effort de conscience est le plus important et qu'il faut garder l'esprit vivant. Pour certains la foi se débat dans cette réflexion. Des jeunes d'obédience marxiste changent de chemin à travers l'affaire des blocks du typhus, qui les atteint immédiatement. Chez des garçons qui ont vécu dans le ghetto catholique ancien, sans avoir jamais débouché sur des options de désintéressement, cette croûte chrétienne cède. J'essaie d'accompagner ces jeunes dans ces entrecroisements. Une tâche qui ne met pas les jours en péril, mais elle met l'esprit en alerte à tout moment.

Je considère aussi comme un devoir, un métier de jésuite, d'accompagner des jeunes clercs, mais également des adultes. Avec les jeunes chrétiens, il faut réfléchir : comment dans la violence juger la violence? comment vivre sa foi et qu'est-ce que vivre sa foi? qu'est-ce qu'être soi-même et que signifie cet effort pour demain ?

L'eucharistie célébrée à Dachau

Parmi mes préoccupations citons le secours aux garçons malades et la participation au réseau eucharistique. Nous réussissons à perpétuer l'Eucharistie et il s'agit de prendre le risque de la porter dans les baraques de quarantaine où sont parqués les nouveaux arrivants et dont l'accès est interdit à tous les autres. Nous savons que certains sont en péril.

Par notre réseau secret, j'apprends que le Père Dillard est là, malade. Je vais le voir et trouve un homme en pleine déréliction; et Dieu sait s'il a été courageux. Parti comme prêtre-ouvrier en Allemagne, il vient de faire un an de prison à Wuppertal. Ayant fait la guerre contre les Russes comme officier sous les ordres de Weygand, il a une grande auréole chez les Allemands. Dans la prison, il faisait la pluie et le beau temps! Puis, un jour, arbitrairement, il a été emmené entre deux soldats dans un train pour Dachau. Là il se présente comme officier français. Alors il est persécuté, humilié. Il le ressent très durement. Il sera emporté par des infections successives.

Ces actes me valent de perdre mon manteau pour l'hiver. Repéré je suis fichu à la porte des baraques de quarantaine à coups de poing.

Le Père Riquet sera mis à contribution par Michelet pour porter l'Eucharistie en cachette, en particulier au *Revier*. Il a été arrêté rue de Grenelle avant moi, mais je l'ai pour ainsi dire accueilli à Dachau, quand il est venu de Mauthausen. C'est un personnage vigoureux qui a eu une conduite très ferme. Il est arrivé un jour avec un groupe de Français que j'épiais à l'ombre d'une baraque au petit matin. Il portait une capote militaire. Il a été soufflé de me voir là. Nous nous sommes embrassés rapidement; il m'a passé une espèce de chapelet refabriqué et un papier sur lequel il avait griffonné quelques noms et adresses. C'est lui qui aidera le Père Dillard dans ses derniers moments. Il aura beaucoup de relations avec des médecins.

Dans un camp aussi strictement surveillé, il ne doit pas être facile de trouver des hosties consacrées.

C'est le mystère des camps. Il est interdit de prier. Mais, par je ne sais quelle voie, nous avons toujours un petit paquet d'hosties. Un prêtre allemand en a pris la responsabilité. A 3 h ou 4 h du matin dans un coin qui sert de chapelle, on peut assister à l'Eucharistie souvent, sinon tous les jours. Dans l'ombre, on consacre des hosties dont on fait de tout petits morceaux — car une hostie c'est un luxe!

Porter l'Eucharistie ne va pas sans un certain danger à cause des rafles ou des inspections subites et imprévisibles. Que faire alors de la petite réserve d'hosties ? Certains moments sont presque miraculeux. Un jour, j'ai dans la main une petite boîte avec une réserve eucharistique. Tout d'un coup, on vérifie tout, on inspecte partout. Le surveillant me fait tendre les mains, me palpe en détail. Il me fait ouvrir une main, mais pas celle dans laquelle je tiens la réserve eucharistique.

Aider les gens, c'est la dimension charitable. Porter l'Eucharistie comporte aussi une dimension plus mystique. Dans cet ordre, je me souviens de l'ordination d'un jeune diacre avant le lever du soleil. Un événement extraordinaire. Cet homme ne tient plus debout, il est ordonné assis sur un tabouret. Lui, jeune allemand, est ordonné prêtre par Mgr Piguet, un évêque français. Le sacerdoce défie la mort et les divisions.

Le scandale de la passion du Christ

Il est effrayant d'imaginer ce drame de la déréliction des camps, toute cette humanité écrasée, torturée. A Dachau les détenus finissent par être, on l'a dit, 45 000 dont 15 000 sont agonisants. Dans d'autres camps c'est la même détresse.

C'est vrai. Et pourtant je me risque à dire quelque chose d'un peu surprenant. L'expérience du camp est dans une certaine mesure démystifiante sur la question de la quantité. Les grandes masses sacrifiées, ce n'est pas rien. Mais c'est une petite part de Jésus Christ. D'une certaine façon, à ce moment-là, je vis presque davantage comme scandale la passion du Christ que la passion des hommes. C'est une atroce expérience pour ces hommes de mourir dans ces conditions, mais c'est une expérience encore plus atroce pour le Fils qui a traversé encore autre chose dans ses souffrances et dans sa passion. Je vous parle un langage dont je ne sais si c'est le mien ou si c'est celui de Michelet à côté de moi. Il y a une sagesse qui s'exprime peut-être différemment mais qui est fondée sur cette vision. Cet homme risque sur sa fidélité à la passion du Christ les gestes qu'il fait tous les jours. Il le fait non pas parce que c'est moralement mieux, il les fait au nom d'une fidélité à Jésus Christ, à travers cette histoire. Et malgré tout et contre toute apparence, il est en train de gagner un sens pour cette histoire.

La lumière dans les yeux éteints

Dans une situation à ce point sans issue, sur quoi peut encore porter une espérance ?

Ce que je vais dire a quelque chose de scandaleux. L'espérance porte d'abord dans la rencontre de la mort. Un homme est apparemment abandonné par la vie : il meurt. Et ne donnons pas au caractère de passage une trop grande facilité. Pourtant l'homme est accessible à vivre la mort malgré tout comme une affirmation de la vie.

Pour celui qui meurt, la façon chrétienne d'aborder la mort est aussi d'attendre un passage qui n'est pas de lui. C'est, d'une certaine façon, remettre à Dieu l'accomplissement de ce qu'il a commencé avec Dieu et qu'il conduit jusqu'à l'extrême de ce qu'il peut, de ce qu'il lui est donné de pouvoir.

Pour les autres, pour ses frères, croyants ou non, dans la misère du camp, la mort éclate avec son aspect déraisonnable. Voici un grand nombre d'hommes morts pour témoigner malgré tout, dans leur courage à tenir jusque dans la mort, de l'indignité de ce qui les accable et de la dignité de ce qu'ils sont. Dans l'immense récit de Vassili Grossmann, *Vie et destin*, j'ai lu une réflexion saisissante : ce genre d'épreuve est aussi le signe que l'inhumain ne peut arriver à triompher des hommes, car il y a toujours des hommes qui arrivent à manifester leur bonté. Oui, quelques-uns manifestent là leur bonté, quelques-uns leur courage, quelques-uns leur joie de vivre, la naïveté de vivre simplement jusqu'au bout. Cette masse, après tout, ne s'est pas suicidée; c'est déjà poser la question, c'est déjà affirmer un peu le sens de quelque chose. Tant d'hommes meurent qui n'ont peut-être pas réfléchi positivement à tout ce qui est engagé dans leur vie; et devant l'épreuve, devant la vie rendue aussi insensée, ils ont tenté de vivre jusqu'au bout, plus ou moins maladroitement, plus ou moins adroitement; n'est-ce pas dire que le chemin sur lequel ils marchent a pour eux un sens quelconque, sinon il n'a plus de raison d'être.

C'est une immense protestation du prix et du sens de la vie qui, massivement, prend une portée extraordinaire. Je me prends quelquefois à dire avec le vieux Péguy : « Heureux ceux qui sont morts... » Je veux dire que ceux qui ont fait ce chemin jusqu'au bout, qui le terminent comme ils peuvent — les uns consciemment, avec l'étrange conscience claire au moment où ils meurent que ce qu'ils font a un sens, d'autres pas du tout, peut-être parce que la mort les saisit à l'improviste et ne leur laisse pas le temps de s'élever à méditer —, tous font partie de la troupe qui marche. Autrement ils ne seraient pas là. La démesure de ce qui les accable, de ce qui leur est imposé, ce au nom de quoi on les bat et les martyrise et les terrifie, fait de leur vie une sorte de protestation. Je n'ai pas vu beaucoup de gens mourir dans le désespoir parmi ceux qui mouraient consciemment.

Jacques Sommet a parlé un jour de « la lumière que je lisais dans leurs yeux éteints ».

Deux choses : avant que les yeux s'éteignent et quand ils sont éteints. Pour certains l'acte de mourir est accepté sans illusion, comme tel, et même comme l'achèvement positif : « Je ne peux rien faire de plus, j'ai plus de chance que celui qui s'en sortira », diront l'un ou l'autre. Et cette mort a une signification collective. En effet, dans ce paquet d'hommes qui tentent de vivre, ceux-là mêmes qui meurent au milieu d'eux sont les témoins à la fois de jusqu'où il faut aller et de la grandeur de ce qu'ils font.

Méditation sur un charnier

« La lumière dans les yeux de ceux qui sont morts. » Quelle contradiction et dérision si on pense à la charrette qui ramasse les cadavres tous les matins !

C'est une très noble affaire. La méditation chrétienne sur les cadavres est une vieille pratique médiévale. Je suis en train de la reprendre soit devant le tas de cadavres chaque matin ramassés au seuil des baraques des typhiques, soit tout à fait à la fin du camp, alors que nous pourrons pénétrer dans l'endroit où l'on brûlait les corps. Dès que les barrières ont été rompues, nous ne sommes pas partis à Munich ou je ne sais où — du moins ceux dont je suis —, nous sommes allés sur place au « crématoire ». Et je vois encore ce tas disloqué devant moi. Affreux spectacle des corps non respectés ! Le charnier. Combien je crains que ces mots soient trop faciles. Je me suis pris alors, simplement, sans réfléchir, à réciter le Notre Père pour ceux qui reposent là. Avec d'autres, devant ces cadavres, ce furent les seuls mots possibles, si des mots sont possibles. Rien d'autre à faire ni d'autre acte humain à poser. Un acte de prier dans l'acte d'espérer.

Désespérer pour eux ? D'une certaine façon, ils sont là encore le signe que je n'en ai pas le droit. Parce que, si eux, ces corps abandonnés, ne peuvent rien faire, ils sont venus là en faisant quelque chose ou contraints à faire quelque chose, contraints à être dignes, contraints à laisser leur vie dans une aventure qui n'est pas simplement celle du choix quotidien de ce qui fait plaisir et ne fait pas plaisir.

Pendant le temps de nos entretiens ici, j'essaie de penser un peu ce que je crois avoir vécu ou reçu de vivre alors. Dans cette lumière, je dois reconnaître le Christ crucifié qui nous devance, si je lui donne ces dimensions que les chrétiens orthodoxes savent lui donner; il s'agit vraiment de ce corps de l'humanité qu'est le corps du Christ.

Mais ceux qui n'ont pas cette lumière, que font et pensent-ils à côté de moi qui prie ? Ils ont une attitude très digne. Pour eux non plus ce n'est pas le moment de désespérer. Il ne s'agit point de la naïve réflexion : « La victoire coûte ça. Mais c'est la victoire ! » Les militants communistes ont tendance à voir les choses un peu dans cette perspective : c'est le froment qui a donné le pain de la victoire. Mais on ne peut réduire l'homme à la couche de feuilles dans laquelle germe l'avenir. Je ne puis accepter cette logique de la construction de la cité à quelque prix que ce soit et que plus le prix payé est fort plus on pourra exiger des vivants de demain. Je pense à ce vers d'un des jeunes devenu mon ami : « Le nom d'un mort est mon armure. » J'ai recopié en cachette ses vers à Dachau. L'espérance n'est donc pas étrangère au chemin de cet athée, qui mourra patiemment, courageusement, du typhus. En l'absence de christianisme, la tradition française, celle de Montaigne et d'autres, apporte un stoïcisme respectable. Il ne s'agit pas de nerfs bandés, de défi jeté à la face, d'héroïsme, mais plutôt d'une mesure critique et d'une acceptation active de ce qui se passe, au nom d'une certaine dignité. J'y retrouve la partie laïque de ma famille, une sorte de sagesse dont je respecte tout à fait l'humilité et la grandeur. Dans l'acharnement à être fidèle au contexte même de l'existence, il s'agit peut-être de l'infini, mais pas nécessairement de Dieu nommé.

Noël et Pâques à Dachau

Jacques Sommet a vécu dans le camp deux grands temps liturgiques : Noël et la Semaine Sainte. Pouvait-on y penser à Dachau ?

Le temps rythmé par les grands moments liturgiques correspond peu au rythme du camp. Nous avons seulement une messe, dans le secret, très tôt le matin, avec fort peu de lumière, du moins physique. Ayant réussi à nous procurer un missel, nous utilisons donc pour la messe les prières de l'Avent. Dans leurs camps, les femmes ont éprouvé durement l'absence de l'Eucharistie; elles n'avaient pas de prêtres et ne pouvaient se procurer le minimum pour entretenir un réseau eucharistique.

Nous sentons approcher Noël. Ce moment suscite un effort entre chrétiens pour ramener un peu de la fraîcheur du message de la Nativité dans notre vie. Un commencement divin existe dans l'histoire. Alors une des souffrances, mais peut-être malgré tout une grâce, est de sentir que cet univers SS n'est pas indifférent à Noël, à sa façon. C'est le seul jour où nous avons des pommes de terre! Et le camp est légèrement décoré. Nous sentons le ridicule de ce geste. Les gens continuent à mourir, rien n'est fait pour que cesse le typhus; il faut ramasser les morts ce matin-là aussi. Mais chaque block doit installer une petite couronne de houx avec ses grains rouges, pour un jour. L'aspect dérisoire de ce geste oblige à réagir spirituellement.

La Passion est beaucoup plus méditée entre chrétiens, entre prêtres, en tout cas, avec les chrétiens proches. Pâques ne donne lieu à aucune manifestation extérieure dans le camp. C'est un moment triste; la passion y est plus apparente que la résurrection. Dans sa force même, elle est peut-être le témoignage de cette résurrection. C'est le moment où nous commençons à compter ceux qui restent, parce que nous approchons de la fin. Cette approche est pleine d'espérance, mais aussi nous habite l'effrayant et élémentaire calcul du prix qu'il a fallu payer et qu'il faudra encore payer. Le typhus, les conditions sanitaires, l'arrivée de cortèges d'hommes tout à fait épuisés, voilà qui fait constamment affleurer la mort. Il y a des prisonniers plein les baraques; d'autres ne vivent que par terre. A la fin, le camp est un tapis humain. Il n'y a plus de logement pour ceux qui arrivent encore, fût-ce debout dans les baraques. Les services dans le *Revier* ne fonctionnent plus. Nous vivons Pâques dans un contexte extrêmement dur : Pâques aux enfers.

La fin du camp approche. Dans l'immédiat c'est l'accumulation des détenus, le typhus, la désorganisation. Jusqu'aux cinq ou six derniers jours, un minimum de nourriture reste assuré. Le travail se désorganise. Les derniers SS vaillants sont envoyés au front. Ils sont remplacés par de très vieux; et ce sont ceux-ci qu'on exécutera après la débâcle.

Dans les derniers jours, on fait partir les prisonniers allemands et russes. Les Allemands seront libérés grâce à un prêtre allemand, ancien détenu, qui soudoie les SS du convoi, qu'il a suivi à quelques kilomètres de distance. Les Russes seront emmenés sous escorte. Que sont-ils devenus ? Ont-ils été massacrés au dernier moment ou bien ont-ils abouti un jour dans leur pays ?

Certains gardiens seront fusillés, des kommandos seront liquidés complètement, tandis que des fins de convoi seront libérées par les Alliés.

Portes et clôtures électrifiées tombent

La fin du camp est difficile à raconter. Nous sentons et savons que les troupes américaines approchent. Depuis quelque temps leurs petits avions se baladent au-dessus de nous comme s'ils étaient chez eux. Depuis des mois, plus un avion allemand dans le ciel. La fin de la puissance allemande passe par la dépopulation des airs. Et par l'extraordinaire spectacle wagnérien que représentent les bombardements de Munich, à 15 km de là, par un millier de forteresses volantes, plusieurs fois par semaine. Nous ne ressentons guère de contentement pour le malheur des Munichois; il ne s'agit pas d'écraser les Allemands mais d'abattre l'empire nazi qui s'est fabriqué sur eux. Un mensonge va finir. Nous avons simplement le sentiment de reprendre vie.

L'organisation du camp passe par une espèce d'effondrement, qui se manifeste, en certains cas, par des ordres très stricts. Ainsi, les trois derniers jours, tous ceux qui sont couchés dans les baraques ont interdiction d'en sortir. Un pauvre prêtre polonais sort par distraction; il se fait descendre au revolver. Les geôliers vivent-ils dans la crainte que cette masse de prisonniers se jette sur eux ?

Dans les derniers jours, les édiles de la ville de Dachau voient la fumée au-dessus du camp; ils pensent qu'on passe les survivants au lance-flammes et avertissent les Américains, craignant pour leur ville. Les Américains lancent une opération spéciale de dégagement du camp en avant de la ligne d'avancée des troupes, avec des armes légères, sans braquer de canon sur le camp. Les soldats allemands se replient dans les miradors, puis lèvent un drapeau blanc. Mais, phénomène inexpliqué, au moment de l'approche des Américains, ils retirent le drapeau blanc et se mettent à se défendre. C'est ridicule. La situation est désagréable pour nous qui sommes au milieu. En fait, il n'y a pas beaucoup de victimes. J'observe ce qui se passe, derrière une cheminée sur une baraque.

Puis le moment saisissant! Les armes allemandes se taisent. Portes et clôtures électriques tombent. Les Américains envahissent la grande cour d'appel. Nous nous précipitons en masse dans cette cour. Une grande clameur emplit terre et ciel. Nous sommes le 29 avril 1945.

Mais les soldats américains reculent, effrayés. Sont-ce ces hommes, ces êtres à visage si peu humain, qu'ils sont venus délivrer ? Ces gens qui sont par terre en train de mourir ?

Un chapelain tente une prière. Puis tout s'organise dans la joie et dans la peine. Dans la peine, parce qu'il faut nourrir ces affamés. On leur jette des monceaux de conserves. Ceux qui ont les intestins comme du papier à cigarette en meurent. Les victimes de la nuit de la délivrance! Dans la peine, parce qu'il faut encadrer ce monde du typhus et éviter les risques de contamination. L'armée des libérateurs installe des panneaux à tête de mort pour avertir des dangers d'épidémie, comme le font toutes les armées du monde. Le typhus, c'est la grande maladie. Mais cette tête de mort était hier l'insigne des SS de Hitler. Humour noir!

A ce moment difficile, le groupe Michelet prend les choses en main et les Américains savent à qui s'adresser. Le ravitaillement s'organise, puis la désinfection des poux. Avec une efficacité remarquable, le commandement américain monte un hôpital de campagne. Mais comment prendre en charge tous les malades ? Nous constituons des équipes de volontaires qui resteront jusqu'à la fin du camp.

Dans l'immédiat nous ne pouvons ni sortir ni partir. Ce n'est pas encore une libération, mais un soulagement tragique. Quelques-uns réussissent à se sauver. Des tractations s'engagent. Parmi les Polonais les uns optent pour la France ou l'Ouest, les autres pour le retour dans leur pays. Les Américains respectent ces choix. Peu à peu nous prenons contact avec l'extérieur. Des journaux, des lettres commencent à circuler. On voit passer le général Leclerc, Maurice Schumann (« la voix de la France libre »). La joie de la libération devient plus durable et moins amère quand les souffrances s'estompent.

Des problèmes politiques sont à régler. La plupart des SS coincés dans cette opération seront exécutés après un jugement rapide qui nous écœure. Des scènes de tribunaux populaires s'organisent, mais les Américains prennent les choses en main. Aucun pouvoir ne peut laisser la foule procéder à des jugements sommaires. Les kapos ont réussi à disparaître et se refondre dans la masse. Parmi les SS se trouvent quelques Français engagés dans la Légion; Michelet, Rovan et d'autres essaient de traiter honnêtement leur dossier et de limiter la haine dans la réaction.

Les blocks ont disparu. On se regroupe par nations. Les groupes se forment assez librement; la place ne manque plus. Au bout de trois semaines les départs commencent à s'organiser, et c'est maintenant l'histoire banale.

Puis c'est le départ des derniers. Le groupe Michelet peut quitter ces lieux. Nous sommes une dizaine pour cette dernière étape, dont le Père abbé de la Trappe de Belloc. En camions nous traversons une Allemagne bouleversée, mais apparemment calme, une Allemagne que nous ne connaissons pas. Nous rencontrons les premiers visages « civils ». Des hommes et des femmes « ordinaires »!

Nous traversons de petites villes plus ou moins détruites, à demi conscients. Les camions sont durs pour nos reins fatigués.

Quand nous traversons la frontière française, claquent de grands drapeaux. « Ici commence le pays de la liberté! » A Nancy, on nous installe dans un train.

Et j'arrive à Paris, un peu perdu. On nous conduit d'abord à l'hôtel Lutetia, transformé en centre d'accueil pour les déportés. On nous donne un costume, la possibilité de nous laver, de prendre un premier repos. Quelques heures après, chacun va téléphoner, avertir ceux qu'il désire toucher. Certains attendent, ne sachant où aller. Ils seront hébergés pendant quelque temps dans des lieux de regroupement. Je ne réussis pas à savoir où est ma famille. On nous établit une première carte d'identité provisoire, car en quittant le camp nous n'avions plus ni papiers ni rien. J'avais retrouvé quelques affaires, ma soutane dont je ne sais que faire; mais mes papiers ont disparu.

Chacun prend l'adresse de ceux à qui il se sent lié; cela nous permettra de nous revoir.

Puis je me mets en route pour la résidence jésuite de la rue de Grenelle, à quelques rues de là, dont je suis parti un an plus tôt. Le cercle est bouclé; mais quelle distance parcourue!

Dans la France de la Libération

La France du printemps 1945 est en liesse. Le moindre village organise sa fête de la Libération avec son bal. On essaie de ne pas trop voir la mère qui attend toujours un fils, l'épouse qui est sans nouvelle de son mari. On les rassure avec de bonnes paroles sur le sort de leurs absents. Les drames doivent se vivre dans la discrétion. Comment ceux qui reviennent d'une épreuve aussi immense que celle des camps peuvent-ils ressentir cette explosion?

Elle nous semble naturelle. Mais nous gardons beaucoup de réserve dans ces festivités populaires. Par mon insertion dans une communauté religieuse je n'ai pas à faire les transitions pour entrer dans un village ou dans un quartier.

Quelque temps après mon retour, je prends part à une célébration religieuse au Trocadéro, une sorte de grand chemin de croix, une grande prière collective. Je me souviens plutôt de ce genre de fête!

Pendant quelque temps nous sommes encore peu récupérables et les gens sentent cette distance. Nous portons un petit insigne, et le visage permet de reconnaître assez facilement les déportés. Cela nous procure une espèce de liberté individuelle pour circuler.

A l'intérieur des familles ou des communautés religieuses règne souvent une division, plus ou moins exprimée, à la suite des options différentes voire opposées pendant l'occupation. Par le simple fait de sa présence, même silencieuse, le détenu qui revient ne ravive-t-il pas les meurtrissures, n'est-il pas comme une accusation muette pour ceux qui furent moins lucides et surtout moins courageux?

Du côté de ma famille j'ai connu la division. L'un de mes proches, par une espèce de générosité aveugle, avait eu un poste important dans la Légion et il est parti au Canada. Un oncle a perdu trois fils dans la Résistance; il s'est lui-même réengagé, a participé au débarquement. Il était alors gouverneur militaire français d'une ville en Allemagne. Je me plaçais du côté de la mère qui ressentait noblement la disparition des fils plutôt que du côté de l'affirmation du père.

Dans ces situations, le témoignage consiste plutôt à se tenir aux côtés de ceux qui sont présents.

Dans la Compagnie, les choses étaient claires à peu près pour tous après 1942-1943. Je la retrouverai principalement à Fourvière, quelques mois plus tard. Des religieux plus jeunes m'ont demandé de parler un peu; nous avons échangé, des solidarités sont nées. C'est dans ces circonstances que j'ai été amené à écrire quelques papiers. Dans l'auditoire il y avait un jeune Chinois que j'ai retrouvé il y a trois ans à Shanghai, repris depuis. Ce religieux qui a fait, lui, dix-sept ans de camp m'a dit : « Je vous avais entendu, j'ai simplement pensé depuis que j'avais pris le relais. » La Compagnie fut plutôt un lieu d'explicitation, de questionnement, mais pas de confrontation explicite, quelle que fût la blessure de certains esprits. Et des questions se sont posées sur la vie religieuse confrontée à ce genre de situation et de décision, sur l'obéissance religieuse; ces questions sont maintenant à discuter.

La France de la Libération pratique aussi l'épuration qui, pour une part du moins, reste un moment trouble. Justice politique et vengeance ou passion personnelles peuvent se mêler trop facilement.

A mon retour, il y a déjà un an que tout ça « se règle ». Je serai un peu mêlé à des cas de ce genre. A travers l'amitié, la solidarité qui continuent, notamment avec Michelet et Rovan. Michelet sera un moment ministre de la Guerre et de la Marine, puis ministre de la Justice. Rovan sera son collaborateur. Sans céder à la naïveté, Michelet n'a jamais refusé d'entendre un cas. Il m'a appris ce que pouvait être un homme politique pratiquant la justice à travers une certaine miséricorde.

Les combattants de la Résistance vont constituer un groupe, une force particulière : les « résistants », auréolés d'une sorte de légende. Ils sont les gens qui ont droit à la parole. Des opportunistes cherchent même à se faire passer pour plus engagés qu'ils ne l'étaient.

J'assiste avec beaucoup d'intérêt à ce qu'on peut appeler l'aventure politique de la Résistance. C'est la constitution de trois blocs et la fameuse aventure du MRP, une situation tout à fait inaccoutumée pour la politique française et qui ne survivra pas. Il y a d'une part le bloc marxiste, marqué par la Résistance et toutes les discussions que j'ai déjà évoquées. D'autre part, des gens d'inspiration chrétienne, de manière globale du moins, vont présenter une visage transformé du christianisme social et prenant forme de parti politique. Puis, une droite, non pas extérieure au christianisme mais plus lointaine dans ses habitudes. La droite maurrassienne a disparu pour un temps. Sommes-nous devant la tentative de la Résistance pour former une nouvelle famille politique française ? En tout cas, se manifeste vite l'impossibilité d'un véritable parti chrétien, ce qui est une conséquence de la Résistance. La question est posée : qu'est-ce que la présence chrétienne dans une société ?

Du côté de l'Église catholique, on aime bien mettre en vedette des prêtres et religieux passés dans la Résistance et dans les camps, peut-être pour faire oublier un passé trop « vichyssois », mais aussi pour porter une parole de réconciliation, au milieu des vagues de vengeance. Le Père Riquet prêche le Carême à Notre-Dame de Paris.

Chacun, à travers les solidarités d'un passé récent, cherche sa voie. Pour moi, je suis conduit à un déplacement quant au choix des relations préférentielles à continuer ou à innover. D'abord je vis quelque peu en retrait à Lyon pour les études de théologie. Je suis conduit là à une présence plus active au monde de la conscience populaire. Chrétiens fervents, militants de la Chronique sociale, incroyants, communistes, seront désormais pour moi les compagnons d'une aventure. Tout ce monde a été résistant, il doit devenir constructeur.

La Résistance, Lyon. Impossible de ne rien dire de Klaus Barbie, quarante ans après.

Deux choses : le problème des quarante ans, donc de la distance, et le problème de fond, donc de la justice. En tout état de cause, il faut malgré tout entendre et examiner les protestations de gens qui paraissent à première vue à condamner *ipso facto*. C'est une exigence incontournable. Et on ne peut barrer la question de la justice en essayant d'arranger les choses. La question de justice est une question absolue. Mais comment, après tant d'années, traduit-on dans le domaine de la justice le cas que pose Barbie ? Comment pouvons-nous exprimer aujourd'hui une fidélité à la justice qui exprime pour maintenant la question posée hier à la Résistance et qui est rappelée par cette arrestation ? Cela revient à dire : comment faire aujourd'hui place, dans les questions de droit, aux problèmes des minorités, des groupes défavorisés, des gens perdus, sur lesquels la situation de l'époque nous a obligés de mettre l'accent ? Le problème juif est un de ces problèmes. La justice est un système tel qu'à un moment donné elle n'est pas sensible aux conditions de certaines minorités. La nécessité de juger Barbie doit nous obliger aussi à prendre conscience des conditions défavorables de telles minorités qui sont nées de déséquilibres de situations à une époque donnée et qu'il faut rattraper. Voilà un peu la ligne dans laquelle je suis actuellement dans ma recherche.

A Lyon, il faut parler aussi de Touvier.

On n'en parlait pas à cette époque. J'ai connu un certain nombre de cas où il faut reprendre les dossiers de près, distinguer la peine infligée à l'individu et celle de ceux qui sont proches. J'en reviens à ceci : plus la justice aura, pour être fidèle à elle-même, à être rigoureuse vis-à-vis de l'individu retrouvé, plus elle devra être exigeante pour les conditions de droit d'aujourd'hui. Voilà ce qui est absolument fondamental pour moi.

5

Dachau

2. Une expérience spirituelle

Après le récit émouvant et impressionnant de l'épreuve du camp, Jacques Sommet tient à réfléchir plus longuement à quelques points forts qui donnent une dimension spirituelle à ces mois d'atrocité. Est-il encore possible de dire oui à la vie après Dachau ?

Cette question est l'une des plus sérieuses qui puissent être posées. Je dirai d'abord ceci : vivre après Dachau implique, pour soi, de revivre un peu Dachau et d'approfondir le chemin parcouru, commencé à ce moment-là. Il n'est pas question d'exploration plus ou moins psychologique, mais de perception réfléchie et spirituelle. De ce point de vue, j'aimerais revenir sur deux ou trois étapes spirituelles que la condition de Dachau m'a obligé à traverser.

L'abandon à l'incompréhensibilité de Dieu

La première étape porte sur Dieu et sur le mal à l'état pur, ou presque. Je fais allusion d'abord à ce qui fut la période en fait si brève du wagon plombé, des premiers jours du train. Elle est significative d'autre chose; c'est un point central de cristallisation. Toute relation avec la figure antérieure de l'histoire, toute médiation d'une « figure de l'histoire » disparaît. C'est la solitude; même la promiscuité extrême est solitude. On peut parler d'un enfer, mais il y eut un autre enfer après. N'exagérons pas l'aspect tragique du vocabulaire, ne nous laissons pas piéger par les mots; mais il faut dire ce qui est. Pour moi, en positif et en négatif, cette période de solitude de quelques jours, sans liens humains, est l'étape qui me conduit, quand je la revis, à me resituer devant ce que j'appellerai *Dieu seul*, oui *Dieu seul*. Parce qu'il n'y a rien d'autre. L'abbé Monchanin emploie cette expression : « Je suis seul d'avec Dieu. » C'est-à-dire que je ne suis que seul avec Dieu imprévisible. Il n'y a rien, et il y a l'expérience de Dieu. Ou plutôt deux choses : l'expérience humaine et l'expérience de Dieu à l'état brut.

Expérience humaine, en quel sens ? Avant, je n'aurais pas été porté à penser que le mal soit tellement la destruction pure. J'entre dans un univers sans relation avec d'autres hommes, je traverse un lieu qui est par lui-même totalement destructeur. Il n'a pas achevé son travail, il l'aurait pu. Il est destructeur physiquement, on n'y voit rien qui puisse permettre de survivre très longtemps. Il est destruction des relations humaines. Pratiquement toutes les relations antérieures sont liquidées. Et on n'en amorce pas d'autres pendant ce temps-là. On descend dans la destruction gratuite; ce qu'on y vit n'a pas de rapport avec les causes politiques engagées, les culpabilités politiques ou sociales qu'on peut avoir. On est dans une sorte de démesure radicale. Pendant ces quelques jours, il y a aussi le mal qu'est la maladie. Chose étrange, si vous voulez, c'est l'univers même, organisé par des hommes, que j'éprouve comme dépassé par ce que j'appellerais le mystère même du mal. L'activité de mal dépasse tout projet, fût-ce de mettre des gens en prison, de coincer des ennemis, d'en exécuter d'autres, de purifier une situation. Une destruction est à l'œuvre qui est une sorte de gratuité, gratuité inversée! Parce que la gratuité peut être la grâce. Mais là...! C'est la destruction pour la destruction, au-delà de toute raison, de tout motif, de toute référence. Du moins j'ai éprouvé les choses ainsi.

Et pourtant, je ne sais comment dire, la seule voie possible, donnée, qui se révèle comme une voie forte dans cette situation, c'est précisément la relation à Dieu, un Dieu incompréhensible. L'abandon à l'incompréhensibilité de Dieu reste souverainement possible. Parce que, contre cet univers destructeur, ce Dieu même, qui est le Dieu transcendant, habite ce monde. Il habite ce qui reste de vie. Il habite ce que je suis. Il échappe malgré tout aux prises de cette destruction parce que, par certains côtés, il n'y peut rien; il s'offre comme la possibilité que j'ai de dire oui ou non à ce qui me détruit. C'est l'expérience même de la liberté. Tout est voué à être détruit, et pourtant je peux dire non à cette destruction. Si je suis détruit, je serai détruit comme corps. Mais dans cette destruction rien ne peut obliger mon esprit, ma liberté, à dire le contraire de ce que je dis.

C'est moi qui gagne

Une image est restée, très forte. Je me vois encore arrivant à Dachau après ce voyage de la désolation. Les relations humaines ne sont pas encore établies. C'est le premier jour de la quarantaine. Un peu de soleil brille au pied d'un mirador; en haut du mirador, cet homme casqué, à l'insigne de mort des SS, armé de sa mitraillette, qui est devant moi. Ce type a une peur absolue d'être envoyé en Russie, et il est prêt à tout pour y échapper. D'une certaine façon, j'ai envie de lui dire : « C'est moi qui gagne! » L'univers de la destruction m'apparaît là dans sa violence et en même temps comme frappé d'une grande fragilité. Ce SS armé, bardé de cuir, cet ordre métallique, cette conscience falsifiée, enfin cette construction est une déconstruction. Tel que je suis là, il ne peut rien contre moi. Ils ont fait tout ce qu'ils ont pu, ils m'ont presque dépouillé de mon corps; le reste, je le trouve intact. Je puis librement dire : « Je crois en Dieu. » Je peux librement dire : « Vive la vie! » Tandis que lui, là-haut, est déjà détruit par sa destruction. Il peut abréger la vie de mon corps, mais n'importe comment elle finira, cela fait partie de ma vie humaine. Cet homme ne peut même plus me dire un mot. Il est isolé dans sa puissance, et moi je continue à penser ce que je suis et même un peu plus qu'avant.

Cette expérience est pour moi l'analogue de ce que j'essaie de décrire à longueur de vie comme l'expérience de la grâce, l'expérience du Dieu incompréhensible qui m'est donné. Je fais cette expérience, mais je suis éternellement en panne pour la décrire! Cette expérience me suggère, je le dis humblement, le *nada* de saint Jean de la Croix. En tout cas, elle fait que je le lis avec moins d'étonnement. Le Dieu « en toutes choses » de saint Ignace est du même ordre. Dieu, contraire du rien, plus immense, plus démesuré dans sa présence, est là.

Franchir le mépris de l'homme

Le deuxième temps est celui où s'organise une façon de vivre à Dachau entre les frères victimes. Le vrai rapport entre les hommes se remet en place. C'est le moment du relationnel, la vie démarre. Dans cette allée de baraques les solidarités, les relations renaissent. Une figure se dessine à travers ces choix : il s'agit de donner la priorité à la relation humaine dans sa vérité. Non pas seulement d'aider, mais de vivre ensemble une vérité, l'un par l'autre. On est alors obligé de tout faire pour que les hommes, les voisins, soient dans une qualité d'existence et de vérité, de respect et de dignité réciproques absolue.

Désormais, je ne me déciderai pas d'abord pour un projet en fonction de sa possible réussite. Un renversement de priorités s'opère. D'une certaine façon — et c'est peut-être difficile à dire —, le cas limite de ceux qui se sont enfermés avec les typhiques plutôt que de choisir d'autres moyens de résister et d'être actifs dans le camp pour préparer l'avenir humain, voilà qui constitue une leçon irréversible. Je ne peux plus revenir sur cette priorité à donner en toutes circonstances à l'homme comme dignité à respecter, fût-ce au risque de paraître compromettre le projet d'ensemble. Un absolu de valeur est vécu dans la relation fraternelle. Dieu devient le frère, pour ainsi dire. Parmi les frères, le dernier devient le premier.

Et, je dois le reconnaître, je trouve des frères non chrétiens qui sont dans cette perspective. Un certain stoïcisme de la tradition humaniste apparaît là. Comment ne pas se rappeler qu'aux débuts du christianisme, beaucoup pensaient que le groupe stoïcien, plutôt que le groupe chrétien, était porteur de l'avenir ? Le stoïcisme constituait une sorte de religion diffuse d'une humanité un peu décadente dans l'agir, mais pleine d'expérience, qui savait donc méditer sur son sort. A Dachau, certains médecins de cette mentalité acceptent de s'enfermer avec les typhiques. Ils acceptent cette mort-là.

L'autre, le dernier, est désormais pour moi le critère du Dieu transcendant particulièrement et immédiatement présent. En tout cas, cette expérience de relations au moment du typhus me laisse une sorte d'admiration et de nostalgie pour ce que donnent la foi chrétienne et une certaine dignité stoïcienne en reconnaissant un absolu irréversible, quelque chose qui ne peut jamais être joué, ni vendu, ni échangé.

Mais, dès cette époque, et je me le rappelle comme un sentiment aigu et un peu angoissant, une question m'envahit sur ce qui se passe dans d'autres camps. Parce que ce dernier des hommes n'est peut-être pas à Dachau, où nous nous trouvons pour ainsi dire dans une situation privilégiée. J'enlève les oripeaux romantiques en disant cela. A Dachau se sont constitués, malgré tout, des réseaux humains, des points de soutien, des réseaux chrétiens, des réseaux politiques, même s'ils furent d'une grande fragilité, habités par l'angoisse quant à leur lendemain, parfois décimés. A ce titre, la vie quotidienne, du moins avant la crise des dernières semaines, était quelque peu humaine. Je ne pouvais pas ne pas penser à d'autres derniers, qui vivaient dans d'autres camps et dont nous apprendrons parfois quelque chose de leur affreux destin. A la fin nous assistions, nous aussi, à cette démultiplication de la misère, quotidiennement, massivement sensible. Avant, la misère et la mort étaient certes là, mais moins massives; la vie quotidienne se déroulait dans des conditions misérables, un peu comme dans un hôpital où des cancéreux meurent mais où la vie de l'établissement continue.

Cette deuxième étape de relations consiste donc à franchir le mépris de l'homme. Devant ce mal, c'est une lumière de penser que des hommes ont cru possible et raisonnablement juste de toujours soutenir le dernier d'entre eux quoi qu'il en coûte et qu'ils l'ont fait. Le seul fait qu'une vie s'organise, alors qu'elle est souverainement impossible, le seul fait que tous les hommes, y compris les plus perdus, soient traités avec un certain respect et une certaine dignité et cela dans une société faite pour leur avilissement, c'est une espèce de victoire, de lumière, même s'il n'y a pas d'efficacité immédiate.

Une telle vie entraîne des purifications. Accepter de vivre cela comme étant la vérité, c'est l'accepter avec ses conditions, accepter de disparaître. Accepter paisiblement, patiemment, au long des heures de disparaître. D'autres peut-être l'ont fait dans l'instant, et je les salue; quant à moi, il m'a fallu au moins six mois pour accepter.

Les morts mêmes sont une protestation pour la vie

Vient une troisième étape : la confrontation au mal socialement devant soi. Est en cause ici le rapport de la mort et de la vie, et il concerne l'avenir de la cité. Où sont les autres ? Non pas les victimes que je secours et avec qui je fais les derniers pas. Non pas les camarades avec qui je fais, en nous tenant les uns les autres, les avant-derniers pas. Il reste les autres, ceux qui sont morts. Tout à l'heure, j'ai évoqué la méditation seul devant le mirador. Maintenant, c'est la méditation devant ceux qui ne sont plus, la méditation devant le charnier, dont j'ai déjà dit un mot. Je suis obligé d'y revenir. On ne peut échapper à cette question. Où sont les autres qui n'auront pas la chance de connaître le devoir d'être encore présents aux hommes ou qui n'ont jamais été conscients de ce devoir. Numériquement ils sont la masse, ils sont l'ensemble.

A Dachau, il y avait deux crématoires. D'abord celui qui était installé pour exécuter les vivants. A la fin, les exécutions se faisaient par le coup de revolver dans la nuque ou la pendaison. Et il y avait la chambre à gaz dont j'ai visité l'installation. Elle était installée comme une salle de douche. Il y a aussi la masse des autres cadavres, c'est-à-dire des morts de tous les jours. Tous les jours des chariots de cadavres, aux gestes de pantins brisés, traversaient l'allée centrale du camp; c'était le premier spectacle. Et ils devenaient cette cendre qui est allée nourrir les champs. L'odeur fade de leurs corps brûlés, encens dérisoire, laisse un souvenir qui ne s'évanouit plus.

En allant du côté de ces installations, à la fin du camp, je me suis trouvé devant un monceau de cadavres. Quelques-uns étaient peut-être morts dans le compagnonnage que j'évoquais tout à l'heure; mais neuf sur dix étaient morts sans cette expérience. C'est donc l'échec d'une vie. Ce spectacle des corps a un aspect cruel et tendre à la fois. Comme si l'humanité disparue prenait un visage concret, bien que ce visage soit défiguré. Ces hommes morts ont des positions abandonnées, dans plusieurs sens du mot abandon. Ce n'est pas uniquement terrifiant, mais ce l'est aussi.

Voilà ma question : ici nous sommes devant le mal comme échec historique de tout, le christianisme, la société, l'histoire. Qu'il y ait eu auparavant, qu'il y ait demain une époque brillante, quel sens cela peut-il avoir devant cette réalité d'échec ? Quoi faire et quoi dire ? Je me souviens de cette protestation en moi. J'ai mis très longtemps à intégrer cette vision. La question est restée longtemps suspendue : ce Dieu présent, incompréhensible et immédiat, qu'est-ce qu'il leur dit, qu'est-ce qu'il me dit à travers eux ? Qu'il est là.

Cette question m'a habité comme devant s'éclairer malgré tout. Elle jouera beaucoup dans le rapport avec le monde marxiste, m'apportant un langage pour répondre à la cité totalitaire où qu'elle soit. Elle met en avant le poids absolu que prend le problème de la dignité dans la relation interpersonnelle. Mais il restait que, dans cette histoire humaine, il y a des masses, des groupes, qui échappent, qui ne traversent ni la chance ni le risque de la relation interpersonnelle.

Il m'a fallu du temps pour percevoir et exprimer un sens devant ce spectacle. Ce tas de morts est devenu, j'allais dire, le lieu d'un appel. On ne peut ici que balbutier. Quand ce spectacle, cette insupportable réalité, prend sa place dans la lumière du Dieu incompréhensible, alors cette lumière est offusquée, gravement offusquée.

Cette méditation sur le charnier conduit plus loin, oblige à faire plus. La fidélité au Dieu incompréhensible et fraternel dans l'inconditionnel du service des baraques du typhus, ne peut que me conduire à une nouvelle fidélité, une fidélité aux hommes du charnier.

Ces morts deviennent pour moi une parole. D'abord ils restent l'expression plus profonde du mal. Les étapes du mal ont été pour ainsi dire un peu dépassées ou vaincues dans les moments précédents; ici elles sont débordées. Ils sont l'irrationnel existant, j'allais dire le signe du satanique, de la destruction qui fait mourir aveuglément, le cancer collectif à l'ouvrage.

Leur présence de cadavres entassés est donc un échec; mais cet échec n'est pas tout à fait un anéantissement. C'est à la fois une annonce et une protestation. Cette méditation sur les cadavres a quelque chose de paradoxal. Le bourreau n'a pas pu les supprimer, les corps sont là et ils sont signe de quelque chose. Ce n'est pas rien. Il n'a pas tenu à Hitler et aux siens de ne pas les faire disparaître; ils ont seulement pu tuer, ce n'est pas la même chose. Quelques-uns ont été brûlés et leurs cendres jetées au vent; ils ne sont pas tous dans ce cas, les charniers existent. Ce sont les cadavres de ceux qui ont épuisé les forces de l'adversaire qui n'a pas eu le temps de les supprimer jusqu'à les réduire en cendres. Ils me disent l'échec d'une aventure, de l'aventure de destruction.

Ils sont aussi une protestation pour la vie. Je suis dépassé par le silence de leur présence, qui est une sorte de parole silencieuse et immense. S'ils sont liberté vaincue dans ce qu'elle effectue, ils continuent à me dire que le prix de la liberté passe par là. Ces morts qui sont là, liberté vaincue dans leurs corps, me rappellent que l'échec de leur existence est significatif du prix que la liberté et la dignité requièrent.

Témoins pour faire l'avenir

Ces montagnes de l'échec m'obligent. Il reste la tâche à accomplir pour reprendre ce qui était tenté à travers ces morts. Cette tâche a échoué momentanément dans leurs corps mais non dans la signification de ce qu'ils ont fait et dont ils sont la présence signifiante. Il me reste à trouver ma place entre eux et l'avenir. Ces cadavres ont deux sortes de compagnons : moi qui ai vécu avec eux dans la même épreuve, dans la même vie, et qui ne suis pas mort. Et puis, ils ont des fils et des filles. Un avenir est en train de naître. Ils m'obligent à mettre en rapport la leçon des errements dont ils sont les témoins et le courage dont ils sont aussi les témoins. Ceux qui vont venir et qui n'ont pas été là risquent d'oublier, de ne pas savoir. Voici donc pour moi un devoir; il est d'espérance active, d'une aventure à tenter. Quelque chose est-il possible ? Tant que je n'ai rien tenté avec d'autres, je ne peux encore rien en dire. Mais je suis acculé à ce devoir.

L'humanité n'a pas fini de courir le risque. Si ces morts n'avaient pas de fils, si l'univers était fini, l'échec aurait le dernier mot. Mais parce qu'ils ont des fils et que je suis entre les deux, j'ai le devoir de dire à ceux qui sont plus jeunes la question que pose l'échec de l'humanité dans la survie honorable de ces hommes. L'enjeu est de fabriquer l'avenir face aux questions qui ont été mal traitées. Je suis entre les deux, c'est-à-dire que je suis dans le rôle de témoin; c'est le rôle le plus humble qui soit, parce que je ne peux d'aucune façon m'assimiler à la dignité et à la grandeur de ceux qui ont payé ainsi, puisque je n'ai pas payé jusque-là — est-ce par faiblesse ? Peut-être, j'ai tout à fait le droit et le devoir de me poser cette question.

Il importe d'avancer de telle façon que les forces jeunes de l'avenir, de l'histoire toute neuve, ne fassent pas cette histoire sans ce passé. Non pas pour qu'ils se chargent d'un lourd passé, mais pour qu'ils vivent l'avenir plus audacieusement, conscients des risques que l'humanité court.

Je perçois donc un déplacement des devoirs pour moi. Hier, je suis intervenu avec des juifs et des francs-maçons. Désormais, chercher mon devoir c'est être fidèle aux hommes que je rencontre, fût-ce le dernier et justement le dernier, la victime. C'était hier le dernier au bout de la colonne, ce sont aujourd'hui les derniers dans des situations extrêmes d'échec qui sont une protestation collective maintenant,

Je serai beaucoup plus attentif au problème juif, parce qu'il a été, pendant un temps, le lieu des désordres, des massacres et des haines. Les pogroms ne sont pas seulement d'avant, ils constituent un appel d'aujourd'hui. Mais cela ne m'oblige-t-il pas, et vous juifs aussi, dans une autre situation politique immédiate, à porter attention au monde arabe et musulman ? Les musulmans sont victimes de deux façons : il y a les massacres des Palestiniens par exemple, et il y a Khomeiny.

Un déplacement de la conscience chrétienne doit se faire vers l'autre, le dernier et, à la limite, ce qui est plus difficile à dire, jusque vers le SS, et ceux qui l'ont mis là. Me voilà, au nom de la petite charité fraternelle, coincé dans un univers où la relation à ce que j'appelle l'homme s'impose sous les figures les plus étranges et les plus étrangères. Parce que nous avons vécu les figures d'échec, nous devons nous reporter aux figures d'échec de l'humanité d'aujourd'hui comme au lieu de la gratuité de Dieu, de la grâce de Dieu. Ou bien il n'y a pas de salut possible, ou bien il est là. La grâce, la gratuité, la miséricorde et la bonté de Dieu nous parlent par ces obstacles, par ces questions à résoudre.

Désespérer de la condition humaine, ce serait désespérer de Jésus Christ

J'allais me scandaliser de l'absence de Dieu quand la misère et le mépris écrasaient à ce point ces hommes. Jacques Sommet reconnaît sur le visage du dernier des exclus le Christ dans sa Passion. Point de sens de Dieu sans ce regard sur l'homme, point de théologie sans cette anthropologie très concrète, durement concrète à certains jours.

Dieu absent ? Oui et non. D'une certaine façon, je ne me suis pas interrogé sur Dieu absent d'abord, ce n'est pas l'accent qui me frappe. C'est vrai, Dieu maîtrisé sous la forme d'un concept déterminé et bien possédé m'échappe un peu et même beaucoup dans cette traversée humaine. Je parlerais plutôt de Dieu caché. La façon dont le Dieu de la Parole s'est fait entendre à travers ma vie, c'est dans son Fils, Jésus Christ. De quelque façon que je pense Dieu, je dois le recevoir dans la confrontation à Jésus Christ. Jésus Christ vivant parmi les hommes, prenant cette existence sur le dos, la traversant dans tout ce qu'elle est, et jusqu'à un point que je ne puis imaginer.

Cette épreuve me rappelle la vie et la mort, mais aussi ce qui est entre la vie et la mort dans l'existence humaine. Naître et mourir : dans le spectacle du développement habituel, on passe de l'enfance à la maturité, de la maturité à la vieillesse. Cette évolution colmate ou dissimule les aspects qui sont les scandales de la dignité de l'homme et de sa grandeur. Le scandale de la vie humaine, c'est le mal que l'un fait à l'autre, la déshumanisation que les uns produisent sur les autres. A ce point de vue-là, le camp représente comme l'approfondissement de ce que Dieu me dit : une démesure de Jésus Christ et de son Père nous est révélée. Cette démesure dans la vie humaine de celui qui est le Fidèle, de celui qui est le libre Fils du Père, c'est précisément de n'avoir refusé d'aucune façon de porter amour et fidélité dans la rencontre immédiate aux hommes les plus infidèles ou les plus méprisables, ses adversaires ou même ses ennemis. Le Christ traverse la Passion sans indignité, je veux dire sans accusation. Qui plus est, dans cette mort même, il va rejoindre ceux qui ont été les victimes des temps passés. Cette « descente aux enfers » donne une profondeur à tout ce qui est vécu. Elle représente pour moi le mystère de Dieu au travail dans l'humanité à travers son Fils. Ce cas exemplaire porte tous les espoirs possibles de vie et les manifeste.

Il n'y a donc pas de paresse à vivre en Jésus Christ. Cette proximité à Jésus Christ comprend aussi la confrontation sans lésiner, sans limites, avec ce qui dans l'expérience humaine est échec, mépris et souvent inhumanité entre les hommes, jusqu'à la mort même — et je parle de la mort produite par l'injustice des uns sur les autres. Dieu traversant la condition humaine prend également cela.

De plus, Jésus Christ, Fils du Père, dans l'acte même où il marque la fidélité à ce Père, où il est en quelque sorte le désir du Père sur terre, se confronte au risque mortel. Ce n'est pas d'abandon de Dieu qu'il faut parler. Toute la souffrance du monde est honorée par celui qui prend le pas devant, qui la traverse sans la supprimer mais en lui donnant sens. Jésus assure en quelque sorte à l'homme la possibilité d'être libre dans les échecs, dans le mépris, dans la difficulté la plus grande. Il évite à l'homme d'être simplement à la merci d'un Dieu bienfaiteur par nécessité, d'un Dieu qui imposerait le bienfait. Si j'ai des raisons de me scandaliser devant l'extrême du mal, c'est peut-être que je n'ai pas encore assez écouté ce que Dieu attend. A travers la Passion du Fils une chance de dignité et de liberté est offerte aux hommes. Voilà qui m'évite de désespérer de la condition humaine, ce qui serait désespérer de Jésus Christ lui-même. Puis-je désespérer de Dieu le Père en Jésus Christ en désespérant de la Passion du Christ ?

Mais comment désespérer de la Passion, pas seulement parce qu'elle se termine en Résurrection, mais de ce qu'elle est comme acte en elle-même ? Jésus m'apparaît sans repli, ni démission, ni défaite. Je le saisis dans une vérité simple comme parfaite droiture. J'ai beau chercher, je n'arrive pas à trouver ici les failles qui ressembleraient aux miennes.

Le scandale du Dieu absent est remplacé par le mystère du Dieu caché. Dachau n'est encore qu'une mesure de la passion des hommes, de cette condition dont Dieu a voulu et accepté que son Fils la traverse avec les risques, les mépris, les faiblesses. Et qu'il soit par là la voie de la divinisation que la théologie grecque évoque dans toute sa splendeur.

A partir du moment où j'accepte ceci comme une sorte de lumière, comme une aube qui se lève — du moins ce n'est pas tout à fait la nuit —, ma tâche n'est-elle pas d'essayer de lire à travers la passion des hommes, leurs mépris, leurs difficultés, leurs faiblesses, leurs trahisons et leur haine les uns pour les autres, de lire à travers toute cette passion le risque, que peut courir un amour, comme une chance et non pas simplement comme la défaite des hommes ? Le Christ est à la fois le Christ qui traverse l'existence sur les chemins de Galilée et le Christ de saint Paul. La vie divine traverse le corps du Christ pour devenir le corps de l'humanité. Et, depuis cette méditation sur le charnier, je comprends qu'elle le traverse aussi dans toute cette part de défiguration et de destruction. Car il n'y a pas seulement l'échec de l'individu; il y a la trahison de l'ami par l'ami, le mépris de l'adversaire, le poing violent de l'homme sur l'enfant; il y a aussi ces grandes fautes plus ou moins conscientes qui se traduisent par ce tas de cadavres, ce charnier. Ou bien il n'y a pas de chance, ou bien cette mort massive me dit encore quelque chose de ce que l'homme aurait dû, aurait pu être. L'histoire de l'humanité n'est pas terminée; d'une certaine façon Jésus Christ a passé devant; il a proposé à l'Église une tâche devant ces vagues successives du scandale, devant l'échec massif du Royaume dans ses fruits apparents. Je suis porté à dire simplement : je n'entends pas encore et assez et la misère des hommes et la promesse de Dieu en Jésus Christ.

Les victimes de la violence organisée ne vont-elles pas plus loin que le Christ lui-même sur le chemin de la souffrance ? Leur épreuve et leurs tortures ne sont-elles pas plus longues, plus défigurantes, plus dures ?

La passion la plus redoutable, la plus profonde et la plus vraie finalement, est là où elle est la plus pure, je veux dire où le combat est le moins marqué par les partialités, les jalousies... J'ai assez participé, faible, à la lutte des hommes qui donnent leur vie, pour savoir combien il leur était difficile de donner leur vie en pureté et en justice. Là où un homme donne sa vie et le fait en justice, en honnêteté, en droiture, c'est là que la puissance d'une passion est vraiment efficace. Si personne ne vit la passion dans une pureté suffisante, alors les hommes sont victimes; ils ne traversent pas une passion qui transforme leur histoire.

Construire le corps de l'Église

Dans ce contexte l'Eucharistie doit avoir un sens extrêmement fort de rencontre immédiate et physique de Dieu en même temps que de transmutation, de « transsubstantiation » de l'épreuve humaine. Le mot de « présence réelle » prend tout son poids.

Recevoir l'Eucharistie et la distribuer, c'était pour chacun de ceux qui le faisaient la rencontre immédiate de Dieu en Jésus Christ, la rencontre avec le Christ évangélique. Une présence réelle et, ajouterais-je, une présence singulière, presque historique, et pourtant transcendante. Elle est là historiquement, matériellement, à travers les signes. C'est le geste de quelqu'un qui se donne. C'est vraiment le Dieu qui traverse cette condition où nous sommes et qui vient à moi par son Fils. Une présence immédiate, paradoxalement presque physique, en tout cas localisée. Il est là, je l'aurai tout à l'heure au coin de la baraque : nous nous rencontrerons.

Le deuxième aspect c'est évidemment la solidarité ecclésiale, le corps reconstruit. On passe de la rencontre du corps à corps, à la rencontre et à la construction d'un corps au sens collectif, c'est-à-dire d'une fraternité qui n'a pas sa solidité en elle-même, mais qui la tient de la fidélité, donc de la générosité de chacun. Une fraternité dans la grâce, c'est-à-dire fondée dans le fait qu'un Dieu est avec nous, que dans ce lieu une communauté existe, une communauté qui pense signifier quelque chose. On peut parler à ce sujet de l'Église découverte ou revécue à travers cette expérience. Peut-être, suivant les tempéraments, cet aspect est-il même premier pour certains. Mais rencontre de Dieu en Jésus Christ et fraternité sont en fait indissociables. Ce réseau eucharistique signifie donc le lien fraternel d'un corps collectif qui se construit là, le corps de l'Église.

Quel paradoxe et que signifie dans ce camp construire le corps de l'Église ? Beaucoup. C'est la puissance d'un groupe qui trouve, dans l'amour gratuit de Dieu partagé, la foi et la force de surmonter les difficultés, la force d'espérer même quand cette espérance traverse précisément les risques de mort. Cette expérience est si difficile pour d'autres, qui sont généreux. Je pense aux marxistes. Dire qu'ils construisent l'avenir alors qu'il disparaît, voilà qui reste pour moi moins éclairé, moins lumineux, moins justifiable. Pour penser un certain mode de résurrection, ils prennent la comparaison des feuilles qui à l'automne s'accumulent pour préparer l'humus du prochain printemps. Cette image ne me semble pas tout à fait adéquate quand on sait tout le prix qu'il faut payer.

L'appel et le don de la liberté

Parmi les grands traits de l'expérience de Dachau se situe ce que Jacques Sommet met sous le nom de liberté. Les geôliers du totalitarisme aussi chantent la liberté et torturent en son nom ; personne n'a autant que la jeunesse nazie chanté l'hymne envoûtant de la liberté. La perversion est évidente. Au camp, l'homme dépouillé de tout découvre quelque chose qui est l'originalité humaine la plus originale, la liberté qu'on ne peut lui ravir. Jacques Sommet dit ailleurs : « La liberté naît d'elle-même » ; il parle de « la liberté antérieure à ses conditions de libération quotidienne ».

La liberté signifie bien pour moi l'originalité humaine, j'allais dire ce qui reste quand tout le reste, qui est pression, violence, conditions... change brusquement, devient mortel, alors qu'il était plein d'espoir. Dans cette épreuve, je reconnais une possibilité de vivre, de surgir, de parler et de communiquer, qui ne change pas avec le changement mais qui s'affirme au contraire à travers ce changement. C'est facile à dire, et les termes sont un peu abstraits, mais je ne le renie pas.

Se découvrir libre n'est pas être détaché des conditions politiques, historiques, etc., ni en mépriser le poids. Mais ces conditions ne décident pas de moi. Dachau représente une sorte de traversée dans laquelle ce qui est obscur devient quelquefois clair, ce qui est lourd peut devenir joyeux, et d'une façon qui n'est pas forcément due à moi. J'éloigne du mot liberté ce qui serait pur stoïcisme ou suffisance de soi, ou la création au sens manichéen. La liberté ne dit pas simplement pour l'homme la possibilité de s'autocréer; il s'agit justement pour l'homme de recevoir un appel plus profond, à travers la multiplicité des conditions, oppressives ou libérantes. Les grandes libérations restent une tâche importante; il n'est pas question de les minimiser. Mais entendre la gratuité d'un appel à travers l'humilité du sujet, être soi-même le sujet d'un appel qui ne tient pas à ceci ou cela bien qu'il traverse tout ceci et tout cela, voilà ce qu'est, pour moi, être libre. Être libre, c'est entendre l'appel; ce n'est pas décider par soi de faire telle chose. La différence est importante.

Dans l'événement, quel qu'il soit, un choix m'est proposé, si démesuré qu'il soit apparemment, puisque je puis être dans le risque de mort ou dans le succès enivrant ou, ce qui est rarement réalisé, dans l'amour, dans l'affection profonde. Dans toutes ces situations pour ainsi dire d'excès, il y a deux façons de répondre. Et j'ai alors à me définir moi-même par la réponse ajustée à ce que l'histoire me propose en quelque sorte matériellement dans les conditions qui me sont faites. Le paradoxe est là, dans cette provocation à me situer moi-même, à accepter cette condition historique comme une condition dans laquelle il m'est demandé de répondre par moi-même, tout seul en quelque sorte. La réponse est-elle simplement l'ajustement aux conditions ou sera-t-elle de percevoir l'appel à une plus grande responsabilité ?

L'expérience de la liberté m'est offerte dans le moment où je m'affronte pour les autres, où je dis oui pour les autres. Elle est le contraire de l'héroïsme; elle est la dépossession de soi devant l'appel, devant une vocation. Je dirais même : cette liberté affleure dans l'adoration du dedans pour l'imprévisible gratuit qui m'a été donné et que j'ai préféré définitivement.

Cet appel de gratuité représente-t-il la réalité la plus profonde de la vie, ou vient-il de quelqu'un qu'on peut nommer ?

Même dans une réflexion philosophique, je pense de façon assez précise au Dieu de Jésus Christ. En termes plus ou moins abstraits, je dirai : je suis libre dans la mesure où je suis personnalisé par quelqu'un qui n'est pas moi, qui est personnalisant, et avec lequel je suis constitué comme dialogue. Mais ce n'est pas quelqu'un que je puis, moi, personnaliser; c'est quelqu'un dont je reçois le message personnalisant. Je suis personnalisé, et cela me renvoie à un nom. Pour moi, c'est le nom de Jésus Christ. A condition de penser Jésus Christ, non pas comme une espèce de modèle qui traverse l'histoire, mais comme le Fils du Père — pour employer des expressions chrétiennes qui ont quelque chose d'indéfinissable pour beaucoup. C'est le nom de celui dont l'existence même est l'aventure de Dieu qui se risque à personnaliser ceux qui l'accueillent par la gratuité d'une offrande perpétuelle. En même temps, j'évoque l'humble condition de celui qui reçoit cet appel à être personnalisé, à être sujet. En ce sens, cette vision, cette expérience, est tout à fait antinietzschéenne.

Exister-*pour*, certes, au sens de la dépossession de soi dans l'offrande — c'est le sens chrétien du sacrifice : le Christ s'offre pour Dieu et pour les hommes — mais plus profondément encore exister-*par*. C'est le point central pour moi. Je suis par quelqu'un, j'existe par un autre. Et cet autre est nommé et ne peut que nommer : il est personnalisant. Je ne dis pas qu'il est personne au sens où je le suis, parce que je n'ai jamais fini de le recevoir. Il est celui qui personnalise, en ce sens que je suis personne par lui. La liberté est là. Et dans la mesure où je me réfère à quelqu'un par qui je suis — et cela n'est jamais terminé mais toujours gratuitement offert —, je me délivre de tout anthropomorphisme, de tout risque de réduire Dieu à un être humain. Impossible en effet d'établir la vie chrétienne, ou ma vie à moi, ma liberté, simplement sur la référence à un modèle que j'imite et sur lequel je projetterais ce que je suis naturellement.

*Mais qu'en est-il de l'incroyant qui ne sait ou ne peut reconnaître qu'il est appelé par quelqu'un, qu'il existe-*par*? Serait-il exclu de cette expérience radicale de la liberté ?*

A ce point de vue, la confrontation du païen et du chrétien me semble engagée jusqu'à la fin de l'histoire. Tel homme n'a peut-être jamais prononcé le nom de Dieu ou il met sous ce nom des références anthropologiques qui sont tout à fait inacceptables pour moi, mais il y a ce qu'il vit. Je ne dis pas qu'il vit Dieu malgré lui. Il vit en vérité une existence dans laquelle il est docile à une annonce qui demain lui demande plus qu'aujourd'hui. On peut parler de relation avec une gratuité qui s'adresse à quelqu'un et qui le personnalise par un appel venu par la conscience ou par des voies pour lesquelles il n'a pas de nom. Cet appel le fait personne tous les jours. Il reçoit dans l'histoire un message de disponibilité gratuite, le courage d'être plus. Il est pour moi un homme dont je ne peux me passer.

Il n'est pas question d'annexer au christianisme l'incroyant ou l'homme d'une autre religion. Simplement cet homme qui vit ainsi et qui se reconnaît de quelque façon comme appelé me rappelle que je n'ai jamais fini d'être docile à tout ce que le Christ annonce. Je reconnais une annonce semblable hors de mon univers chrétien et, par conséquent, je suis délogé de toute suffisance dans ma foi grâce à cette rencontre, sans être réduit à l'athéisme.

L'oppression ne peut-elle pas aller, dans les systèmes policiers actuels, jusqu'à rendre dérisoire toute expérience de liberté, par exemple par le traitement psychiatrique, la médication qui agit sur le psychisme ?

Pour moi, la liberté ne devient pas dérisoire. Mais j'ai peur de répondre trop facilement. Quand je parle d'une liberté qui vient dans la reconnaissance de vivre par un autre, cet autre n'est pas seulement le grand autre des psychanalystes, mais vraiment l'Autre personnalisant. En tout cas, je suis porté à croire que même l'internement psychiatrique ne nie pas la liberté. Il en restreint peut-être les moments. Mais je ne suis pas à tous les moments dans l'état de disponibilité dont je parle. Qu'un point puisse exister dans la vie où l'homme fait ce choix, et si faiblement que ce soit, d'une certaine façon, il est libre.

D'avoir échappé finalement à un système qui fonctionnait comme force aliénante me donne une plus grande sensibilité à certaines conditions d'inhumanité et m'oblige à être le témoin infatigable du risque que les bourreaux font courir à des hommes. La pitié peut-être, l'honneur rendu à ces hommes peuvent les réveiller dans leur déréliction. La tâche de la justice devient ici une exigence préférentielle. Elle est une lutte contre ceux qui, ayant le pouvoir, estiment, dans leur langage et leur idéologie, l'exercer au nom de la liberté! Au nom de l'expérience, j'ai à intervenir pour démystifier le terme de « libération » par rapport à ce qu'est la liberté authentique.

Cette réflexion m'incite à être très attentif aussi à l'univers des hommes qu'on dit avilis, qui peuvent être quelquefois haineux. Quel est le temps dans leur vie, quels sont les lieux ou les moments, où ils ont pu être par eux-mêmes des gens qui ont vécu ce que c'était qu'être une personne, c'est-à-dire de vivre quelque chose ou quelqu'un de plus grand qui les invite, les appelle à travers ce qu'ils sont ? Ou l'ont-ils reconnu dans un autre, par leur mère, leurs frères, par ceux qui les aimaient ? Alors, la liberté est là. Comment se développe-t-elle à travers les inerties du tempérament, les faiblesses de la chair, les oppressions des autres ? D'une certaine façon, c'est comme le germe dans la terre. Ce germe va pourrir. A ce point de vue-là, l'image du grain qui pourrit en terre va très loin. A travers combien de négations peut survivre ce choix s'il est fait un jour ? Je serais porté à penser que, si ce choix est fait un jour, ce germe travaille de l'intérieur. Et peut-être n'est-il pas, heureusement, de vie où ce ne soit possible. A un moment donné quelqu'un choisit pour la gratuité de sa liberté, en se posant devant une relation humaine, en estimant ou reconnaissant quelqu'un, en remerciant quelqu'un sans conditions; et c'est un germe qui travaille à l'intérieur. J'en veux pour témoignage d'avoir vu des gens qui semblent avoir été méprisables toute leur vie et qui, à un moment donné, dans une situation donnée, sont capables d'être la lumière de cette situation. Y a-t-il des gens qui toute leur vie sont seulement repliés, seulement haineux ?

Tenir, au nom de quoi ?

Quelles forces ont permis à des hommes comme Jacques Sommet de tenir : désir de vivre, l'amour, le sentiment d'être malgré tout acteur responsable de l'histoire... ?

Je ne puis répondre que pour mon compte personnel. Nous nous trouvions quelques-uns ensemble pour parler, prier, pour nous aider à prier et discerner ce qui était à faire. C'est le soutien par le devoir et la mission. Dans ce risque où nous étions que tout disparaisse, il y avait pour moi la méditation du Dieu transcendant en son Fils qui passe avant moi dans cette épreuve. Une méditation qui est imploration, une méditation en toute simplicité et modestie. Mais, je le rappelle, il m'a fallu six mois pour accepter l'épreuve; non pour l'accepter par moi mais pour la recevoir. Peu à peu s'est établie une sorte de paix. Il y a une transcendance de Dieu dans ce présent, qui est une force inamissible. Tout le reste, même la camaraderie et l'amitié, même le réseau eucharistique peuvent disparaître et disparaissent à certains moments — quand on change de baraque par exemple —, toutes ces choses qui ont un grand prix peuvent manquer. Mais ça n'a pas de prix à côté de cette reconnaissance de Dieu transcendant qui m'invite et m'appelle jusque dans ces conditions de déréliction.

Pour d'autres, le patriotisme et peut-être un certain stoïcisme ont joué un rôle. Une certaine démesure stoïcienne incline à jouer son va-tout; cela suffit et toute question est réglée. Le patriotisme était sans doute plus marqué pour les groupes d'autres nations, plus simples, moins sophistiqués ou moins touchés par des réflexions générales. On le trouve aussi chez les plus jeunes où il n'est pas encore remplacé par d'autres idéologies ou perspectives. La bourgeoisie éclairée, les militaires, les médecins... se sont comportés en patriotes. Ils se rattachaient ainsi à une forme de solidarité avec un corps, solidarité qui est un honneur et une grandeur d'eux-mêmes et la participation à un ensemble de valeurs en même temps qu'une appartenance presque biologique.

Chez les communistes aussi on était patriote, mais par idéologie communiste. Ce n'est pas tout à fait la même chose. Pour les chrétiens, on peut évoquer un homme comme Michelet, très marqué par Péguy; son patriotisme était intérieur à une dimension plus profonde.

Du combat au pardon

Voici une question scandaleuse et excessive si nous la posons de l'extérieur à un ancien détenu. Citons simplement deux passages de l'Évangile : « Aimez vos ennemis... Père, pardonne-leur, ils ne savent pas ce qu'ils font. » Quand on a été abreuvé à ce point de haine, de torture, de mépris, d'inhumanité, le pardon est-il possible ? Peut-on encore regarder l'homme là-haut sur le mirador comme une figure de la condition humaine, en fin de compte comme frère ? Pour porter l'interrogation jusqu'à l'extrême de l'insupportable, puis-je dire, au nom de la foi chrétienne : « Hitler, mon frère; Hitler, fils du Père et frère de Jésus » ? Le martyr n'accuse pas le bourreau, il prie pour lui. La formule est facile, de loin, mais en réalité est-elle soutenable ?

Merci de me parler ainsi en vérité. Il faut accepter la question, mais éviter les réponses rapides, trop immédiates. Faisons d'abord une distinction entre la haine et la violence vengeresse ou la passion de résister.

Je suis engagé dans une lutte où il s'agit d'être fidèle non seulement à moi, mais aux gens qui ont été humiliés par l'adversaire. Pour la Résistance, le problème est celui-là. Je suis devant le faible et le fort qui l'écrase, et je ne suis ni l'un ni l'autre. Je suis devant, je suis arbitre ; je n'y puis rien. Dans ce cas, une fidélité à Dieu à travers les hommes commence par un sentiment extrêmement violent contre les hommes du mépris, l'ensemble qu'ils constituent, la doctrine qu'ils défendent ; en un mot, il faut mettre tout le paquet de violence — je n'emploie pas immédiatement le mot de haine — contre le régime nazi et ses sbires. C'est simplement sain. Je fais l'épreuve de ce qu'il y a d'inhumain dans les agissements de Hitler et de sa bande ; si cela ne va pas jusqu'à faire réagir en moi les puissances de vie, la protestation de la vie contre ce qui est destruction, mort, humiliation, je ne suis pas sûr que des paroles de pardon seront vraies plus tard. La lutte et l'annonce sereine de la vérité passent par l'épreuve de sentir la menace que représentent des hommes appartenant à un tel système et le système lui-même, de se confronter à cette menace, de crier devant elle. Ce combat engagé déclenche la réaction de violence vengeresse pour ce qui a déjà été accompli de destruction. Qui ne réagirait pas devant ce péril et ce dessein de destruction, contre cette humiliation qui réduit l'homme à néant !

Le combat à la fois spirituel et temporel, je veux dire l'opposition, doit impliquer de plus en plus de lucidité. Il s'agit de calculer les moyens pour être à la fois juste et efficace. Il y aura donc l'irréductibilité de la condamnation des doctrines, qui ne demande pas nécessairement la violence ou la haine mais certainement la passion contre.

Au fur et à mesure que j'avance dans cette lutte, avant le mot de pardon, il y aura l'effort pour libérer les hommes qui font partie de cette puissance maléfique, satanique par bien des côtés. Si la lutte dans laquelle je suis engagé ne cherche pas à aboutir à la conversion du peuple pris par cette illusion, effroyable aussi bien pour lui-même que pour moi, alors le combat et les mots de pardon, qui pourraient venir un jour, ne seront ni justes ni authentiques.

Plus loin que le sentiment collectif de la menace contre la vie ou les droits de l'homme, de plus en plus irréductible encore, c'est une autre perspective qui doit se dessiner progressivement avec une force croissante ; il faut conduire le combat en pensant que les hommes pris dans ce système maléfique ne sont jamais définitivement perdus comme hommes. A la lumière christique, du point de vue de Dieu, un homme est à l'œuvre ; il n'est jamais condamné tant qu'il n'a pas cessé de vivre. A ce titre, je dois traiter cette humanité comme capable de conversion. Ce qui veut dire que je serai d'autant plus exigeant pour moi et pour l'autre dans la marche vers une véritable relation, possible un jour, et dont je pense qu'il y a toujours quelque chance qu'elle s'instaure. Il y a deux combats, celui qui anéantit l'homme d'en face et celui qui en espère quelque chose. De choisir le deuxième combat produit peut-être la vérité du pardon, au moment où on pourra enfin travailler ensemble. Ce combat suit des voies qui ne sont pas d'abord et d'emblée la parole du pardon, mais d'abord celle de la justice, de la vérité. Je dirais même la justice, la vérité, dans la nécessité de l'opposition violente.

Le pardon, s'il est sérieux et vrai, suppose aussi le geste de l'autre qui se convertit. Cette conversion n'est peut-être plus possible si on ne peut plus croire qu'un pardon peut exister. Si aucun pardon n'existe, comment sortir de cet abîme infâme ? Mais si l'adversaire entre dans un chemin de lucidité et de conversion et que le pardon lui soit vraiment donné, que veut dire ce pardon ? Doit-il accepter de quelque façon d'être condamné à vie pour ce qu'il a fait, ou espérer une réintégration dans la communauté humaine ? Doit-il se condamner lui-même à vie, s'il est sincère ?

Il y a deux choses : la question de l'incommensurabilité de la peine encourue par quelqu'un dont la justice exige qu'il soit puni, et cette punition même. La justice n'est pas de ce monde. A mesure que la société accepte moins les condamnations à mort, on est devant l'ordre de condamner quelqu'un pour une chose très grave, quels que soient les signes de changement qu'il donne. Du coup, la réclusion à vie est à la fois ridicule et terrible. Elle est plus terrible qu'il ne faut si le condamné est vraiment en mesure de faire mieux qu'avant. Elle est ridicule s'il s'affirme dans ce qu'il a fait et pense devoir s'en glorifier. L'homme coupable doit être traité de telle sorte que la chance lui soit donnée de pouvoir se transformer. Ceci peut se faire par des punitions très rudes.

Autre chose est de punir quelqu'un tout en lui donnant occasion de reconquérir sa dignité, s'il le veut, s'il le peut; autre chose est, pour la société, de bien comprendre que, pour elle, vivre c'est ne pas céder aux démons auxquels d'autres ont succombé.

Pour la victime le problème est moins d'être vengée que d'être aidée à tirer de son épreuve la force d'inventer une société où ce crime sera moins possible. Il s'agit de transformer l'épreuve en avenir plus lucide, plus judicieux. Rien de tel que d'être victime pour savoir ce que représentent certaines spoliations ou persécutions. La victime doit accepter de traduire dans la société le danger que représentent les déformations et les aliénations comme celles qu'elle a subies. C'est là le plus grand honneur qu'on puisse lui faire, c'est aussi son plus redoutable devoir. Il n'est pas question en cela de se faire honorer, même inconsciemment, comme héros.

Je connais une mère qui avait quatre garçons. Trois ont disparu au début de leurs vingt ans. Cette femme a beaucoup de peine à prononcer le mot de pardon. Que veut-il dire exactement pour elle ? Comment me mettrais-je à sa place ? Il est presque impossible de tenir un discours sur le pardon. Mais depuis qu'elle a perdu ses fils, cette femme témoigne d'un courage, d'une exigence à vivre dans plus de justice, plus de fidélité à certaines valeurs. Elle est le témoin de ce qu'auraient pu vivre ses fils, en le vivant peut-être mieux qu'ils ne l'auraient vécu. J'allais dire sa vengeance est là, son pardon est là. Que voulez-vous que je lui demande de plus ?

Tout ce qu'on dit du pardon qui est accomplissement du christianisme, je le veux bien, mais dans certaines conditions. Ce matin j'ai appris la mort d'un homme qui n'était pas chrétien. Il a été emporté rapidement par un cancer. Il n'a pas voulu mourir sans se réconcilier avec tous ses adversaires. Là, le mot pardon signifie quelque chose. C'est la dernière façon de faire la justice. C'est l'accueil d'une gratuité dans une vie. Tout ce qui était combiné pour faire jouer une puissance sur l'autre, il le liquide.

La parole évangélique du pardon me paraît comme un certain horizon. Elle est soumise à la traversée des conditions que je disais tout à l'heure. C'est peut-être insatisfaisant. Ce n'est pas un refus du pardon. Mais simplement le souci que le pardon soit authentique. Quand le pardon porte sur des choses aussi fondamentales — et c'est ici le cas —, il est la fleur qui éclôt sur un travail très long.

L'Église, lieu du cœur et de la liberté

Dans ce camp où toutes les relations avec ce qui peut représenter l'Église sont coupées autant que tous les autres liens extérieurs, Jacques Sommet parle d'une Église réinventée, notamment au moment où l'on prend la décision d'accompagner dans les baraques de quarantaine les malades atteints de typhus. C'est en quelque sorte une Église à l'état pur, sans collusion culturelle, sociale ou politique aucune.

Même dans un camp, des chrétiens un peu responsables peuvent pour ainsi dire vivre dans une situation passe-partout; voici que soudain ils se trouvent devant un défi à relever. Va-t-on passer par pertes et profits les malades du typhus, ou bien, parce qu'ils sont des hommes, posent-ils toujours une question radicale et laquelle ? La réflexion conduit des chrétiens à un discernement courageux : des hommes décident qu'il est normal et bon que du moins quelques-uns d'entre eux poussent la reconnaissance de la dignité concrète et infinie des condamnés encore en vie jusqu'à proposer que l'on s'enferme avec eux. Ainsi, dans cette situation désespérée, on fera un bout de chemin ensemble; ces hommes condamnés pourront échanger un regard humain, ils ne seront pas perdus dans un univers non humain. On sait très bien le prix que ça peut coûter. Là j'assiste à ce que j'appelle la naissance de l'Église. Ces hommes qui font le choix d'aller dans les baraques de contagieux condamnés ne veulent pas le faire au nom d'eux-mêmes, car ce n'est pas simplement d'une générosité privée qu'il s'agit, mais d'un acte public et collectif qui va marquer la politique du camp, notamment à ce moment où nous calculons comment survivre. Ils ne conçoivent pas qu'ils puissent accepter cette mission et qu'elle puisse prendre tout son sens s'ils ne reçoivent pas, pour ainsi dire, l'ordre et la décision d'y aller. Cette initiative en quelque sorte absolue, ils vont la vivre comme reçue. Et, pour cela, ils vont chercher l'Église, ils vont refaire l'Église. Les catholiques vont chercher quelqu'un qui représente la fidélité à la tradition ecclésiale. Ils vont trouver un vieux chanoine, le chanoine Daguzan, de Bayonne. C'est un homme pour qui on a beaucoup de respect; il se conduit courageusement, mais tout bonnement, sans responsabilité ni initiative spéciales. Ils demandent que ce soit lui qui les envoie dans cette mission. Pour être libres, ils veulent que leur démarche ne soit pas seulement l'accumulation des démarches individuelles, personnelles, une générosité d'un moment. Ils ne peuvent concevoir ce dépassement qu'en recevant ensemble cette mission. Et ce cher et tranquille M. Daguzan va se trouver tout à coup investi de la redoutable responsabilité de désigner parmi les volontaires ceux qui iront s'enfermer dans les baraques des typhiques.

Sommes-nous en train de remettre en place, par bonne volonté et par facilité de fonctionnement, mais peut-être aussi par illusion, l'Église du Grand Inquisiteur, je veux dire le système de l'autorité centralisée, qui porte sur les âmes et les démarches de liberté ? Il s'agit plutôt de reconstituer une communauté qui donne sens à la liberté de chacun et qui, en plus, reste une source authentique de cette liberté, car elle n'accepte pas d'être dans une situation de puissance. Elle ne va pas devenir, par quelque moyen machiavélique, un des groupes secrets du camp, qui veut imposer, fût-ce aux SS, son dessein. C'est cela la constitution d'une Église véritable, une société de gratuité et d'impuissance, une communauté sans moyens de résistance physique, biologique, sans armes cachées ? Ces hommes s'engagent mains nues. Là nous sommes devant l'Église qui se réinvente elle-même comme lieu du cœur et de la liberté des gens, ensemble, les uns par les autres.

Cette redécouverte de l'Église invite tant de gens qui vivront ce qu'on appelle les solidarités de l'Église au-dehors et dans le temps revenu de la paix, à s'interroger : dans quelle mesure, l'Église, à travers ses complexités, ses contraintes, son droit, reste-t-elle le témoignage de cette liberté ? Cette liberté n'est pas seulement le consensus des gens, mais la remise de ces gens au jugement d'un groupe; elle se refuse ainsi à devenir un lieu de puissance, de domination, de contrainte sur d'autres groupes. Ce problème n'est jamais tout à fait résolu, il est posé ici dans ses exigences fondamentales. L'Église signifie cela, ou elle n'est rien. Le Père Fessard disait : « Si l'Église ne risque pas son existence comme groupe et comme constitution à certains moments, je ne suis pas sûr qu'elle soit elle-même. » Dieu sait si Gaston Fessard était pour l'institution ecclésiale et la nécessité d'un pouvoir qui dit oui ou non en dernière instance; il considérait cette structure comme absolument inamissible. Mais il m'a souvent dit : « Tout ce pouvoir et cette autorité est la vérité de l'Église à condition qu'elle l'exerce en risquant jusqu'à son existence. »

En Union soviétique ou en Tchécoslovaquie, par exemple, l'Église peut se trouver dans une situation de ce genre : trouver un mode de cohabitation ou risquer de disparaître.

Le fond est là. Et il ne s'agit pas d'un langage romantique : « Voilà nous sommes nus, faites ce que vous voulez. » De telles décisions se prennent à travers la médiation de la réflexion, du droit, des gestes responsables, à travers les rapports humains et leur complexité.

Et la prière devient louange

Dans cet enfer, la prière elle aussi est radicalement gratuite, dépouillée des problèmes et désirs quotidiens de l'existence, des vanités et des préoccupations pour soi et ses affaires.

Voici d'abord un souvenir. Un jour, je récupère une Bible protestante sur un mort. Et, à Dachau, je vais redécouvrir les psaumes. Il y a une sorte de connaturalité entre notre situation et le cri des psaumes ou l'amour de Job pour Dieu qui semble l'abandonner à sa souffrance.

Que veut dire prier dans cette situation ? La prière redevient un peu constitutive de l'existence. C'est une attitude active à l'intérieur de tout. Sinon la dimension religieuse se réduit comme peau de chagrin et peut risquer de disparaître. Si on n'est pas devant Dieu, à travers Jésus Christ dans ses plaies, si on ne vit pas comme habité par une fidélité à quelqu'un à qui on revient tous les soirs mais qui habite toute la journée, alors la conscience s'émousse. Si ce rapport à Dieu-Père, à travers son Fils, dans le mystère de la souffrance de ce Fils, n'est pas renouvelé — car c'est cela la prière ou ce qui soutient l'être spirituel qu'on est —, je ne sais pas ce qui peut se passer. C'est face à la transcendance de ce Dieu qui nous a jetés dans cette histoire qu'au fond on demande presque compte. Mais quand on demande compte au Père à travers ce Fils dont la Passion déborde ce qu'on vit, alors quelque chose devient possible ici même : si toute cette vie de camp est traversée d'une sorte de présence qui à certains moments sera plus consciente, si par ma formation antérieure, par les choix qu'on fait et puis par le mystère de la liberté née d'elle-même, j'accepte en quelque sorte le mystère du Christ souffrant, Fils aimé et préféré du Père dans cette condition, si je le considère un instant dans sa vérité, il n'est pas possible que je ne sois pas comme brûlé par sa lumière. Et que tout le reste ne soit pas brûlé dans cette lumière. Alors, la prière, la référence implorante, est en même temps la louange.

Dans cet hiver du typhus, du froid, de la faim, dans ce temps de la grande déréliction de Dieu, peut-on parler de lumière et de louange ?

Oui, et je dois dire pourquoi. La prière n'est pas une réussite de la foi. Du moins, elle ne réussit pas toujours. Mais prier veut dire ne pas renoncer dans cette épreuve que je vis à cette vision qui ne peut pas ne pas m'être rappelée par ce que je vis. Cette vision, l'écoute de la parole du Christ, le cri des psaumes s'accomplissant en ce moment-là en Jésus Christ, c'est vraiment la révélation christique, la révélation d'un Christ qui donne sa vie. D'avoir médité autrefois un peu l'agonie du Christ me met dans des conditions telles que j'expérimente et suis obligé de reconnaître que le chemin où je suis a été tracé avant moi. Quand je dis louange, il s'agit des moments où cette vision est comme une réalité qui efface presque ce tumulte dans lequel je suis. Chacun des regards qui s'éteignent ne peut pas s'éteindre tout à fait.

Évidemment, cette vision ne construit pas une logique qui à chaque instant me mettrait dans la sécurité par rapport à ce que je vois. Chaque homme qui meurt, qui désespère, chaque homme qui viole la dignité de l'autre est un choc qui repose la question. Et je n'ai jamais fini de méditer cette image qui m'habite. Ne pas refuser d'espérer là où d'abord je n'espère pas!

Louange donc, mais aussi appel. Louange et appel à celui qui a passé avant moi et tous ceux qui sont là. Ce que nous vivons a commencé à être vécu avant. Quelle que soit la difficulté rencontrée, par exemple le scandale de ces mensonges qui font tant de mal, quelqu'un les connaît avant. La justice au sens humain ne peut remédier tout à fait à ce qui vient d'être commis d'injustice. Le mystère du Dieu chrétien est qu'il soit devant nous, non pas tellement comme la réponse, plutôt comme quelqu'un qui a déjà traversé cette réalité.

Comment la prière peut-elle prendre corps ici ?

La prière peut s'exprimer de manière très immédiate et individuelle, ou à travers des solidarités, des actions communes qui durent, la rencontre à 4 h du matin pour un sacrifice eucharistique.

J'ai redécouvert ce que peut être la prière vocale, c'est-à-dire m'adresser à quelqu'un qui est là et qui est en même temps au-delà de toute mesure; j'ai manifesté là mon attachement et ma protestation, comme Job qui, sur son fumier, s'en prend à Dieu. La prière vocale a une dimension physique, liée au corps individuel, à la fidélité, à l'appel de la grâce de Dieu. C'est en même temps la remise à cette grâce de Dieu, à cette miséricorde divine par la voie biologique en quelque sorte. Un jésuite chinois, qui a fait vingt ans de cellule et de camp, m'a fait récemment cette confidence : « J'ai tenu pendant cinq ou six ans seul dans ma cellule; je m'obligeais à dire mon chapelet à haute voix au mur qui était en face de moi. » Imaginez ce que peuvent représenter des années de solitude, en ayant parfois, pendant des semaines, de l'eau jusqu'aux genoux dans des cellules installées dans les douves de fortifications désuètes. On peut penser aussi à la vieille femme qui dit son chapelet dans son coin, à travers les peines de sa vie et la fatigue de son corps et de son affaissement d'elle-même. J'ai retrouvé un peu cela.

Parlons ensuite de la prière comme acte du corps social dans le réseau eucharistique et au moment solennel de l'ordination en cachette d'un diacre allemand. L'aspect secret met en évidence le caractère sacramentel de toute prière collective. Elle ne passe jamais au plan de la vie sociale organique et consciente mais reste toujours secrète, cachée. Une démesure de faiblesse lui garde son sens, comme il en va de l'Église. D'être vouée à la faiblesse permet à l'Église de mieux se retrouver elle-même.

J'insiste sur un autre aspect encore : le long silence, mais repris consciemment, de l'appel, de la présence patiente et invocatrice à Dieu présent. C'est à travers ce genre d'attitude, je ne sais bien comment le qualifier, que peut se faire le discernement de la conduite à tenir, une conduite qui soit à la fois fidélité à Dieu et aux hommes. En effet, face aux événements, ce n'est pas dans l'instant immédiat que l'on peut voir ce qu'il faut faire. Devant une violence, certes, il est nécessaire de s'opposer immédiatement; dans ce cas on sait ce qu'il faut faire; ça porte en soi sa lumière! Mais la plupart du temps, dans ce camp, dans cette petite vie quotidienne, où se trament tant de choses, il faut beaucoup de réflexion paisible pour aller au-delà des apparences. Le mal est évident ici, il est caché là, il se prépare ailleurs... Faire face à la vie du camp suppose une sorte de longue méditation de discernement. Il faut éviter de mettre toujours automatiquement l'accent sur l'action héroïque. Ceux qui se sont enfermés avec des typhiques ont fait une action héroïque pour laquelle on n'aura jamais assez de considération, c'est évident. Mais d'ordinaire, ne pas agir de manière visiblement héroïque n'est pas nécessairement ne rien faire. La vraie fidélité à l'Esprit est don dans l'intelligence d'une situation, remise complète de soi. Un long silence méditatif doit habiter cette existence quotidienne dans tous ses gestes.

Ainsi l'attention à ce qui se fait est réalisée dans un esprit de service désintéressé.

Quant aux périodes liturgiques, cette perspective était beaucoup plus lointaine dans un camp, du moins pour moi ; elle ne nous atteignait pas par son rythme annuel. Si peu de gestes significatifs étaient possibles ! La prière, le mystère nous atteignaient à travers des hommes.

6

Le prêtre, témoin de la présence de Dieu

Après Dachau, Jacques Sommet a droit à quelques semaines de repos! Puis viennent les études de théologie, le troisième an de noviciat, enfin le temps des responsabilités dans l'action et la vie de la Compagnie. Le tableau chronologique, placé à la fin du livre, permet de suivre les étapes de ces années de service. Nous retenons ici les principales responsabilités, sans nous lier à l'ordre chronologique. Jacques Sommet dit, avec un brin d'humour, qu'il a souvent l'impression d'être comme le prophète Habacuc, rappelé brusquement pour être transporté dans un autre lieu, sur un autre chantier. Au cours de ces années, des dominantes se dégagent : formation, mission ouvrière, travail philosophique et théologique, dialogue de la foi et de l'incroyance, débat avec le marxisme, relations avec d'autres pays et d'autres sociétés — les voyages hors de France s'effectuant en général à la demande d'anciens étudiants, jésuites ou non, devenus à leur tour responsables de formation, spécialement dans la zone méditerranéenne, l'Asie du Sud-Est, les pays de l'Est européen, puis l'Afrique Noire. Suivons d'abord Jacques Sommet dans les dernières années de la formation sacerdotale; ce sera aussi l'occasion de réfléchir sur la signification du prêtre hier et aujourd'hui.

***

Jacques Sommet, étudiant de théologie, fait partie de la génération des séminaristes revenus des camps, de la prison ou de la guerre. Ils ont quelques libertés par comparaison au régime habituel de ces maisons de formation cléricale. Dans certains séminaires on leur permet de continuer à fumer! On dispense certains d'une année d'études ou, du moins, on les admet au sacerdoce avant la fin de leurs études. Nous sommes surtout, dans l'Église de France, à un moment d'assez grande liberté d'imagination pastorale et d'expression théologique. La nouvelle génération veut inventer l'Église de demain : temps de la contestation, des illusions peut-être, du progressisme, de la confrontation en tout cas, mais aussi temps d'un approfondissement et d'un renouveau dans la pensée, la spiritualité, l'action.

Fourvière, où Jacques Sommet achève ses études, est un milieu de grande effervescence intellectuelle. Suivons notre étudiant dans ces années d'après guerre si originales dans l'histoire contemporaine de la société et de l'Église.

La Compagnie retrouvée

La période qui s'ouvre représente, pour prendre une analogie évangélique, un moment tout à fait spécial qui irait de la résurrection à la venue de l'Esprit Saint, le temps du recueillement de la communauté avant que n'arrivent les tâches d'Église.

Après un séjour de quinze jours rue de Grenelle à Paris, je retrouve donc ma famille. Le Père Décisier, supérieur provincial, avait maintenu les contacts avec eux. Je me repose quelque temps à la montagne. Puis à partir d'octobre, je commence trois années de théologie à Fourvière, bénéficiant de la réduction d'un an que Rome autorise alors pour les anciens prisonniers qui ont à leur actif un travail antérieur de culture théologique.

A Fourvière, je trouve tout de suite l'amitié et la charité fraternelle qui n'ont cessé de m'accompagner. Deux compagnons de noviciat et d'études, Joseph Thomas et Blaise Arminjon, ont accepté de quitter Mongré, alors également maison de théologie, pour venir à Fourvière m'accompagner dans mon travail. Ils m'attendent à la gare, me prennent en charge dès mon arrivée à Lyon et me conduisent d'abord dans ma famille. Ce sont des gestes que l'on n'oublie pas.

Avant la rentrée des cours, je bénéficie de quelques semaines de transition. Après un long sevrage, quel bonheur de pouvoir se remettre à la lecture et au travail ! Je le fais dans l'intéressante expérience d'un été de repos, dans une propriété des environs de Dole. Comme plusieurs fois dans ma vie, je trouve dans la Compagnie la chance des rencontres. Je vis avec des jésuites expérimentés, liés entre eux avant la guerre, qui se regroupent pour trois ou quatre jours d'échange : de Lubac, Desbuquois, Rouquette, Villain, d'autres encore et Teilhard de Chardin — de Montcheuil, tué dans le maquis du Vercors, hélas, nous manque.

Je ne suis pas venu pour cette réunion, mais ils m'y ont invité. Je me souviens surtout de la confrontation de mes modestes expériences avec Teilhard de Chardin. Rentrant de Chine, où il s'était trouvé reclus, il gardait cependant un optimisme fondamental. Nous nous sommes trouvés presque en opposition et ma réaction l'a étonné.

Il ne connaissait rien de cet univers dont je venais de faire l'expérience et que j'ai dû lui expliquer. Après le départ de ses amis, il est resté pour mettre au point une édition ou réédition du *Phénomène humain*. Cet homme s'est montré extrêmement attentif et délicat. Plus tard, quand je serai nommé recteur de Fourvière, il m'écrira une longue lettre d'encouragement depuis New York, à un moment où il ne sera pas tout à fait à la joie.

Les grandes années de Fourvière

Je reprends les études à Fourvière dès la rentrée de l'automne 1945. Ces trois années de théologie à Lyon sont l'occasion de faire l'acculturation de ce que je suis devenu.

Pour cette étape, disons d'abord un mot de mes relations. Elles sont caractérisées par les solidarités culturelles et même politiques — l'échec politique de la Résistance n'étant pas encore une question. Les liens d'amitié, les rencontres, se maintiennent entre anciens de la Résistance, pour moi surtout avec Michelet et Rovan, mais avec d'autres aussi. A Lyon, je suis souvent à la Chronique sociale, rue du Plat. Mes racines, mes études, l'expérience du camp me placent plus que d'autres à la rencontre des questions posées par le marxisme. Aussi des rapports se nouent avec la Mission ouvrière à Lyon, Villeurbanne, Vienne, principalement avec des jésuites comme le Père Magand, ou avec un prêtre de Vienne, le Père Berland. A cette époque, je parle en public dans des réunions, où peuvent venir plus de 300 personnes, sur des questions touchant à l'histoire sociale et ecclésiale. La confrontation avec les positions progressistes revêt alors une assez grande importance. J'interviens souvent dans les débats où les rapports entre le christianisme et le marxisme sont en cause. De ce fait, je participe à la confrontation avec les gens de la base et avec les intellectuels.

Mais je suis en même temps un étudiant de théologie à maturité un peu prolongée! Je garde beaucoup de reconnaissance à des hommes comme Pierre Ganne et Henri Bouillard, philosophes et théologiens, ou Victor Fontoynont et Jacques Guillet. Ce dernier, prisonnier évadé après un long service militaire avant la guerre, arrive en théologie en même temps que moi. Il a poursuivi des études à Jérusalem et s'est donc spécialisé dans le domaine de la Bible; il met au point ses *Thèmes bibliques*, qui prolongent des pistes esquissées par le Père Fontoynont.

Vu d'aujourd'hui, Fourvière était alors une belle image de la Compagnie au travail. J'y côtoyais Philippe Laurent, Joseph Thomas, Jacques Delanglade, Gustave Martelet, les Arminjon..., pour ne citer que quelques noms.

Le cursus de la théologie des séminaires est infiniment vaste : Bible, patristique, histoire, dogmatique aux multiples traités, morale, droit canonique, etc. Ces cours innombrables ne dispersent-ils pas l'attention d'un homme qui a déjà entrepris un travail intellectuel plus spécialisé ?

Il était normal de parcourir tous ces domaines pour se présenter régulièrement aux épreuves qui font partie de la préparation intellectuelle au sacerdoce. Et passer tout mon temps à faire la théologie de la politique eût été bien unilatéral et partiel. Il importait de travailler de plus près les racines. Les questions bibliques tenaient plus de place chez moi que les études patristiques, mais je n'ai pas négligé ce domaine alors en plein essor à Fourvière. Au fond, je m'orientais vers une « théologie de l'Alliance », qui comporte donc intrinsèquement la confrontation aux hommes tels qu'ils sont dans leur situation. Ce n'est pas immédiatement une théologie politique, mais une théologie impliquant l'histoire et les figures culturelles de cette histoire. On peut parler à ce propos d'un niveau biblique très structurant mais nullement en opposition à ma recherche plus philosophique. Henri Bouillard m'aidait à faire le passage à une théologie qui s'enracine dans une réflexion philosophique sérieuse et technique.

Le milieu de Fourvière est alors un vivier en pleine effervescence. On est dans la discussion comme poisson dans l'eau. Les Pères de Lubac et Daniélou se critiquent l'un l'autre par articles interposés. Il y a connivence entre eux. Avec le Père de Lubac je suis resté dans des relations d'amitié très respectueuse et reconnaissante ; son génie me débordait quelque peu, bien qu'il fût un homme simple et fraternel, plein d'humour pour mes « naïvetés ». Il travaille alors à son ouvrage *Surnaturel*. Mais beaucoup d'autres sont passionnément à l'œuvre. Les cours d'exégèse du Père Pautrel sont inépuisablement intéressants. Je me souviens aussi d'un enseignement très neuf sur Luther.

Pendant trois ans, je mène là une existence profitable, caractérisée par une transmutation théologique importante. Il s'agit pour moi de vivre et d'exprimer la relation de l'Église et des hommes dans le monde politique et social, et aussi dans la représentation que les hommes se font de leur destin, c'est-à-dire dans les courants de pensée majeurs. Tout ce que j'apporte de l'expérience un peu refondatrice du camp, de la présence aux hommes, va s'exprimer peu à peu dans le langage de la tradition chrétienne.

Je finis mes études à Fourvière au moment où se dessine la menace des difficultés sur cette maison. Après trois ans d'études, je pars pour une année, d'ailleurs difficile, le troisième an de noviciat, en fin de formation, à Paray-le-Monial. J'en profite pour me familiariser un peu avec la grande tradition spirituelle : Jean de la Croix, Thérèse d'Avila, les écrivains spirituels de la Compagnie comme Surin, Lallemant, des auteurs du XVIe et du XVIIe siècle...

L'engagement des vœux solennels se placera un peu plus tard, quand j'aurai commencé mon enseignement à Chantilly. A partir de ce moment, je vois venir les responsabilités dans la vie de la Compagnie. Je le prêcherai plus tard : les derniers vœux sont le moment où l'on devient responsable de la Compagnie.

Une certaine idée du prêtre

Dans les dernières années de la formation se place l'ordination sacerdotale. Quelle idée Jacques Sommet se fait-il de la prêtrise ?

On m'a offert d'être ordonné assez vite au retour du camp; mais j'ai refusé. Je suis ordonné finalement en décembre 1946, en même temps qu'un autre ancien prisonnier, au grand séminaire Saint-Irénée de Lyon, par le cardinal Gerlier.

Le sacerdoce représente l'accueil d'une attitude de responsabilité envers un ensemble qu'est l'Église et la Compagnie à l'œuvre parmi les hommes. La conscience vive d'être en responsabilité de ce corps m'aidera beaucoup par la suite. Pour moi, l'effort théologique s'engage devant un monde en transformation. Le sacerdoce est une dimension assez naturelle de cette mise en place de la responsabilité d'une communauté, qui est pour moi la communauté sacerdotale de la Compagnie. Le caractère jésuite dans cet exercice du sacerdoce ne se définit pas par le service d'une paroisse ou par l'animation liturgique; il comporte plutôt le travail intellectuel, l'effort social, l'accompagnement des personnes. Pour la Compagnie du moins, la responsabilité qu'implique le sacerdoce introduit aussi à des tâches d'Église comme les responsabilités dans les mouvements d'Action catholique. Et n'oublions pas le ministère spirituel par les Exercices auquel nous sommes tous conviés.

Le sacerdoce ne m'est pas apparu comme une rupture ou comme une grande nouveauté dans mon existence. Il s'est placé comme un dynamisme d'accomplissement dans la ligne de ce qui m'animait déjà auparavant. Ainsi, tel qu'il a pris place dans ma vie à ce moment-là, le sacerdoce accomplissait le vœu et l'attente d'un certain temps. Il s'enracinait dans une histoire.

Un premier souvenir, en effet, fixe mon regard pour toujours : c'est d'avoir assisté en secret au camp à l'ordination d'un diacre allemand, à la limite de l'épuisement, mort trois semaines après. Le fait qu'il était Allemand ajoutait encore à la signification de l'acte posé. La certitude qu'il ne survivrait pas au camp nous a motivés à courir beaucoup de risques. Pour cet homme et pour ceux autour de lui qui ont consenti à son désir d'être ordonné, le sacerdoce donnait sens à sa vie dans cette condition inhumaine. Le sacerdoce est ici la prise en compte par l'Église de la condition qu'on traverse; il place cette condition dans la perspective de la communion à un sacrifice fécond, celui du Christ. Cet homme reconnaît sa participation au sacerdoce du Christ comme consacrant le geste qui l'a entraîné dans la condition concentrationnaire. Voilà qui nous a fortement saisis!

Un deuxième souvenir m'a établi dans une conviction sur la mission de l'Église par la voie du sacerdoce. J'ai évoqué le moment crucial où, à Dachau, nous avons décidé de ne pas abandonner les malades du typhus à la solitude dans leur quarantaine, dans leur agonie. Certains des volontaires étaient prêtres; ils ont entendu que vivre là en communion et en communauté de destin, libres et volontaires, avec des hommes qui mouraient, n'était pas seulement accomplir un acte d'entraide; le geste signifiait l'amour de Dieu seul efficace pour les hommes souffrants. Pour des prêtres qui avaient voué leur vie au service de l'Église, ce service prenait ici toute sa signification; il n'était en quelque sorte authentifié que par le lien avec l'autorité qui les envoyait. Ils n'ont voulu y aller que sur envoi et sur envoi de la communauté ecclésiale.

Cette expérience m'a toujours travaillé. A mes yeux elle exprime pleinement le sens de la mission de l'Église qui ne peut pas faire l'économie de sa présence au nom de Dieu auprès des hommes, particulièrement dans les épreuves et quand il s'agit de la vie et de la mort. Elle fait l'union des hommes dans le Corps du Christ. L'initiative de Dieu transparaît; elle est manifestée par ce lien. Pour moi, à partir de ce moment-là, le sacerdoce qui approchait prenait un sens : il ne pouvait exister que dans la reprise et la continuation de l'envoi par l'autorité dont je suis sujet à la fois libre et tout à fait fidèle. Je n'ai jamais eu envie de me dissocier de ce corps, celui de la Compagnie dans l'Église, celui de l'Église à travers la Compagnie, de l'Église présente à tout homme. Il existait pour moi un lien entre la consécration sacramentelle qui apporte la dimension gratuite du sacerdoce et cette consécration qui est mise au service radical de la dignité des hommes souffrant ou espérant qui n'ont pas tellement de moyens, ni conceptuels, ni pratiques, pour s'exprimer. La méditation sur le charnier prend alors toute sa portée. Il reste à être présent au même type de fidélité sans retour possible, à travers des expressions fort diverses. J'en appellerai à ceux qui sont les fils ou les enfants de ces hommes sacrifiés et dont le sens de l'existence n'a pas été manifesté. Il faut bien que quelqu'un transmette la fécondité qui traverse la mort. Le sacerdoce, pour sa part, en porte la mission.

Évidemment, je vois là un type de sacerdoce et je n'ai pas l'outrecuidance de penser qu'il soit le seul possible. C'est dans cette perspective du moins que je place la fidélité à un sacerdoce dans la vie religieuse, qui se différencie de certaines autres traditions.

Comme l'a bien exprimé depuis le Père Michel Rondet, nous considérions au moins deux grandes traditions vis-à-vis du sacerdoce catholique. Dans la première, que certains appellent pétrinienne, le sacerdoce représente une consécration ministérielle au service de la communauté des croyants, celle-ci pouvant ou devant irradier ce qu'elle est naturellement auprès des autres. Le rôle du prêtre est d'abord la présidence eucharistique, l'authentification des actes de l'Église, la pratique des sacrements, toutes choses que je n'ai pas envie de minimiser. Tout en sachant que ces distinctions sont un peu trop faciles, on peut toutefois appeler paulinienne l'autre tradition. Pour celle-ci, le travail du sacerdoce est la constitution d'une Église, traduite concrètement et réalisée mystérieusement et fortement à travers la communion des hommes, fussent-ils les derniers, fussent-ils les pauvres gens. Dans ce cas, la mission sacerdotale s'exercera pour la construction et l'édification de l'Église en *terra incognita*, c'est-à-dire dans un monde dont le peuple n'est pas d'abord celui des croyants mais celui des hommes qui m'entourent quels qu'ils soient. C'est une autre piste qui, dans bien des cas, exprime une certaine attitude de la Compagnie, mais naturellement elle n'est pas la seule.

Le prêtre veut porter officiellement la parole de l'Église, une parole dite au nom de Dieu. N'est-il pas redoutable de penser qu'un homme puisse, dans une situation historique concrète ou dans la vie et les problèmes des gens, engager Dieu à travers ce qu'il dit et fait ? C'est tout autre chose que de parler à ses risques et périls. Et si le prêtre se trompait, s'il trompait sans le vouloir les autres en croyant leur parler au nom de Dieu ?

Aspect redoutable certes, et je n'en suis pas délivré encore aujourd'hui dans un certain nombre de situations où l'on doit parler et décider. D'autre part et heureusement, ce serait illusion de croire que les hommes n'attendent l'Évangile qu'à travers le témoignage que j'en peux donner. Certes, mettre à la portée et au service des hommes ce simple témoignage individuel n'est pas sans valeur. Mais, s'il y a quelque chemin dans lequel je peux témoigner que Dieu a parlé au-delà de moi-même, c'est le témoignage et la parole d'une Église constituée, dont je me fais le témoin et dont je risque la parole devant les hommes comme une promesse. Moi-même, je suis marqué par bien des blessures. Et l'Église peut, dans la pratique, rester en retard et être infidèle à elle-même. Cependant mettre à la disposition des hommes un avenir, une puissance évangélique à laquelle je me donne et dont j'essaie de témoigner, mais qui de toute façon est bien autre chose que mienne, c'est leur donner la garantie d'un désintéressement.

Ne pas s'enfermer dans une seule option

Un prêtre ne se sent-il pas tiré aujourd'hui à hue et à dia ? Ici on veut qu'il soit le représentant d'une certaine tradition plus ou moins intemporelle, là on lui reproche de ne pas s'engager assez dans les problèmes de l'existence sociale et internationale, dans les grands enjeux de l'époque. Un des malaises des prêtres ne vient-il pas de ce qu'ils subissent les feux croisés d'attentes et de revendications contradictoires dans la société, dans l'Église, et finalement jusque dans leur propre cœur ?

Ayant vécu avec tant de gens divisés sur ces sujets, tirés d'un côté, tirés de l'autre, j'ai souvent tenté d'être proche d'eux à partir des questions qu'ils posaient, à travers ce qu'ils sont. Mais je n'ai pas pu m'arracher à la certitude que ces aspects différents se fécondent l'un l'autre. Basculer d'un côté m'est toujours apparu non comme une solution, mais plutôt comme une déstructuration. C'est à travers la conversation, la prise en charge, j'espère loyale, de ceux qui tentaient un chemin ou l'autre, que nous nous trouvions ensemble, après bien des épreuves. Les deux pôles ne sont pas isolés l'un de l'autre. Dans un certain nombre de cas, on accepte que la rectitude de la démarche ne se trouve que par l'effort de confrontation à long terme. Cela ne signifie pas qu'il n'y ait pas de choix privilégié dans un sens. Mais, à l'usage, je n'ai pas encore aujourd'hui de preuve que basculer d'un seul côté soit une solution. Tous les hommes comptent.

N'en restons pas au problème de l'opposition à l'autre et approfondissons ce qu'est notre fidélité de foi. Que nous dit la Révélation de Jésus Christ et de Dieu ? Que nous dit la foi dans un Dieu vraiment présent ? Si nous sommes installés dans des certitudes formulées chrétiennement et apparemment admirables, voyons ensemble, patiemment, ce que les mots signifient dans la tradition chrétienne. Des théologiens de grande envergure ont fait un chemin extraordinaire, qui a pu durer dix ans, pour accueillir autour d'eux des gens qu'avant ils auraient traités simplement de lâcheurs. Et j'ai vu des évolutions de ce genre dans les deux sens.

Il s'agit pour Jacques Sommet d'aider chacun à reconnaître chez l'autre la part de lucidité et de générosité, et à approfondir mieux ce que lui-même croit avoir perçu d'important. Cet approfondissement est le contraire de l'endurcissement et de l'étroitesse sectaire.

Prenons un exemple. En 1968, de jeunes étudiants jésuites et d'autres aussi, de jeunes professeurs, ont été pris dans une sorte d'ouragan. Nous avons fait chemin ensemble. Nous avons passé des nuits dans les salles de la Sorbonne ou ailleurs, pour analyser comment les décisions se prenaient et ce qui se jouait. Nous reprenions, parfois dans l'anxiété, l'examen des violences justifiées ou injustifiées et comment les unes se servent des autres. Les uns ont pris des décisions dans un sens, les autres dans un sens opposé. Ils ont pris leur liberté, mais leur liberté a dû mûrir dans cet exercice.

Dans l'Église actuelle, les oppositions semblent irrémédiables sur la mission ouvrière, la présence au Tiers Monde, le renouveau liturgique, les conceptions théologiques, morales ou exégétiques... Comme si nous étions en présence de deux Églises définitivement irréconciliables.

Qui peut penser que le chemin de la réconciliation entre les hommes, que le chemin de la vérité est tout entier traversé aujourd'hui, que ce qui est à décider n'est que l'application d'une vérité déjà totale chez les uns ou chez les autres ? Il y a une communauté à tenter. Il reste toujours un chemin à parcourir.

Nouvelles perspectives pour le sacerdoce ?

Puisque nous sommes au chapitre du prêtre, impossible de ne pas parler de la crise actuelle du sacerdoce. La crise d'identité en est sans doute l'aspect le plus profond. Mais la grave diminution des effectifs pose des questions redoutables. Quand un corps social vieillit à ce point, quand sa pyramide des âges est si malsaine, n'est-ce pas le signe qu'il est désadapté, que par trop de côtés il est d'un autre âge ?

Je pense que nous n'avons pas fini de passer d'un univers de chrétienté, c'est-à-dire fabriqué sociologiquement d'une certaine façon, à un autre, celui qui nous est proposé maintenant. Mais je ne vois pas comment le sacerdoce pourrait disparaître et l'Église rester elle-même. Pour moi, la dimension sacerdotale est constitutive comme noyau. Cela ne signifie pas que les prêtres doivent être nombreux; ils doivent être cependant en nombre suffisant pour qu'on dépasse l'incertitude et le malaise.

La question est donc ouverte : que peut et doit être le sacerdoce quant aux hommes qui le représentent et le portent dans l'univers qui vient. Souvent on passe brusquement du sacerdoce classique encore actuel à la question du sacerdoce des femmes. Il me semble qu'on fait alors des sauts en l'air ! Le sacerdoce des femmes est certes une question sérieuse, mais il faut la placer dans un ensemble sur le sacerdoce. De ce point de vue, je parlerais d'abord du sacerdoce des hommes, j'entends de la possibilité pour un père de famille d'être prêtre dans certaines conditions. Je ne crois pas qu'on puisse échapper à cette question. Il convient d'accepter d'envisager que d'autres que ceux qui sont dans la condition de séminaristes, en préparation classique au sacerdoce, soient des candidats à un sacerdoce qui peut s'exercer peut-être sous des formes plus diversifiées. On peut disjoindre un certain nombre de missions.

On entend évoquer quelquefois la possibilité d'un sacerdoce à temps, c'est-à-dire d'une ordination de quelqu'un pour une période donnée. Sur ce point, je suis plus réticent. Mais je regrette que la question du sacerdoce d'hommes déjà expérimentés ne soit pas plus franchement abordée, soit de la part des religieux, soit de la part du clergé. D'ailleurs des résistances semblables subsistent dans la prise de responsabilité des laïcs comme tels. Mais je distingue entre la prise de responsabilité par les laïcs d'un certain nombre de tâches qui ne doivent pas être secondaires et la responsabilité sacerdotale. La dimension sacerdotale est significative en elle-même. Il faut chercher ce qui, dans notre monde, constitue le meilleur lieu pour reconnaître des candidats possibles à ce service.

Ces nouveaux modes de sacerdoce pourraient-ils comporter l'engagement profond requis du prêtre dans la tradition de l'Église latine? Toute sa vie est consacrée au service de Dieu et des hommes par une disponibilité entière qui concerne l'organisation de son existence, sa vie affective, sa pensée — en un mot on lui demande l'obéissance intérieure et extérieure.

Je n'irais pas jusqu'à creuser un fossé aussi profond entre ceux qui sont totalement donnés à leur tâche, matériellement, spirituellement, intellectuellement, et ceux dont j'imagine le service sous un mode nouveau. Une sorte d'étape intermédiaire est d'ailleurs quelque peu franchie. Pensons aux prêtres qui participent, par nécessité ou par fidélité apostolique, ou par les deux à la fois, à un travail professionnel poussé, qui les investit dans de nombreuses obligations, lesquelles semblent mettre une limite à la disponibilité totale qu'on vient d'évoquer. Parmi eux je connais des gens qui sont des prêtres très authentiques. Ils sont moins disponibles en temps, je le reconnais. Mais ils ne sont pas moins présents, et quelquefois même mieux présents aux hommes, avec la dimension de leur sacerdoce, dans ce qu'ils font et ce qu'ils sont. Et, qui plus est, ils atteignent des gens que d'autres n'atteignent pas. De ce fait, l'universalité y gagne.

Par ailleurs, dans la recherche que j'évoque, je vois aussi des chances pour la façon dont l'Église peut parler à nos contemporains. Des hommes de valeur, qui ont une certaine disponibilité de temps, une capacité d'entendre les autres, de les aider, de comprendre ce que l'Église dit et fait, peuvent dire aussi à cette Église des choses que souvent le prêtre actuel est mal placé pour exprimer. Je ne cesse pas, avec beaucoup d'autres, d'être gêné par la façon dont l'Église parle de tout le domaine de l'affectivité, de la sexualité. Des gens qui sont d'expérience, des pères de famille, des gens liés par l'amour humain mais qui ont acquis une grande sagesse, sont peut-être autrement placés pour parler de ces choses où l'Église n'a pas trouvé son langage. Tout n'est pas harmonie entre le langage de Vatican II sur la liberté de conscience, quelles que soient les difficultés du moment, et le langage dans le domaine sexuel par exemple.

Quand, dans une famille, un jeune exprime aujourd'hui le désir de faire éventuellement choix du sacerdoce, on n'en sera guère enchanté. N'est-ce pas que le sacerdoce est considéré comme le dernier des métiers ? Pendant longtemps il représentait une option autrement valorisante dans la société et dans l'opinion.

C'est une vraie question. Mais aujourd'hui les parents n'ont pas tellement à se faire rendre compte du choix d'un garçon ! Avouons-le cependant, pour la génération des jeunes, les raisons d'accéder au sacerdoce ne sont pas très porteuses pour le moment. La situation de faiblesse de l'Église, comme institution, engendre une attitude de réticence et de distance. Pour certains, c'est une raison d'affronter la question, de relever le défi, de montrer une vraie signification là où d'habitude on ne voit qu'insignifiance. Ce défi ne justifie pas le choix du sacerdoce, mais il est un signe positif.

A l'inverse des générations précédentes, celles d'il y a sept ou dix ans, les candidats actuels me semblent moins tourmentés par les difficultés. Dès avant 1968, quand le nombre restait encore impressionnant, on notait déjà un flottement, une incertitude devant la question de l'avenir et de l'engagement. Dans les années qui ont suivi, beaucoup ont cessé d'être fidèles à cet engagement qui n'était pas encore l'engagement solennel pour les jeunes jésuites que j'ai fréquentés. Il m'est difficile de porter un jugement du dehors, en sociologue, sur ces périodes et ces vagues successives, parce que j'ai vécu constamment dans la communication avec ces hommes encore jeunes, avec ceux qui sont partis et avec ceux qui sont restés. Je ne voudrais pas qu'on accuse les individus ni même les générations, qui étaient sujettes à ces difficultés, de ce que d'aucuns considèrent comme une défection globale.

Être conseiller est une lourde tâche

Le ministère exercé par le Père Sommet se réalise pour une large partie dans la relation directe : confession, direction, conseil, Exercices spirituels... Dans ce ministère la parole d'éveil compte au premier chef. Il comporte aussi le risque de peser sur la destinée des gens, de déterminer les orientations d'un couple, même quand on veut rester très discret.

Dans notre temps, le sacerdoce comporte assez normalement une activité de conseiller qui peut être très développée dans certains cas, suivant les personnes. Que recouvre ce fameux terme de conseiller — car on ne parle plus guère de directeur de conscience ? Être conseiller, accompagner est une lourde tâche. Le tempérament moderne ne supporte pas toujours de s'engager dans cette sorte de communication, qui comporte d'accueillir des angoisses, des problèmes, des psychologies difficiles. C'est s'engager beaucoup que d'accepter des accompagnements qui n'ont pas de soi leurs limites. Le prêtre moderne n'a pas à se dérober devant cette tâche, si on le lui demande et s'il est dans les dispositions aptes à l'accomplir.

Aider des contemporains à faire chemin reste un travail considérable. Le grand problème est d'apprendre à quelqu'un à entendre l'Esprit, c'est-à-dire, à la limite, à se conseiller lui-même. Des hommes et des femmes qui ont des fonctions importantes, des individus ou des couples, cherchent l'aide de conseils; c'est même essentiel pour certains. Ils ont souvent besoin d'être accompagnés longtemps. Il n'est pas question de leur dire : « Dieu vous demande telle ou telle chose. » Mais on peut rappeler les conditions de l'écoute de l'Esprit sur eux, de ce qu'est leur vocation, de ce qui, à partir de ce qu'ils sont, peut leur être demandé par Dieu, par l'Évangile. Le simple dialogue peut, d'un point de vue psychologique élémentaire, les décentrer d'eux-mêmes. La tâche est de les mettre dans les conditions de choix spirituel et de sagesse humaine, de manière à ce qu'ils apprennent à s'alimenter aux sources que sont l'Église et l'Évangile. Dans ce monde, où tant de choses échappent au jugement de l'Église, parce qu'il n'est pas reçu, parce qu'elle le donne dans une formulation difficile à recevoir — par exemple quand il s'agit du domaine affectif —, il est important de former au discernement de l'Esprit, de la fidélité à l'Évangile.

Une aide ou une vérification peuvent être apportées aujourd'hui à cette tâche de conseiller sacerdotal; car, grâce à Dieu, des compétences analogues se sont largement développées. Pensons, pour prendre un exemple parmi beaucoup d'autres, aux conseillers conjugaux. Une collaboration est possible. Et des vérifications, pour ainsi dire techniques, peuvent garder de devenir le psychologue en même temps qu'on est le conseiller spirituel.

Un certain nombre de prêtres sont atteints de la même hésitation, des mêmes angoisses que leurs contemporains qui viennent leur demander conseil; ils se retirent. La tâche est assurée avec moins d'assurance et peut-être moins de compétence. Autrefois, le prêtre pensait, peut-être trop facilement, qu'ayant la vérité et les sacrements, il pouvait dire les lois générales de la conscience. Il n'avait rien d'autre à dire, mais il le disait très fermement : « Dieu veut que vous fassiez ceci ou cela. » Aujourd'hui les choses sont devenues plus subtiles et cet engagement exige du courage parce qu'il faut marcher longtemps, avec renoncement et dépossession, avec ceux qu'on accepte d'accompagner. On peut vivre avec quelqu'un une sorte d'amitié pendant dix ou quinze ans. Certes, il y a aussi des gens à dépanner, mais ce n'est pas du même ordre. On comprend donc que le nombre de conseillers spirituels est aujourd'hui assez restreint. Mais il y a fécondité à accepter cette responsabilité, là où elle nous est demandée.

Notons aussi, chose non négligeable, que ceux qui bénéficient de ce chemin fait ensemble avec un conseiller deviennent, dans un certain nombre de cas, eux-mêmes très bons conseillers pour d'autres.

Quelle redoutable responsabilité d'influencer ainsi les affaires et décisions intimes des personnes, et au nom de Dieu!

C'est vrai. Cependant durant le temps de patience qui prélude à la décision, la tâche est de préparer les gens à devenir capables de décider. Le conseiller sera un élément de la décision par la discussion, la prière, l'aide pour évaluer les choses. C'est là qu'un jésuite doit inviter certains, laïcs, religieux ou prêtres, à « faire les Exercices », qui sont une école de décision vraiment patiente. Des laïcs qui ont traversé les Exercices, sous une forme ou une autre, et qui ont pris de grandes décisions pour leur vie dans cette situation ne les ont jamais regrettées, je crois.

Les Exercices, un chemin de libération

Le jésuite est l'homme des Exercices, disait le Père Varillon. Cela signifie deux choses : qu'il les ait faits lui-même une ou deux fois dans sa vie, et qu'il les « donne » aux autres. Certains les donnent même plusieurs fois par an.

Pour ce qui est de donner les Exercices, il y a au moins trois zones possibles : une reprise sur cinq jours, une retraite de huit jours, enfin, mais plus rarement, trente jours. Et il y a ceux qui, comme le Père Giuliani par exemple, donnent les Exercices dans la vie, comme on dit aujourd'hui.

Les Exercices, ce n'est ni huit jours ni trente jours, c'est le chemin proposé par Ignace, une démarche sur un long temps, qui peut même être vécue sur six mois — ce qui est rare! Faire les Exercices, c'est se mettre à l'école d'Ignace, entrer dans un chemin évangélique de purification et de libération de soi-même. C'est, dans la lumière de l'Évangile, se mettre en présence des conditions dans lesquelles on vit et de ce à quoi on peut être appelé; c'est se placer en situation d'écoute du Saint Esprit. Dans cette démarche, on est accompagné par quelqu'un, mais quelqu'un qui ne décide pas de ce qui se passe. Normalement les meilleures conditions pour faire les Exercices, ce sont des conditions sans limites. Quelqu'un pourra faire très bien les Exercices en dix ou quinze jours, si la maturation du mouvement se fait bien pendant ce temps-là. Les cadres prévus sont un peu secondaires.

A mon avis, faire les Exercices, être l'homme des Exercices, veut dire être l'homme d'un certain cheminement ignatien, qui est une école de décision, mais qui consiste aussi à vivre la passivité — je choisis exprès ces mots — sous la volonté aimante de Dieu. Il faut vivre la décision dans une sainte passivité, au sens mystique. Certains de mes amis laïques font, toutes les années, quatre, cinq ou six jours d'Exercices; mais ils font vraiment les Exercices, parce qu'ils font une reprise de ce qu'ils ont engagé un jour par ce cheminement. Ils réaniment leur fidélité à ce chemin, aux décisions prises. Certains ont pris des décisions sur leur existence, sur la façon de servir les hommes en même temps que d'être responsables de leur famille. D'autres sont partis au Maroc ou ailleurs dans des conditions difficiles, y compris avec leur famille. Certains ont pris des décisions aux aspects plus héroïques ou plus visibles. D'autres ont pris des décisions toutes différentes, ils ont peut-être renoncé à ce rêve pour faire autre chose. Ils l'ont fait pour trouver la volonté de Dieu sur leur propre vie.

Que la volonté de Dieu soit l'appel à aimer, à accomplir notre liberté d'hommes, cela s'entend bien, encore que le Christ parle de la volonté de son Père qui le livre à l'amour jusqu'à en mourir. Mais, dans notre contexte, il s'agit de découvrir les vues de Dieu sur la vie de quelqu'un, comme s'il avait à reconnaître une sorte de programme préétabli, au point qu'on manquerait sa vie en le récusant. Les spirituels ont souvent fait preuve d'un sens très pointilleux des exigences de la volonté de Dieu.

La recherche de la volonté de Dieu traverse la pédagogie des Exercices. Elle n'existe qu'au carrefour d'une conscience qui se reconnaît dans des conditions de liberté et de responsabilité suffisantes et qui, dans le cadre de ces conditions, peut entendre et reconnaître un appel dont elle n'est pas entièrement à l'origine et qui se manifeste de façon sérieuse mais prometteuse aussi.

Les Exercices proposent plusieurs voies pour détecter ce par quoi Dieu, dans ma liberté même, peut m'inviter. Et le respect des tempéraments différents intervient là. Les gens plus rationnels suivent la fameuse méthode qui consiste à comparer très méthodiquement raisons pour et raisons contre, conditions pour et conditions contre. A d'autres, il faut déconseiller un tel exercice parce qu'ils s'embrouilleraient avec eux-mêmes; ils sont extrêmement sensibles à d'autres attitudes. En tout cas, la formation des Exercices conduit à juger quel est l'appel de Dieu, comme appel à ce qui me dépasse d'ordinaire.

Ignace parle du « mouvement des esprits », c'est-à-dire de la disposition d'une affectivité devant les invitations intérieures qui l'habitent. Les gens de tempérament généreux sont portés à répondre « oui » à tout appel généreux; les gens à tempérament prudentiel à répondre « non » aux appels. Mais, devant une proposition, devant l'hésitation, devant une décision qui se précise, il faut apprendre à entendre quels sont ces moments où ma liberté, ma responsabilité sont vraiment les mieux situées et surtout où Dieu parle. Comment dans le mouvement même de ces « esprits », c'est-à-dire à un moment de découragement ou d'espérance, dans le penchant qui m'agite, dans les invitations, dans les tentations, dans les propositions qui me viennent, comment puis-je entendre quelque chose, une volonté de Dieu, c'est-à-dire une réalisation de soi qui se réfère à des critères comme le service de l'Église, de l'Évangile, le goût pour la prière... ?

Il existe aussi un deuxième chemin. Ignace connaît bien, et pour cause, ce chemin dont nous avons d'autres exemples dans l'histoire spirituelle de l'humanité : les gens sont le sujet d'un appel si gratuit qu'il comporte en soi son évidence et qu'il est désormais incontrôlable et incontrôlé. Paul sur le chemin de Damas, saint Ignace après la vision de la Storta. C'est l'expérience illuminante, tellement illuminante qu'il ne peut être question de revenir en deçà ou d'aller au-delà. Pour moi, l'expérience de Dieu à Dachau est un peu devenue cela.

Dieu veut la liberté

Je me méfie de formules comme celle-ci : « La volonté de Dieu est que vous fassiez telle chose. » Comme si Dieu avait une sorte d'idée sur le projet humain avant qu'il se pose dans les conditions pratiques et spirituelles concrètes. La liberté des hommes, voilà ce que Dieu veut de l'homme. Cette liberté et cette libération ne sont pas une sorte de projet par étapes; elles s'inventent dans le rapport de Dieu et de l'homme constamment. La vie d'un homme est une histoire, le projet de Dieu est à lire à travers l'histoire de la personne à qui je m'adresse, parce que Dieu s'est engagé dès le début.

Peut-être sommes-nous placés là à un niveau qui concerne à la fois les conditions spirituelles et la réflexion philosophique. J'ai déjà évoqué cela : je suis homme parce que Dieu me personnalise, c'est-à-dire me donne la chance d'être ce que je suis à travers une réponse. Mais moi, je ne peux pas personnaliser Dieu. Il est la source, il est la liberté créatrice en elle-même. L'homme est l'être personnalisé et, d'une façon certaine, il n'y a pas d'autre projet de Dieu sur lui que celui-là.

Dieu me personnalise mais il ne se laisse pas personnaliser; cette référence est presque une évidence pour moi maintenant. Dans la relation interhumaine d'un homme avec un autre homme, entre Pierre et Paul, entre Anne et Sophie, dans notre vie de créature qui n'est pas achevée, moi et l'autre, l'autre et moi, nous sommes des êtres qui pouvons être fidèles à nous-mêmes dans ce que nous avons de meilleur mais aussi nous trahir. Ainsi nous nous modifions l'un l'autre. La relation à Dieu est à penser tout différemment. Si Dieu est, peut-il être autre que celui à qui j'ai été remis dans ma naissance, auquel je serai remis dans ma mort; et, entre les deux, je vis d'une certaine façon cette initiative divine.

Cette initiative divine, je ne puis la penser que comme une liberté, ou un amour des hommes qui ne peut manquer à lui-même. Lorsque je suis, liberté hésitante, je peux me perdre par moi-même, je peux manquer à ce que je connais en moi de meilleur. Si je veux être fidèle à ce que je suis de meilleur, je ne le puis qu'en recevant l'invitation de celui dont je suppose, pour le moment, l'existence comme une existence, non seulement sans commencement ni fin, mais qui ne peut pas se trahir ni me trahir. Voilà une référence pour l'être humain; elle est une référence de sa liberté à une liberté créatrice, inconfusible, et qui ne m'abandonne pas.

Il y a une seule chance pour l'homme de survivre au désespoir qu'il peut avoir de lui-même, puisqu'il peut manquer à lui-même, c'est que quelqu'un lui offre la chance d'être libre, une liberté qu'il n'est pas certain de s'offrir à lui-même jusqu'au bout de son existence. Tout homme que je rencontre peut faillir à lui-même. En même temps, je pense que je dois laisser à chacun sa chance d'être lui-même jusqu'au bout, quel qu'il soit. Dieu m'apparaît comme ce point de rencontre des libertés. Il est en ce point de rencontre comme la chance donnée à toute liberté d'être renouvelée jusqu'au bout, quelles que soient ses faiblesses. A travers le mal même, qui pourtant peut l'avoir déformée beaucoup, une chance existe de retrouver un sens à sa vie.

Cela implique le rapport à quelqu'un qui est à la fois gratuitement à ma disposition et qui, en même temps, n'est pas atteint par le risque d'être lui-même en défaut, d'être lui-même faiblesse. C'est la référence à un Dieu sujet des sujets humains. Dieu ne se laisse pas personnaliser, c'est-à-dire n'est pas atteint — de Montcheuil y tenait beaucoup — par ma faiblesse, même s'il passe par la compassion à ma faiblesse. Le Christ dans sa Passion passe par la compassion à ma faiblesse; il porte le poids du monde et, en même temps, il n'est jamais le pécheur. Voilà le paradoxe.

Où Dieu est-il présent aujourd'hui ?

Nous parlons facilement de la présence de Dieu dans une vie, nous disons que Dieu parle aux hommes. S'il s'agit de sa parole par les prophètes ou en Jésus Christ, son histoire concrète est assez loin pour ne pas trop nous déranger. Mais puis-je dire que Dieu me parle à moi, aujourd'hui, immédiatement? Puis-je dire avec Karl Rahner, que J. Sommet cite volontiers sur ce point, que je fais une expérience personnelle de Dieu? Les saints parlent d'une relation intime de Dieu avec le croyant. Tout cela est-il poésie, symbole ou réalité?

J'allais parler d'un murmure et ce serait encore un langage poétique. Je crois que l'homme peut faire l'expérience de Dieu. Des étapes sont nécessaires. On peut faire l'expérience de la relation à Dieu dans la gratuité d'une démarche. Mais, je le dirais en approchant à petits pas d'une telle question, « Dieu parle » signifie d'abord un rapport de conscience. Je ne peux pas entendre Dieu comme Dieu sans que ma conscience, au sens spirituel du mot, soit intéressée. Hors la conscience, il n'y aurait que destin subi qui ne me poserait aucune question. A partir du moment où il me pose question, c'est autre chose. Dieu me parle...! Il me parle comme il veut, et gratuitement d'abord! Mais c'est toujours à la conjonction d'une histoire, et d'une histoire qui ne peut rien laisser échapper de l'histoire de l'humanité. La pointe de l'ample histoire humaine qui me touche, c'est ce que j'appelle l'événement. L'histoire surgit, elle est une action en cours, une métamorphose des hommes ensemble. Et cette histoire touche ma conscience dans la rencontre de l'événement. L'événement quotidien qui me touche, le plus simple même, n'est jamais événement tout seul, il est toujours événement sur un fond d'histoire dans lequel l'aventure des hommes est engagée avec Dieu. Comment puis-je recevoir l'événement à travers lequel murmure l'histoire du monde ? A travers une conscience qui n'est elle-même et fidèle à elle-même que si elle est conscience docile ou s'efforçant d'être docile aux mystères évangéliques transmis à travers l'Église, à travers ceux qui la représentent. A travers une conscience catholiquement priante. Dans la mesure où cette conscience est vive ou ravivée par la dimension de prière, c'est-à-dire d'invocation et en même temps de louange, par la dimension christique qui est manifestée à travers l'Évangile, à travers la vie des chrétiens. La rencontre de cela avec l'événement du monde, tel qu'il m'atteint et même me choque, est pour moi le lieu de la rencontre de Dieu.

La parole est advenue dans une histoire; elle se fait actuelle, même pour moi quand je l'écoute, dans de l'histoire. Cette parole, c'est l'Évangile médité, transformé en imploration personnelle.

Il est plus facile d'affirmer l'action de Dieu dans les événements relatés par la Bible que d'exprimer comment il est présent aujourd'hui dans l'histoire du monde.

Où est Dieu ? Je suis porté à penser les choses ainsi : il est dans la confrontation entre ce que je reçois et entend de lui à travers les chrétiens et de tout cela avec le monde, avec l'histoire. L'histoire du monde, je la conçois d'abord comme l'histoire des hommes, à la fois de chaque homme et de tous les hommes ensemble, croyants ou non. Tout homme existant est une chance ou un risque que Dieu se donne, sinon je créerais deux races d'hommes : ceux qui sont chrétiens et les autres qui seraient je ne sais quoi ! L'existence de tout homme — j'allais dire antérieurement au fait qu'il soit croyant ou incroyant — comme chance de liberté ou d'esclavage, là où il est avec ses moyens et ses ressources, voilà ce qui pour moi est une parole de Dieu. Elle est presque aussi importante que la parole reconnue comme révélée, mais non pas concurrente d'elle.

Je ne vois pas comment je puis recevoir aujourd'hui la parole de Dieu, de l'Évangile, de l'invitation gratuite de la grâce à travers le langage ecclésial, si ce langage ecclésial et évangélique n'est pas lui-même risqué dans l'ouverture à ces hommes qui n'en connaissent rien. Pour moi, ils sont réalité dans l'histoire de la transcendance de Dieu à travers sa création. Dieu se révèle à travers ceux qui sont son image et qui ne le connaissent pas comme l'auteur de ce qu'ils sont. La totalité de la lumière transformant l'humanité, voilà la fin de l'histoire. Et, en attendant cette fin de l'histoire, l'histoire surnaturelle du monde, l'histoire où j'ai à entendre Dieu, est l'histoire d'une confrontation constante. Car Dieu parle aux hommes par son Fils et par les hommes qui ont reçu lumière et par les hommes qui n'ont pas encore reçu lumière et qui sont pourtant ses créatures. Je suis acculé ainsi à la décision d'être libre dans la reconnaissance de Dieu, qui personnalise les hommes ou peut les personnaliser. Confrontation et rencontre douloureuses, car ce n'est pas joué; il y a à la fois travail, grâce et, de ma part, trahison possible.

La parole de Dieu est dans le défi qu'un homme existe, que chaque homme soit fait pour être libéré et qu'il puisse en être capable. Ce qui ne veut pas dire qu'il soit effectivement libéré. Nous ne vivons pas dans un univers splendide, mais dans un univers dramatique.

Jusque dans la négation et le refus des hommes, Jacques Sommet lira encore un appel !

Tout à fait ! Dans l'humiliation, pour l'humanité, de ne pas correspondre à cet appel, de se trahir, et de nous trahir les uns les autres, le défi m'est apporté : Dieu parle à travers cette trahison; il faut relever ce défi. Le sérieux, l'aspect relativement tragique, mais non pas définitif, de cette proposition étonnera peut-être. Cette attitude n'est pas de l'optimisme béat, mais non plus un pessimisme absolu et définitif. L'histoire de l'Église dans le monde, dans son développement et sa rencontre avec les hommes, et la conscience qu'elle en a, m'éclairent quelque peu et d'une façon qui paraîtra sans doute un peu naïve.

A travers les temps et, le plus souvent, au-delà de ses intérêts, l'Église semble avoir réussi à reconnaître parmi les hommes ceux qui sont fidèles à son Esprit jusqu'à en être particulièrement les témoins; elle a défini un certain nombre d'hommes et de femmes comme étant des saints, c'est-à-dire des réussites de sa grâce. En même temps, elle nous rappelle que tout homme peut se perdre, et que tout homme est habité aussi par une propension à se perdre. Mais elle n'a jamais défini qu'un homme soit perdu! Elle est attentive à l'infinie possibilité pour l'homme de monter vers ce qui lui est dit et annoncé par Dieu qui le sauve, de monter à la proposition renouvelée de cette vie divine par la grâce et la gratuité de cette grâce. Elle en définit le résultat approchant ou approché, même avec une sorte de rigueur. Elle assure que certains ont réussi, comme on dit, leur salut, c'est-à-dire ont été dociles à la parole de Dieu jusqu'à être les témoins de l'Évangile absolument authentiques. A l'inverse, si elle parle aussi de l'enfer, elle ne dit jamais que tel ou tel s'y trouve!

Qui est Dieu pour vous ?

Dans le contexte de toute cette réflexion, la question se précise inéluctablement : qui est Dieu pour Jacques Sommet ?

Quel est mon Dieu, ou quel est le Dieu de ce temps ? Le Dieu dont je parle, c'est le Dieu de Jésus Christ, après confrontation avec la raison, et de la raison après confrontation avec Jésus Christ. Nous ne sommes plus à l'époque pascalienne avec la problématique du Dieu des savants et du Dieu des croyants, quelle que soit la réponse qu'on lui donne. A notre époque la société peut être globalement incroyante et l'être de façon tout à fait raisonnable; et je ne peux aucunement lui présenter une philosophie qui lui imposerait une nécessité rationnelle de croire en Dieu, d'accepter Dieu comme principe. Or cette position est relativement récente et on peut la discuter.

Je peux raisonnablement, aujourd'hui, parler très sérieusement des questions ultimes pour l'existence de l'homme en ne parlant pas de Dieu. Tant qu'un homme ne me parle pas de Dieu, je ne me sens pas invité à lui parler de Dieu le premier. Pourquoi ? Je ne vois pas au nom de quoi je parlerais de Dieu à un homme de cette société raisonnable et rationnelle, dans laquelle Dieu n'a pas de place dans sa rationalité la plus pure, sa référence la plus pure. Évidemment, parler de Dieu n'est pas une démarche irrationnelle. Mais des hommes peuvent vivre et exister sans affirmer nécessairement l'existence de Dieu, sans poser la question d'un Dieu personnel et vivant. La nomination du sens de l'homme dans le langage de Dieu impose en réalité la référence à bien autre chose que la seule question du sens de la vie ou du sens de l'homme.

D'une certaine façon le Dieu de Jésus Christ et le Dieu de la raison sont tout un pour l'humanité qui a cessé de croire en Dieu. Si cette humanité a cessé de croire en Dieu, je dois la respecter dans cette non-croyance même, et la pousser aussi loin qu'il est possible dans la rationalité qui donne sens à sa vie. Mais nommer ce sens et nommer Dieu sont une démarche où je ne suis pas sûr de ne pas violer, de ne pas faire pression indue. Si au contraire un incroyant me pose la question de Dieu, avec le désir éventuel d'en savoir quelque chose, ou de pouvoir en parler raisonnablement, ma situation est tout à fait différente. Alors la démarche obligatoire ou nécessaire peut être non seulement de parler de Dieu, pôle des raisons éclairant la raison dans ses démarches, mais aussi du Dieu que je connais, c'est-à-dire du Dieu de Jésus Christ. Et je ne vois pas de façon raisonnable d'en parler autrement que comme le Dieu de l'histoire en Jésus Christ, avec toutes les rationalités que cela comporte pour moi.

Est-il raisonnable de croire, est-il déraisonnable de ne pas croire, c'étaient pendant des siècles les questions majeures de la théologie fondamentale ou de l'apologétique et de la critique de la foi. Ces questions classiques seraient-elles devenues caduques ? On essaie beaucoup de nos jours, du côté chrétien, de discuter de la question du sens de la vie ou du monde, avec le désir secret ou la prétention affirmée que cette question ne trouve sa réponse qu'en Dieu.

Une théologie fondamentale est en ce moment plus nécessaire que jamais. Mais il ne s'agit pas de prouver l'existence de Dieu. La question à poser est celle du sens de l'existence comme une question difficile et réelle. C'est à travers les démarches humaines de la technicité, du drame politique, des rapports des libertés humaines qu'il faut arriver à poser la question d'un sens, sans la poser d'ailleurs trop vite, mais en le faisant avec beaucoup d'exigence. De la sorte nous avançons vers la liberté de choisir pour ou contre Dieu si cette question se pose.

Dégager le chemin, c'est le dégager aussi bien pour Dieu que contre Dieu. Car c'est mettre l'homme devant la liberté possible d'être nihiliste ou d'être ouvert à Dieu, et aussi bien d'y renoncer. Approfondir la question du sens pour ceux pour qui elle se pose n'est pas ouvrir l'évidence du chemin de la foi mais placer l'homme devant le choix possible pour ou contre, choix dont rien n'est joué à l'avance : celui qui se nomme Dieu et qu'ils peuvent entendre et celui qui au contraire est nié par leur affirmation même, quelle qu'elle soit.

Surpris par la grâce

La présence de Dieu dans une vie s'appelle traditionnellement la grâce, c'est-à-dire une présence ou une relation effective de Dieu dans ma vie, relation fondatrice, appelante, transformatrice. Grâce habituelle, actuelle, antécédente, concomitante, illuminante, etc., suivant les multiples dénominations des traités d'autrefois. Si Dieu m'habite, si Dieu me convertit, ne me remplace-t-il pas au fond de ma conscience dans ma liberté même, ne suis-je pas aliéné par le salut qu'il me donne ? Ne se substitue-t-il pas à ma liberté dès lors qu'il la meut mystérieusement du dedans même comme liberté ?

C'est une question difficile, mais peut-être fondamentalement simple, où nous sommes en peine d'explication. Est-ce que Dieu n'agit pas dans la surprise qui naît de la confrontation dont j'ai parlé tout à l'heure et à laquelle il n'est pas question, de toute façon, d'échapper ? Si je pose la question de l'intervention de Dieu, je ne la pose pas dans un univers second, où mon existence avec Dieu serait une sorte de poème préservé, ce que je vis quand je n'ai plus rien d'autre à faire!

Pour moi, la dimension de grâce se trouve là où, perdu dans l'histoire mais y étant attentif, me trouvant livré au choix, portant le poids des misères et des drames et de ce qu'il faut espérer à travers eux, je suis surpris par la proposition qui m'est faite sur la façon de construire l'avenir. Admettons que je n'aie rien négligé pour prendre ma décision : j'ai fait tout le calcul de ce que je peux et de ce que je dois face à cette situation; j'ai été au bout de la demande de conseil, j'ai passé par tous les paramètres de ce que je connais de moi-même et d'ailleurs, je m'interroge et je me livre à l'imploration qui est constitutive pour moi. La réponse que j'en reçois dans la patience à travers ce qu'Ignace appelle le mouvement des esprits, c'est-à-dire le désespoir ou l'espérance active, vient sous la forme d'un appel entendu. Il n'est pas ce que j'ai construit. Il est, dans ce que j'ai construit, une surprise. C'est toujours une surprise, que ce soit par confirmation, que ce soit par ré-interrogation ou remise en question. Là le doigt de Dieu me touche et me blesse. Voilà le moment nouveau qui surgit dans la situation de confrontation entre, d'une part, l'univers de l'annonce et de la lumière évangélique et, d'autre part, la rencontre nécessaire avec tous les hommes. Ce qui me fait chrétien dans cette provocation est la dimension de prière et presque d'imploration acceptée. Je ne suis pas encore qui je suis, et qu'est-ce que Dieu s'il ne me personnalise, sans quoi je ne suis qu'un début de moi-même et rien de plus. Ayant fait un chemin pour entendre la parole dans la confrontation à l'histoire, je ne peux pas rejeter ce qui fait honneur à moi et aux hommes rencontrés et à l'Évangile qui m'est annoncé; ce que je recevrai dans ce que je projette, ce qui me sera proposé de surprenant à la fois comme autre et même, voilà l'action de Dieu et la relation avec lui. Je n'ai pas grand-chose à dire de plus.

Dans la confrontation avec des situations renouvelées là où elles m'atteignent et l'habitation dans un type de méditation de la réalité évangélique, j'en viens au moment où j'implore et rends grâce pour l'appel qui dépassera mon projet mais qui ne peut pas ne pas tenir compte de ce projet, m'obligeant avec une gratuité qui me déconcerte et me confirme. Cette gratuité est le sens de l'inattendu dans l'attendu même, une sorte de pas en avant sur un sol changeant. L'intervention de Dieu est, dans ce cas, une invention que je nomme grâce. Je serais porté à dire : oui, Dieu intervient au sens où je ne décide pas moi-même de ce que j'ai à faire à son service, et où pourtant j'y engage tout ce que je suis. C'est une surprise d'existence dans l'existence.

Je suis très sensible aux auteurs spirituels qui manifestent une forte dimension raisonnable et, en même temps, une expérience de l'inattendu. J'ai souvent fait ma retraite ou mes Exercices avec sainte Thérèse d'Avila. Voyez toute la démarche de cette femme dans le livre des *Fondations*. Cette vie est porteuse de responsabilités, créatrice d'institutions, fondatrice de maisons; un tempérament vigoureux, organisateur, une volonté efficace se manifestent dans cette action engagée. L'action fait partie de son existence. Mais, de façon aussi centrale et importante, elle est passivité à celui qui intervient. Thérèse parle de jouissance de Dieu. Il y a les deux pôles, une intervention gratuite à travers un comportement humain extraordinairement fort et significatif.

Chez mes auteurs préférés, comme les jésuites du Canada, au XVIIe siècle, les écrits du Père Lallemant, je trouve un ensemble de textes extraordinairement et vigoureusement raisonnables — ce n'est pas le langage des Alumbrados — et qui en même temps soutiennent la vie des gens qui sont des mystiques du service, de la souffrance et de l'épreuve. Ils vivent ces conditions dans un état de sensibilité affective et spirituelle profonde, et pourtant ce sont des hommes du XVIIe, de la raison organisatrice au bon sens du mot.

Je retrouve cette dimension dans un tout autre monde, qui ne semble apparemment pas celui de la spiritualité au sens technique, je veux parler des écrits d'un certain nombre de Russes modernes. Dostoïevski ou d'autres sont pour moi une vraie lecture spirituelle. Ce discernement perpétuel se trouve, de façon plus satisfaisante encore, dans des écrits de Soljenitsyne comme *Le Chêne et le veau*. Ce gros volume, qui traite apparemment de débats littéraires, me révèle un être de spiritualité, de discernement, de fidélité spirituelle dans la vérité et le Dieu de la Vérité. Sans que le mot de Dieu soit tellement prononcé. C'est un livre avec lequel je fais retraite.

Les poètes russes comme Anna Akhmatova, Mandelstam sont pour moi une nourriture spirituelle. Ces hommes ou ces femmes ont tracé un chemin, trouvé une expression spirituelle d'hommes croyants ou non. C'est l'aventure spirituelle de gens qui traversent, parce qu'ils la portent, la souffrance ou les épreuves d'un peuple, mais vécue, personnalisée. Ils l'ont traduite par un cri qui est une expression poétique et personnelle si intense qu'elle permet à d'autres, qui sont hors de cet univers, de vivre de leur force. L'épreuve même des hommes qu'ils évoquent, la leur, est traversée, dépassée en quelque sorte, non seulement rachetée mais transformée, métamorphosée au sens fort du mot par la dimension poétique. Comment ne pas être saisi par cette expression où je trouve le rythme et la façon de vivre une épreuve qui est celle d'hommes et de femmes très sensibles à leur dignité, à leur noblesse personnelle, dans un univers secoué de toute façon et livré à une aventure ouverte, non maîtrisée ? Je suis à l'aise avec eux.

Dans Simone Weil, à qui je suis revenu plusieurs fois, on retrouve un peu cette rationalité forte qui en même temps débouche sur l'aventure spirituelle.

7

Les années 50

Le progressisme, une tentation positive

Un nouveau champ de pensée et d'action

Pendant toutes les années de sa formation Jacques Sommet a porté une attention soutenue aux questions sociales et politiques, à ce qu'on peut appeler l'éthique sociale et même une théologie politique. C'est dans ce domaine que s'exercent dorénavant son enseignement et sa recherche.

Après la théologie à Fourvière, puis un an à Rome pour avancer une thèse sur le thème « Église et société », j'ai été aussitôt envoyé à Chantilly pour enseigner ces questions aux étudiants en philosophie de la Compagnie.

J'ai été présent à la fondation de Chantilly en 1950; c'est une date! La maison, un château du XIXe siècle augmenté d'une aile moderne, ouvre ses portes pour accueillir le scolasticat de Jersey. Je fermerai d'ailleurs le scolasticat en 1970, la maison restant un lieu de sessions.

On m'a demandé d'être professeur d'éthique sociale, en traitant notamment les domaines du politique, de l'économie, de la condition ouvrière, de la famille. Des questions aiguës pour la réflexion chrétienne. Il est important de les travailler, avec un vrai sérieux philosophique, pour elles-mêmes et dans les traditions chrétiennes et autres qui les ont affrontées. Ainsi j'ai dû aborder les œuvres de Marx, de Tocqueville dans leur ampleur. Encore aujourd'hui, dans les réunions et sessions, je vois combien il est difficile de ne pas en rester aux sensibilités immédiates, dont je ne mets pas en doute la valeur, à condition de les laisser à leur place. L'effort philosophique et critique sérieux s'impose. Beaucoup de choses se jouent dans ce discernement.

En même temps, Jacques Sommet élabore une théologie de la société, ce qui était un domaine peu exploré encore.

En effet, un retard y est perceptible au niveau des instruments disponibles pour l'analyse. Je dois beaucoup à la pensée spéculative et théologique du Père Henri Bouillard. On sait bien sa puissance critique, son travail sur Barth. Il connaissait bien Kant, Éric Weil et les philosophies contemporaines allemandes.

Mon souci était de relier l'étude de Kant, dans sa perspective idéaliste et critique, avec des problèmes d'histoire. Une réflexion sensible aux thèmes de l'Incarnation et de la Résurrection rend attentif à la dimension symbolique et historique. Dans une pensée actuelle, qui semble de plus en plus sécularisée ou technicisée dans son ordre et se suffire à elle-même, on retrouve l'histoire. Dans la mesure où cette histoire, c'est-à-dire la relation des hommes entre eux, des sociétés entre elles, prend le pas sur une conception de la nature qui considère une humanité abstraite dont le modèle est dans la nature des choses, le champ s'ouvre vraiment à la liberté, qui s'exprime pour les hommes dans la façon de vivre concrètement leur avenir et leur destin.

Pour surmonter avec les étudiants la crise de l'opposition entre science, philosophie et religion, je n'ai jamais trouvé de pistes éducatives aussi efficaces que de travailler les grands auteurs. Beaucoup de jeunes sont plus apaisés dans la réflexion grâce au passage par ces maîtres, en ce qui concerne le rapport de la foi chrétienne et de la raison.

Cet investissement dans la réflexion sociale et politique se prolonge tout normalement par de nombreuses responsabilités.

A cette époque, le Père Villain, alors directeur de l'Action Populaire, m'a demandé une collaboration. Chaque semaine, je venais de Chantilly travailler à Vanves, et l'habitude s'est prise de donner des articles à la revue de ce centre jésuite d'études sociales. En 1952, avec les Semaines sociales de Dijon, j'ai commencé à entrer dans cet univers où j'ai dû intervenir plusieurs fois à des époques différentes. A Dijon, j'ai esquissé une sorte de philosophie de la propriété.

Le Père René d'Ouince, directeur des *Études*, m'a demandé de prendre la succession, sous une forme réduite, du Père Chaillet dans l'équipe de *Témoignage chrétien*, qui commençait une nouvelle carrière après sa clandestinité. Pendant deux ans et demi, en 1951-1953, j'ai assumé cette collaboration, et j'ai gardé une relation dans la suite.

A cette époque, où Jean Baboulène présidait à la destinée de ce journal, je venais tous les vendredis à la réunion du comité de rédaction; je prenais mon après-midi, ou, s'il le fallait, la nuit ou le lendemain matin, pour rédiger quelques papiers pour le numéro suivant.

De multiples activités se situent à cette époque, des rencontres de travail avec des groupes, une retraite aux militants nationaux de la JOC, les relations avec des instituts comme Notre-Dame-du-Travail à ses débuts, le groupe Madeleine Delbrêl et la Mission de France. De différentes et nombreuses sessions avec la Mission de France, je me souviens spécialement d'une réunion où il fallait que je traite de l'Église devant le cardinal Liénart et toute la Mission rassemblée, avec ses interrogations et ses soucis d'orientation. Dans ces activités, j'étais obligé d'être franchement théologien, car on ne me faisait pas venir pour des leçons de philosophie sociale.

J'ai travaillé aussi avec une équipe de chercheurs scientifiques. Je rencontrais le monde des industriels et des techniciens en lien avec les activités du MCC, le Mouvement chrétien des cadres.

Le progressisme, une tentation positive

Par toutes les responsabilités qu'il assumait alors, le Père Sommet a nécessairement été confronté au problème du progressisme, le grand débat de l'époque. S'agissait-il d'une véritable crise qui traversait l'Église ou simplement d'une étiquette commode pour stigmatiser tout ce qui était novateur, en particulier dans les mouvements du monde ouvrier et dans les contacts avec le marxisme ?

Le progressisme est un phénomène réel même si on peut en discuter l'importance. La référence à une certaine spiritualité, la force du mythe positif d'une société à construire à travers le combat ont donné, aux heures de l'oppression, le courage de se défendre, de se battre. Une fois la liberté retrouvée au terme des épreuves de la guerre, la dimension idéologique s'est en effet gonflée; rien ne la limitait plus. Pourtant, on subit alors l'expérience de l'échec au moins relatif des trois partis de ce temps-là, MRP, SFIO et Parti communiste, dans cette construction d'un nouvel avenir. Ils étaient l'expression de gens qui cherchaient à construire cet avenir suivant les grandes idéologies qui se sentaient porteuses de l'avenir proche. On pouvait y distinguer d'abord un horizon marxiste, qui rassemblait les gens les plus motivés dans ce sens. Les communistes avaient déjà dessiné les contours de la cité qu'ils espéraient. Les socialistes, eux, défendaient des valeurs plutôt qu'un projet défini de la cité. Les chrétiens se situaient un peu entre les deux. Le Mouvement républicain populaire tentait de mettre sur pied une vision chrétienne, en même temps politique et constructrice. Les chrétiens du MRP se sont trouvés devant des problèmes difficiles; ils ont cessé très rapidement d'être prophètes. Dans les premières années après la guerre, cette conjonction d'un projet idéal du futur avec telle forme politique a paru plus favorable au style marxiste. Mais le progressisme relève souvent de la facilité mentale à parler de politique en termes de cohérence intellectuelle.

Avant de parler de la condamnation du progressisme, il faut mettre en évidence sa valeur possible. Il méritait plus d'attention. J'ai dit ce qui en faisait une sorte de tentation, mais au sens positif du mot! Pour moi, il reste aujourd'hui encore une question politique sérieuse qui ne se réduit pas à un modèle marxiste. A un moment donné où une société est en état de naissance ou de renaissance, quand à partir d'une épreuve qui l'a presque réduite à zéro, il lui faut refonctionner, réapprendre à faire les gestes élémentaires de la vie ensemble, à ce moment-là est-il possible de se passer de programme fortement unitaire ? Il faut se mettre ensemble, serrer les coudes. Quand un pays part d'une situation de misère et de détresse radicale, peut-il se reformer sans des formes d'unité, où l'autorité forte est une invitation à la croissance pour la liberté ? Cette entreprise ne peut être tentée que dans certaines conditions. Il importe que les sociétés plus évoluées prennent au sérieux ces formes naissantes, qu'elles représentent les exigences de liberté sous forme d'un pluralisme qui s'imposera au bout de quelque temps. Le drame est qu'un certain nombre de ces redémarrages ne réussissent pas, parce qu'on veut passer immédiatement à un libéralisme qui est celui des gens qui ont beaucoup de moyens. L'autre risque est de s'enfermer dans des formes unitaires, au moment où on devrait s'en dégager pour inventer une pluralité d'expressions dès lors que les moyens existent. Nous sommes devant la question politique, importante pour moi, de la façon de traiter les violences originelles de toute naissance. Raymond Aron insistait beaucoup sur ce point : aucun pays ayant fait une révolution de ce type n'a pu en sortir par lui-même vers des voies humaines.

Deux choses sont à retenir à ce sujet. D'abord que l'histoire d'un peuple n'est pas l'histoire d'un courage isolé, que cette situation crée des devoirs pour ceux qui sont autour. Deuxièmement, même si elles n'ont pas réussi jusqu'ici, des tentatives existent cependant; elles montrent au moins que ces situations de départ ne sont pas toujours de soi un emprisonnement. Je ne veux pas justifier le régime marxiste comme tel. Je dis seulement que des formes de contrainte, d'unité, sont peut-être nécessaires à la naissance et dans des situations de fragilité pour s'en sortir. Elles sont des obligations au début et ne paraissent pas inhumaines. Elles deviennent inhumaines à partir du moment où les hommes sont capables de choisir entre eux, de se diversifier, de se reconnaître. Il faut avoir suffisamment de pain à manger pour pouvoir se mettre autour de la table et partager ce pain. Jusque-là on le distribue mais on ne le partage pas. Le moment vient où on doit le partager. La Tchécoslovaquie était arrivée à ce moment de partage, d'invention nouvelle, de sagesse, avec Dubček; c'est de l'extérieur que l'évolution a été brisée. La relation extérieure n'a joué que pour le blocage, elle n'a pas été une aide.

Nous ne restons libres, hors des pièges de la consommation et de l'abondance d'un moment, que si nous prenons en charge les gens qui sont dans une situation difficile. Cette considération ne vaut pas seulement pour le rapport de nation à nation, elle concerne aussi les relations de groupe à groupe; elle vaut par exemple à propos de la condition ouvrière. Les phénomènes de violence sont inéluctables, j'entends par là les phénomènes de naissance dure d'un groupe humain, au moment où il passe d'un risque de mort à la tentative pour vivre, dans quelque domaine que ce soit. Mais il n'y a pas d'avenir possible sans que les groupes voisins ne passent au partage. Un groupe humain ne parvient pas au modèle parfait tout seul. En même temps, il existe, pour celui qui est arrivé à la prospérité, le risque de sombrer dans l'abondance, de considérer que le développement est sa propriété. Quand le partage ne se fait pas, les deux meurent, celui qui s'enferme dans le totalitarisme, celui qui s'aliène dans son progrès.

Évitons de suggérer comme spontanément que le pouvoir marxiste contient des abus tandis que les autres gardent les avantages et les mirages de la liberté. Il existe des pays dont l'organisation est assez totalitaire et qui ne sont pas de régime marxiste ni sous la coupe de l'URSS : les régimes réactionnaires d'Amérique latine. Officiellement ils se présentent comme des pays libres, mais ils n'admettent pas la possibilité de deux syndicats. Le pouvoir américain, quand on le voit à l'extérieur et non pas à l'intérieur des États-Unis, est par son style, moins dur que celui de l'URSS; mais il n'est pas toujours porteur de liberté. Certaines nations, devenues indépendantes, ont parfois pris un modèle aussi dur que les grands. Je pense à Taïwan, à la Corée du Sud... Dans ces différents pays, les gens que je rencontre, les corps de santé, les instituteurs... rêvent, au nom de la personnalité qu'ils se sont faite, de leur instruction et des responsabilités locales qu'ils exercent, d'un régime de plus grande liberté, non plus du parlementarisme à l'anglaise du siècle dernier mais du pluralisme que nous vivons, nous Européens, en boitant un peu. Ils souhaitent être libérés de la sujétion à un pouvoir absolu. Et ils cherchent à entrer en dialogue avec nous.

La proposition absolue, apparemment téméraire et gratuite, que j'ai formulée souvent : la liberté naît d'elle-même, cette proposition reste vraie, mais dans le jeu de l'histoire. Il importe de l'introduire dans l'histoire pour que la liberté existe toujours.

Mais revenons au « progressisme » des années d'après guerre. Pour des chrétiens de bonne volonté, là où ils se trouvaient, le progressisme signifiait d'une certaine façon le marxisme. Il fallait faire partie du syndicat qui, dans ce milieu, était parfois le seul existant. Le progressisme a engagé des combats intellectuels et des problèmes d'alliance pour l'action, au moins par réalisme et efficacité.

La critique du marxisme représentait pour moi un engagement important, et quand je dis critique j'entends discernement. Il n'y a pas de politique sans un exercice critique de réflexion, de dissociation, d'éducation très important. Il faut faire de l'éducation politique active tous les jours.

Il ne suffit pas d'analyser les concepts mais il faut exercer cette réflexion ensemble dans l'action même. On dira : l'action pousse à la simplification; ce n'est pas nécessaire ni fatal. L'action nous met devant des options à prendre. Je me souviens d'exemples assez intéressants de confrontation difficile. C'était à Ivry. Pour certaines actions, il fallait que les chrétiens, qui représentaient le groupe des non-communistes, prennent le parti de marcher avec les communistes pour des objectifs sociaux. Le danger existait de se faire récupérer. Une fois qu'on avait passé par une action de ce genre, il semblait qu'il n'y avait plus moyen d'être ailleurs, de lutter autrement et de garder une liberté. En réalité, on pouvait réaliser une action commune avec les communistes, mais il ne suffisait pas de faire confiance purement et simplement — c'eût été de l'enfantillage. Il y avait à prévoir des temps de critique, de mise au point et éventuellement de séparation. La démarche rationnelle doit être claire et ouvrir toujours sur un choix possible.

L'Église catholique, sans doute culpabilisée de n'avoir pas été assez courageuse ou clairvoyante face au nazisme, met du temps pour réagir publiquement. Mais après 1950, elle exprime nettement la méfiance envers le partage de la vie syndicale avec les marxistes, l'adhésion au Parti communiste, puis envers ce que nous appelons le progressisme. Et on bloque, dans un même mouvement, les tendances plus ou moins progressistes du combat politique avec les marxistes et la nouvelle théologie. Tout ce qui est socialement et culturellement novateur suscite la méfiance de l'institution ecclésiale, j'allais dire, une fois de plus.

A cause des interrogations dont j'ai parlé tout à l'heure, une réaction contre le progressisme était légitime. Je veux dire l'effort critique intérieur à l'action. Je regrette dans une certaine mesure que du côté chrétien, du côté de l'Église même, on soit intervenu un peu trop tard et sous des modes qui bloquaient les choses. Un effort d'éducation entrepris plus tôt aurait empêché les gens de devenir les simples instruments d'une force qui peu à peu l'emportait.

Sous le même mot de progressisme et sous le même effort, étaient présents des gens lucides, perspicaces, qui faisaient les actions de rupture et les reprises quand il le fallait et puis ceux qui suivaient naïvement. Mais puisqu'on les trouve dans les mêmes actions et les mêmes réunions, la condition ou l'interdiction portent sur l'ensemble. On le verra aussi pour les prêtres-ouvriers, dont certains étaient les témoins de l'intelligence critique dans l'action même et ne se sont jamais laissé mettre la main dessus; ils ont exercé constamment une action à la fois concrète, faire face à la misère et aux difficultés et faire face aux risques et aux annexions. Quand on veut donner un coup d'arrêt, on bloque l'ensemble ; il est peut-être difficile de faire autrement.

La peur n'est jamais tout à fait bonne conseillère. Un retard a été pris. La présence critique, dès le début, n'a été ni assez courageuse ni assez lucide probablement chez certains. Quand un retard se prend, un corps constitué comme l'Église ne sait plus comment rattraper, sinon par une sorte de diktat à un moment donné, par une coupure, mais qui touche ensemble les gens qui ont manqué de lucidité ou de réaction et d'autres dont la présence fut critique, réfléchie mais efficace. Il est difficile de juger de l'opportunité d'une interdiction.

Mission ouvrière, Mission de France, prêtres-ouvriers, Témoignage chrétien, *Action Populaire..., voilà les domaines où Jacques Sommet est présent. Mais de quelle manière et pour quoi faire ?*

Il y a des présences événementielles qui tournent autour de quelques fidélités. Dans la suite des étapes précédentes, il m'est resté ceci : là où les gens vivent dans une existence menacée et incertaine, c'est souvent l'endroit où l'on rencontre ceux qui ont un certain rêve de l'avenir. Les hommes qui vivent dans une condition instable et menacée, qui essaient de renaître, d'établir un fonctionnement normal de justice, sont des hommes d'abord essentiellement fragiles et menacés, si violemment qu'ils crient et qu'ils agissent. Pour eux, l'existence de demain n'est pas assurée, pas même comme celle qu'ils ont aujourd'hui. Ce sont des gens qui risquent toujours de basculer. Et, en même temps par fonction de compensation, ils vivent normalement des rêves un peu fous, impossibles à réaliser, une espèce d'eschatologie dont il faut tenir compte. C'est le signe de l'humanité qui reste en eux; ce sont des valeurs dont je ne puis supprimer l'horizon. Quand un homme est dans une situation menacée, je dois avoir le plus grand respect pour ce qu'il dit, même si ce qu'il dit paraît en réalité déraisonnable au regard des gens raisonnables entre eux et qui sont à l'aise pour tenir un langage raisonnable, structuré, logique, littéraire. Dans le langage du progressisme, il y avait beaucoup à entendre dans la mesure où s'exprimaient des gens qui étaient dans une situation menacée.

Ce que disent et pensent ces gens plus menacés, je ne l'ai pas appris par les journaux, je l'ai entendu sur le terrain, d'abord en déportation puis dans les rencontres avec les laïcs, chrétiens ou non, membres du PC, etc., autour de l'Action Populaire. La collaboration avec *Témoignage chrétien* représente une aventure concrète, faite de la rencontre avec des hommes, notamment des syndicalistes, et pas seulement des discussions en équipe de rédaction.

L'épreuve des prêtres-ouvriers

Avec la Mission ouvrière jésuite, j'ai gardé une présence continue et fraternelle, et les questions des prêtres-ouvriers étaient profondes. Les liens permanents avec Jean Lacan, mort depuis, sont importants pour moi. Même quand je vivais à Lyon et à Marseille, je l'ai rencontré chaque fois que je montais à Paris, à peu près tous les mois. J'ai participé à de nombreuses sessions où le débat théologique de l'homme au travail, de l'homme en condition de la violence, de l'homme devant les options, est le problème par excellence depuis trente ans.

En 1953, au moment où je suis nommé recteur de Fourvière, les prêtres-ouvriers sont contraints d'interrompre leur mission. C'était une question redoutable pour moi, d'autant plus qu'un certain nombre de prêtres-ouvriers jésuites ont été repliés de Paris sur Lyon pour se donner la possibilité de réfléchir. Certains ont été déstructurés par la violence venant de la décision spirituelle à prendre. Peu de jésuites ont quitté la Compagnie à ce moment-là et pour cette raison. Quelques-uns ont demandé le changement d'affectation, pour l'Afrique par exemple, ne pouvant pas vivre dans les conditions qui leur étaient proposées. D'autres ont fait le gros dos, ont attendu dans les conditions qui étaient imposées avec des marges plus ou moins larges; les uns sont devenus curés de paroisses en « bricolant » de droite et de gauche dans des conditions difficiles. Aux yeux de certains, c'était une trahison. D'autres ont vécu dans la confiance que les prêtres pourraient un jour reprendre le chemin de l'usine. D'autres encore ont laissé leur vie dans ce choc, tel Joseph Lorgeril. Il y a eu ceux qui n'ont pas pu suivre.

Quand on est désavoué par l'Église dans un choix essentiel, il n'est pas facile de savoir quelle est l'attitude juste, et cela en conscience même.

Pour le problème de la conscience devant des situations de ce genre, j'essaie d'être réaliste. Un ordre arrive. C'est un fait. A un moment donné il est inéluctable. Si je suis immédiatement atteint, au nom de la conscience, je puis demander de travailler ailleurs. Ainsi si je ne puis enseigner à l'opposé de ce que je vois et comprends, je puis demander une autre activité. On travaille finalement à l'Église là où l'on est.

Je puis être choqué par la décision ; il peut être évident à mes yeux qu'elle n'est pas justifiée, qu'elle est néfaste; il reste alors une réaction qui peut être d'humilité mais en même temps de ténacité. Elle consiste à me dire que je n'ai pas fait mon travail de relation entre les deux pôles. Nous avons été timides et avons pris des retards dans l'explication. Ce n'est pas une raison pour considérer les deux positions comme définitivement inconciliables. C'est le moment de se mettre au travail, il n'est jamais trop tard pour bien faire. En ce sens, l'histoire est réversible. Il n'est jamais trop tard pour se mettre à plusieurs à penser et prier d'autant plus sérieusement, à un second degré. Reprendre les choses, voir ce qui a pu être oublié. Des insuffisances sont peut-être à détecter d'un côté; de l'autre, des progrès d'élucidation sont à faire. Avec le courage et la nécessité d'entrer patiemment en relation avec les deux côtés.

A partir de situations aussi radicales, qui exigent des sacrifices, en tout cas des ruptures de la part de quelques-uns, cet effort de réflexion, d'approfondissement, de renouvellement de la question est à faire à long terme, pas seulement dans son cabinet avec ses livres mais dans les relations avec les hommes des deux côtés. Retrouver les voies de la confrontation fraternelle dans une solidarité ecclésiale.

La reprise des prêtres-ouvriers a été préparée par des efforts de ce genre; sinon elle n'eût pas été possible. Dans tous ces problèmes de conscience, je suis « espérant ». Je me refuse à penser que la question est terminée. Ce qui est fini, c'est peut-être une étape. Pour les prêtres-ouvriers, la porte de bronze semblait bien fermée, elle fut rouverte au bout de quelques années. Je n'oublie pas pour autant les redoutables blessures du cœur, et l'épreuve de la solitude a été parfois bien longue. Mais, finalement, parce que les recherches et les relations ont été continuées, la nouvelle mise au point et la reprise ont signifié un progrès et non pas une sorte de compromis. Cependant l'échec aussi eût été possible, il ne faut pas l'oublier.

Les prêtres engagés avec leurs camarades dans les usines et les ateliers étaient acculés à une rupture de leurs solidarités; ils devaient avoir le sentiment de lâcher ou d'abandonner les autres ou de passer pour des lâcheurs. Une trahison de quelque manière. En essayant de concilier l'inconciliable, n'est-on pas un faux frère aux yeux de ceux qu'on abandonne ?

Quand la solidarité a été grande aux moments difficiles, il ne s'agit pas tout de suite de trouver des solutions, mais de vivre la Passion.

L'épreuve a été dure pour mes frères jésuites, puisqu'ils ont été les premiers obligés de s'aligner. On leur a demandé de le faire tout de suite. Ils l'ont fait. Il n'y a pas eu de séparation de la Compagnie à ce moment-là; il y en a eu après, pour des raisons diverses qui sont des raisons personnelles. D'autres prêtres ont quitté à ce moment. Une rupture s'est faite entre ceux qui ont pris une option différente et bien des blessures demeurent jusqu'aujourd'hui. A ce moment-là, j'ai vu des liens demeurer pourtant de personne à personne, quelquefois avec le responsable, quelquefois avec d'autres. J'étais responsable des prêtres-ouvriers jésuites.

Grâce à ces liens, des responsables comme le Père Voillaume, le Père Loew, les responsables de la Mission de France et de la Mission de Paris, ont pu être efficaces lors de la reprise de l'expérience dix ans plus tard, au moment du Concile. L'archevêque de Paris, Mgr Veuillot, a joué un rôle important. Il apportait beaucoup de conviction, une grande netteté de propos, un rapport assez immédiat pour les solutions juridiques et spirituelles en termes bien précisés, trop précisés il est vrai pour certains. Nous avons été réunis par des responsables de Congrégations romaines avec deux sinon trois évêques français. Le cardinal Ottaviani était mêlé à la chose, un peu contraint d'ailleurs, parce qu'il était aussi présent aux décisions d'arrêt dix ans plus tôt.

La transformation de la vie ouvrière

Entre-temps la condition ouvrière a passé par une mutation importante; la place du monde ouvrier dans l'Église a-t-elle trouvé une nouvelle forme, comme le suggère l'expression devenue classique alors : faire naître l'Église en monde ouvrier ?

J'ai suivi les deux étapes importantes de la mutation du monde ouvrier depuis la Libération. On passe le seuil d'un premier relèvement dans les années 1954 à 1957. Jusque-là, la reconstruction exige beaucoup des ouvriers. La pénibilité du travail, la faible rémunération sont des faits. On a pu supporter l'épreuve quand le peuple était tourmenté par la guerre et luttait pour changer les situations. On est courageux devant un avenir commun à court terme ou un risque partagé. On accepte qu'il faille fournir un grand rendement avant d'exiger le respect des droits qu'on se sent justifié de revendiquer mais dont on sait que la satisfaction n'est pas possible dans l'immédiat. La tâche à faire tient lieu d'idéal et de sens pendant quelque temps au moins ; le développement des idéologies pouvait même être le voile de la résignation.

On passe ce seuil de pénibilité extrême dans les années 1954. La conscience ouvrière renouvelle son expression au niveau syndical. Le monobloc CGT est moins compact. La CFTC, qui représentait surtout les individualistes moralisants aux yeux des autres, est en évolution. L'action qui va conduire au pluralisme syndical est une étape très importante. Non seulement on peut choisir entre deux syndicats, mais nous assistons au développement de plusieurs conceptions différentes de ce que sera la vie du monde des travailleurs pour demain. L'apparition de la CFDT, comme porteuse d'une analyse plus critique, parfois jusqu'à des excès, met en question la coïncidence trop habituelle entre les problématiques marxistes et les problématiques du monde du travail. Eugène Descamp a joué un rôle de grande importance à ce point de vue. La CFDT donne certes une certaine importance à la pensée théorique en ce domaine. Les chrétiens s'engagent dans une pensée où la dimension laïque est plus intégrée.

A ce moment-là, la condition ouvrière change en France. Les différents niveaux du travail vont se distinguer les uns des autres : le travail manuel de base n'est plus le seul repère de la production, la seule origine de la plus-value. Le « tertiaire » se développe à grands pas. Les appareils de la CFDT en tiennent compte et l'expliquent au niveau théorique. Je ne plaide pas ici pour l'excellence des solutions de la CFDT; ce n'est pas mon affaire, mais je constate l'importance de son apport.

Cette période est une période assez prodigieuse avec une croissance de 5 à 6 % par an, une période pleine d'illusions parce qu'on croit que le progrès est désormais irréversible à travers ce système, lié au développement de la consommation, au développement de la complexification technique, de l'intégration des sciences et des recherches dans la pratique industrielle courante. Une grande mutation du monde du travail est commencée.

Il faut bien reconnaître que l'Église reste un peu prisonnière de sa crainte du marxisme, là où il a relativisé son monolithisme. Elle renforce alors les signes extérieurs, sinon la réalité, de ce qui manifeste sa présence aux travailleurs par la vie des grands mouvements : JOC, JOCF, etc., la création de l'ACO pour le monde adulte, etc. Je continue à penser que l'Action catholique a une valeur inestimable. Mais je vois naître beaucoup plus difficilement, dans le milieu des militants ou des évêques, une attention soutenue à la métamorphose de la modernité, sauf peut-être dans le MCC (Mouvement chrétien des cadres).

On ne voit pas assez nettement que le monde ouvrier n'est plus le même et la remarque vaut pour le monde dit patronal. Des secteurs de cohérence se forment entre des hommes, des secteurs qui les regroupent en franchissant les barrières ou les limites qui avaient cours jusqu'ici. Prenons un exemple simple du monde rural; il est fait aujourd'hui de la solidarité mettons des agriculteurs bretons et des techniciens d'un bureau de Paris qui, sans jamais voir une vache, travaillent sur des modèles informatiques. C'est une solidarité de fonction, non pas de classe et de milieu. Un habile mathématicien, formé de façon scientifique, passe sa vie à intégrer les paramètres qui permettent de traiter comme il faut la relation des vaches, des veaux, de leur nourriture et de la production du lait! Il y a, par transformation technique et par les conséquences affectives des transformations techniques, une métamorphose des solidarités.

Ajoutons le problème des migrants. La ville d'Ivry est l'exemple étonnant d'une ville unifiée par le Parti communiste. Les chrétiens sont d'ailleurs présents très fortement. D'abord les hommes tendent à être du même type, ouvriers d'usine avec le contremaître. Se dégagent peu à peu les agents de maîtrise et les gens de formation presque du niveau ingénieur. C'est le temps de la pertinence extraordinaire des écrits de Madeleine Delbrêl : *Nous autres gens des rues*, après *Ville marxiste, terre de mission*. Je retrouve aujourd'hui à Ivry, pour travailler avec elle, une petite équipe de la Mission de France; la situation est toute différente.

Nous sommes devant une espèce d'explosion, de nouvelles solidarités se forment. Les militants du Parti tout à fait engagés ne sont qu'un petit groupe; il est très fortement divisé sur la question des migrants. La ville est divisée. Le Parti lui-même est divisé. L'aspect idéologique qui se développait par les « cellules » s'est restreint. Ici les migrants ne sont pas reconnus comme les autres, n'ont pas les mêmes droits. Dans cette ville, il y a aussi un groupe important de marginaux, comprenant des fils de bourgeois; des jeunes qui ont fait un an de licence et ne savent plus où aller. Ils sont sans rien, ne savent pas ce qu'ils feront. Ils se débrouillent, ils occupent des maisons dont les propriétaires ont renoncé à tirer des revenus de location; l'électricité est coupée. Ajoutez des usines vides. Voilà des gens issus des transformations de la société. Ce n'est pas la transformation monolithique et univoque du progrès, de la condition ouvrière, de l'accession à des conditions meilleures. Nous sommes en présence d'éclatements venus d'ailleurs. Dans le monde ouvrier qui demeure, des évolutions se sont faites; les fils sont quelquefois médecins ou ingénieurs. Le même esprit de classe ne peut plus fonctionner.

La Mission ouvrière est consciente du problème. Jusqu'à quel point est-elle faite pour le monde ouvrier issu du modèle militant ouvrier classique, du syndicat, ou devra-t-elle inventer des formes variées ? Quelle unité lui restera ? Peut-elle en particulier atteindre le secteur des chômeurs à vie, en même temps que des tertiaires ? C'est l'objet de grandes tensions dans la Mission ouvrière et autour d'elle.

8

L'éducation spirituelle :

Dieu fait signe dans l'histoire

Recteur de la faculté de Fourvière

Le 31 juillet 1953, le Père Jacques Sommet est nommé recteur de Fourvière, la prestigieuse faculté théologique jésuite, qui est encore, à ce moment, sous le choc d'événements graves. Son rôle est celui de supérieur religieux de la maison.

J'arrive à Fourvière non sans quelque appréhension. La maison est dans une situation difficile. Quelques brèves années seulement se sont écoulées depuis qu'a été éloigné de Fourvière, par intervention de Rome, un groupe de professeurs, de vrais théologiens, les Pères de Lubac, Ganne, Bouillard, Durand et, un peu plus tard, Rondet. On a parlé de « charrette ». L'horizon est très vide. Pour mon bien et celui de tous, le Père Jacques Guillet, qui est là depuis quelque temps déjà et enseigne l'Écriture sainte, est, à ce moment, vice-recteur et directeur des études.

Le monde de l'étude dans notre maison de Fourvière est donc éprouvé. Le corps enseignant paraît décapité. Nous nous sentons menacés de devoir fermer la faculté si nous ne réussissons pas à mettre debout un corps professoral reconnu par les autorités supérieures. Nous devons utiliser au maximum le corps de professeurs qui demeure sur place et qui, heureusement, compte quelques éléments relativement jeunes. Et un an ou deux ans plus tard arrivent des hommes dont les noms sont désormais connus : les Pères Martelet et Moingt.

En conséquence de l'encyclique *Humani Generis*, Fourvière n'est pas très bien en cour à Rome, au Vatican. L'encyclique était largement motivée par les positions qu'on attribuait aux théologiens qui venaient d'être écartés.

Pour faire court, c'est « la nouvelle théologie », l'école théologique de Fourvière, qui est particulièrement visée, tout le monde le dit. Cette école a-t-elle existé ?

Il y a des traits communs entre les travaux de ces hommes. Le plus connu d'entre eux, le Père Henri de Lubac, tient une place importante parmi nous par les livres qu'il a publiés; cependant il n'enseigne pas à Fourvière même mais à l'Institut catholique. Le Père Henri Bouillard, directeur de la collection « Théologie », est au premier plan. A ce moment-là, Fourvière est constitué en équipe au service d'un travail théologique dans une perspective inspirée de haut et dans l'ombre par le Père Fontoynont. Celui-ci a été, avec les Pères de Lubac et Daniélou, l'initiateur de deux collections : « Sources chrétiennes », qui publie et traduit, en les introduisant et en les annotant, les grands textes patristiques, et « Théologie » consacrée à la réflexion théologique et, pour l'essentiel, à l'interprétation des grandes œuvres chrétiennes, patristiques, médiévales, modernes. « Théologie » est lancée par *Conversion et grâce chez saint Thomas d'Aquin* d'Henri Bouillard. *Catholicisme*, du Père de Lubac, a paru avant-guerre dans « Unam Sanctam », collection des dominicains au Cerf.

La pensée de ces hommes cherche à reprendre et à dépasser les problèmes actuels en remontant aux sources. Une doctrine du surnaturel, une grande proximité avec la philosophie de type blondélien sont les perspectives majeures, diffusées par les Pères Auguste Valensin et Yves de Montcheuil. Ils essaient de repenser le rapport de la grâce avec la réalité et l'histoire humaines. La dimension surnaturelle du message chrétien n'y apparaît pas comme une superstructure presque artificielle de la « nature », comme chez tant de théologiens du siècle dernier. Je ne crois pas pour autant que ces penseurs de la foi donnent prise au reproche de naturalisme qui leur est appliqué, bien au contraire. Le *Surnaturel* du Père de Lubac, qui provoque tant de débats, exprime fortement la gratuité du surnaturel. On a reproché aussi au Père Bouillard de fréquenter la théologie protestante, notamment la pensée provocante de Karl Barth et de donner de saint Thomas une interprétation « historique », en le situant dans le contexte culturel et théologique de son temps. On craint que cet éclairage par l'histoire ne relativise la théologie thomiste, dont beaucoup considèrent la formulation comme définitive et normative.

On craint que la nouvelle génération de théologiens ne voie dans la foi que la simple exaltation de la raison, si approfondie qu'on la pose, mais maîtresse par elle-même de cette dimension infinie. L'accusation confine au paradoxe : c'est à la qualité de votre raison que vous devez l'analyse de la démesure que vous reconnaissez dans votre foi. En réalité, nous sommes sur une ligne de crête où est engagée l'histoire non seulement mystique mais sociale.

Le drame est que l'irruption de toute une jeunesse dans une région de l'Église se manifeste à un moment où les centres officiels de production théologique, à Rome ou ailleurs, ne sont pas tellement vigoureux. Ambiguïté étrange : cette insistance sur la démesure du don fait par Dieu à l'homme, sur la démesure de l'homme pris dans la démesure du don de Dieu, cet appel au renouvellement de l'homme, coïncident avec un moment où l'Église, bloquée dans ses problèmes, apparaît en retrait sur le monde moderne. Cette théologie est prise comme cible par des critiques qui la soupçonnent de goûter la nouveauté pour elle-même. Alors qu'elle veut vivre dans l'histoire, elle se trouve accusée d'abstraction!

Il est difficile aujourd'hui de réaliser le reproche que subissent alors ces hommes, puisque plusieurs de ces suspects participeront, dix ans plus tard, de façon positive et inventive, aux travaux de Vatican II. On a peine à échapper au sentiment que les appréhensions antérieures devant les questions du modernisme viennent de reprendre corps. Pusillanimité aux conséquences redoutables, alors que les fidélités passées et les fruits recueillis démontrent la vérité du travail accompli.

Des étudiants jésuites devant l'épreuve

Me voilà donc pour six ans dans mon rôle, face à 140 scolastiques (on appelle ainsi les étudiants religieux), de jeunes hommes qui approchent de la trentaine, qui ont souvent déjà passé par des formations assez complètes. Tous ont étudié la philosophie. Certains sont même déjà spécialistes, par exemple en ethnologie ou en linguistique, dans la perspective du développement de notre présence en Afrique ou en Asie, dans l'immédiat après-guerre. Ceux qui sont destinés au Proche-Orient ont travaillé l'arabe. Tel autre s'est initié au chinois.

Ces jeunes sont là normalement pour quatre ans. Au terme de la troisième année, ils seront ordonnés prêtres. Ils sont d'origines et de nationalités diverses : de France certes; mais aussi du Proche-Orient — Libanais, Égyptiens et Syriens; un groupe américain non négligeable, les premiers qui ont eu le courage de venir faire des études en France après la Seconde Guerre mondiale; quelques étudiants d'origine suisse, dont certains trouveront là un souffle missionnaire.

Ces six années de pèlerinage avec ces 140 jeunes hommes seront traversées de deux épreuves. La première est précisément la situation difficile du point de vue de la liberté de pensée. Heureusement, ces religieux ont des professeurs intéressants. Ceux-ci sont fidèles à ce qui leur a été demandé. On ne pourra jamais les considérer comme des « faux jetons », qui disent oui et font non. Pour autant, ils ne mettent par leur raison dans leur poche. Un changement d'accent dans le travail va favoriser une liberté réelle et insoupçonnable : les exigences de l'Écriture sainte. Malgré de très bons maîtres, les Pères Pautrel, Lefèvre, Mollat, l'exégèse n'avait pas tenu, jusque-là, à Fourvière une place dominante. Responsable des études et exégète, Jacques Guillet favorise le dynamisme de ces disciplines pour l'Ancien et le Nouveau Testament. L'encyclique libératrice pour les études bibliques, *Divino Afflante Spiritu*, a été publiée en 1943. C'est la belle période d'exégèse lyonnaise où l'on rencontre aux Facultés catholiques des professeurs comme Albert Gelin, Augustin George. Dans ce climat, se constitue une nouvelle équipe exégétique à Fourvière. Le Père Paul Beauchamp, qui a dû renoncer aux perspectives de la mission de Chine, alors interdite, accepte de s'engager dans ce mouvement.

La deuxième épreuve difficile pour ces jeunes hommes tient à la suppression des prêtres-ouvriers en 1954. Une douzaine d'étudiants, sinon plus, sont déjà déterminés, avec l'accord de leur supérieur, pour un avenir de prêtre-ouvrier. Les autres, futurs missionnaires, s'inspirent des mêmes recherches.

J'ai reçu l'information sur l'arrêt de l'expérience des prêtres-ouvriers un soir par un billet du provincial. Pendant le repas, j'ai aussitôt annoncé des nouvelles sérieuses que je tenais à exposer immédiatement. Il était demandé à la Compagnie — c'est souvent le cas dans l'histoire — d'obéir tout de suite. Ce fut un moment délicat des relations avec l'autorité supérieure. Ces jeunes religieux ont donc réagi. J'avais l'avantage d'être jeune, moi aussi. Il fallait avancer dans une construction patiente de l'avenir, se fonder sur l'espérance.

Deux pistes s'ouvrent alors pour soutenir les hommes en cause, au milieu de leurs difficultés intellectuelles et apostoliques.

1. En premier lieu, déborder les chemins barrés, non pour biaiser avec le devoir, mais pour trouver des voies possibles : vivre en proximité des hommes en insistant sur la présence, au nom du travail, par toutes les voies possibles : science, dialogue, travail pratique. Cela suppose une certaine conception de la Compagnie et une reprise de ses sources. Tous les mois, je parle à tous sur des points fondamentaux en relation avec les origines mêmes de la Compagnie. Il importe d'y revenir, de reprendre les textes forts — et il y en a —, de nourrir une attitude positive et espérante à travers les difficultés actuelles, sans en faire fi.

2. Faire chemin avec ces jeunes de façon aussi poussée et personnelle que possible. Professeurs et étudiants réunis, nous sommes 180; j'essaie de recevoir chacun, de mettre les jeunes davantage devant leur vérité — eux d'ailleurs ne se privent pas de « m'attraper » par moments sur certains points et avec vigueur. Certes, je suis l'autorité; même si je ne suis pas autoritaire de tempérament, je n'hésite pas à décider, même quand il faut demander à quelques-uns de quitter la Compagnie, nullement pour des raisons de moindre valeur ou de moindre fidélité, mais simplement pour l'authenticité de chacun. Je m'appuie sur « l'ouverture de conscience » traditionnelle dans la Compagnie. Dans ce rapport entre le supérieur et le religieux en formation, il faut décider avec lui, chacun à sa place, si le sacerdoce de la Compagnie lui sera proposé. On dispose de trois ans pour y arriver. Au-delà des questions personnelles à régler, il y a aussi à discerner le choix d'un ministère et le choix des études qui y préparent. Je parle seul à seul avec ces étudiants longuement, au moins deux fois par an, de leur existence la plus personnelle, dans une confiance réciproque sur les points fondamentaux. La rencontre est toujours possible.

Pour les professeurs et les jeunes, c'est une époque de mise en question assez fondamentale quant à la foi, l'Église, la lecture de la Bible, les problèmes d'intelligence et de critique. Sur ces sujets, il y a sans doute échanges et débats, au moins

entre professeurs. A ce moment, ne se demandent-ils pas ce qu'ils ont le droit de dire et éventuellement même de penser ?

Entre les professeurs, les échanges sur ces sujets commencent plutôt discrètement après les « douches » qu'on vient de recevoir ! Ceux qui restent savent qu'ils peuvent se faire confiance, tout en respectant ceux qu'on a éloignés. Il n'y a pas de suspicion mutuelle. Peu à peu les échanges reprennent plus d'importance. Les jeunes scolastiques témoignent d'un sérieux de réflexion et d'existence déjà assez mûries et stables. Leurs questions ne visent pas à mettre face à face des idéologies théologiques.

J'éprouve alors ce qui me semble une sagesse organique de la Compagnie ; à travers toutes les situations elle fait affleurer les responsabilités des hommes, responsabilités de l'action, de la pensée, de la réflexion. Ainsi les disciplines ethnologiques et linguistiques permettent de traverser des zones difficiles où le matériau théologique a été raréfié ; elles enrichissent ce qui reste. Perrin, Calvez, Costes, Paul Beauchamp sont étudiants sur place et travaillent la philosophie de la pensée sociale, probablement à cause de la montée d'une croissance économique sans précédent. Jean-Yves Calvez a déjà publié sur Marx, travaillé le russe, composé plusieurs ouvrages sur des problèmes juridiques internationaux, quand il arrive en théologie. Il juge absolument naturel (et nous aussi) de mettre sept ou huit compagnons au travail avec lui pour aboutir à un livre, qui est encore aujourd'hui une somme sur l'enseignement économique de l'Église. Plus tard, quelques-uns des étudiants de cette époque sortiront cependant de la Compagnie, mais pour des raisons plutôt doctrinales ou affectives que pour des raisons de foi proprement dite.

Le formateur, celui qui marche à côté

A cette époque, la mentalité change profondément pour ce qui concerne la formation ecclésiastique, surtout dans le domaine spirituel.

A cette période de Fourvière, je trouve des hommes très sensibles à ce qui est proprement spirituel, qu'il s'agisse de l'ensemble du groupe ou des individus. Ils partagent aussi le même souci spirituel de la Compagnie. Nous retrouvons le climat des origines où la prière, le discernement et la discussion sont mêlés. Cette situation est assez significative de l'aventure de l'Église de France, d'une nouvelle sensibilité qui n'a pas encore trouvé son langage.

Le formateur joue un grand rôle dans la décision de vie, et d'abord sur le choix de son avenir, que fait l'étudiant en théologie, placé devant l'engagement du sacerdoce.

Chacun de ces jeunes vit de la vie de la Compagnie. Il a jugé et on a jugé qu'il y a été appelé. Une question grave lui est posée : êtes-vous fait pour y rester ? C'est une question que je ne pose pas négativement. Dès le début des relations avec ces hommes, je suis obligé en conscience de me demander si la formation de la Compagnie est pour eux un passage vers ce qu'ils doivent être. Il ne s'agit pas seulement de garantir la qualité et l'avenir du corps social qu'est l'institut religieux. Ces hommes ont droit à la franchise et ma responsabilité première est de les aider à se former. L'originalité de chaque personnalité mérite d'être reconnue et respectée. Des difficultés, parfois sérieuses, peuvent venir aussi de l'individu. Il s'agit de découvrir et d'inventer les chemins à prendre. Quelles que soient ces difficultés, à part quelques défaillances évidentes à sanctionner, c'est un choix positif qui est en cause.

Pendant trente ans j'ai eu, à côté d'autres et pas plus qu'eux, une responsabilité de formation surtout intellectuelle, responsabilité de communautés et d'individus comme supérieur, responsabilité d'animation intellectuelle dans une grande ville comme Marseille.

Mais je n'ai jamais été seul. Exercer cette tâche d'accompagner, c'est aussi une façon d'être accompagné. Je tiens beaucoup à faire jouer la relation « sujet/supérieur » à l'intérieur d'un rapport de confiance où l'on retrouve des perspectives tout à fait fondamentales : l'autre autant que moi est fils de Dieu et habité par une grâce imprévisible, par une aspiration dont je ne suis pas maître. Les exigences d'une formation se situent dans une perspective non seulement apostolique mais spirituelle, qui implique l'originalité du corps ou de la Compagnie ou de l'Église. On dit souvent qu'il ne peut y avoir de rapport d'autorité qui ne soit rapport de service. Cette formule est pour moi insuffisante. Il ne peut y avoir de rapport d'autorité, donc de croissance et de service de croissance, qui ne soit un rapport justement d'attente ou d'écoute de ce qui se prépare à naître dans cet autre qui m'est confié. Comme formateur mandaté, responsable devant des autorités, il me faut être, quand je propose des initiatives collectives ou des gestes concrets, autant que possible, comme celui qui marche à côté. La formation est vécue comme la confiance réciproque pour aller plus loin. L'invention vient souvent de l'autre. Je me retrouve dans la mission de celui qui revient de la captivité et de la fréquentation de la mort : quelle que soit son expérience, il doit servir l'espérance que représentent les plus jeunes, qui n'ont rien vécu de tout cela, mais qui sont l'avenir.

Mon travail de formateur se situe dans la longue période de crise qui va de la Seconde Guerre mondiale jusqu'à maintenant. Le mot de crise est à prendre ici dans le sens de traversée d'épreuves de transformation. Le monde s'est transformé, mais il est difficile d'estimer ce passage. Les jeunes passent dès lors par de profondes mutations, des alternances d'espoir et de désespoir devant l'avenir. Ces générations d'après 1945, quel que soit le jugement que l'on porte sur elles suivant telle ou telle période, ont toutes pour caractéristique d'apporter beaucoup d'éléments de maturité personnelle. Mais elles sont aussi exposées à des risques et des difficultés considérables. Pour ce qui est de l'Église de France, nous avons la chance que la métamorphose de la société et de l'Église se développe lentement, par paliers successifs sur trente ans. Dans cette mutation émergent des moments particulièrement difficiles, comme mai 1968. On dit quelquefois que les jeunes générations d'aujourd'hui sont plus fragiles; ce n'est pas une raison de nier ce qu'elles apportent de promesses importantes. Cela ne signifie pas non plus qu'il faille béatement faire confiance à cet aspect positif sans penser à cette fragilité.

Depuis deux décennies la Compagnie — comme beaucoup d'autres instituts — insiste de plus en plus sur une formation spirituelle permanente, une formation pour ceux qui, jusqu'ici, étaient censés avoir acquis tout le bagage nécessaire au cours des étapes avant la prêtrise et au troisième an.

Les dimensions contrastées de l'individu et de la société font qu'aujourd'hui on ne peut plus guère imaginer une période de la vie où la formation est terminée. A mesure qu'on avance, les contrastes s'amplifient. Les vies parvenues à la maturité sont parfois plus exposées à des secousses que durant les périodes antérieures. Des gens de 70 ou 80 ans se trouvent affrontés à des crises démesurées.

En quoi consiste le travail de formateur de Jacques Sommet dans la Compagnie ?

C'est une aventure ou une mésaventure! Le travail de formateur m'a été demandé à travers des fonctions constantes ou des interventions ponctuelles, en partageant des responsabilités avec des hommes de grande valeur. J'ai eu à jouer vis-à-vis des jeunes un rôle de frère aîné. J'ai vécu ma vie de jésuite dans la durée, bien ou mal, de telle sorte que je peux en parler un peu! Cette existence jésuite est toujours en rapport avec quelques questions clefs de ce temps. Par métier et par mandat, j'ai toujours exercé, avec mes limites, deux disciplines : une discipline spéculative — j'ai enseigné soit la philosophie sociale, soit la théologie plus ou moins sociale — et une discipline pratique, c'est-à-dire que j'ai toujours tenu des responsabilités de relations concrètes avec des hommes (Mission ouvrière, *Témoignage chrétien*, groupes de quartiers, jocistes ou jécistes, non-croyants, etc.). Ce travail de formateur s'est défini comme une sorte de tension entre le souci des personnes, en particulier des personnes formant le corps jésuite, et l'avenir plus collectif, à la fois religieux ou spirituel et humain, qui comporte des questions techniques.

Le Père André Costes, provincial, m'a chargé plus tard d'assurer les débuts du Centre Sèvres, de mettre sur pied une institution universitaire. Six mois après, il m'a demandé d'orienter en même temps le « Service Incroyance et Foi », c'est-à-dire de rencontrer des hommes hors du terrain formalisé de l'étude.

J'insiste sur les deux choses qui sont pour moi constitutives de ma fidélité à ce que je suis simplement et à ce qui m'est demandé : d'une part, un aspect d'étude, d'approfondissement, de communication d'un savoir par la méthode des cours, des séminaires, etc.; d'autre part et en même temps, la rencontre dans laquelle l'élément de confrontation interpersonnelle est antérieur au problème d'un savoir.

La prière, secret d'invitation

Revenons à la formation spirituelle des étudiants à Fourvière. Elle comporte, comme point important, l'apprentissage de la prière.

Dans la relation avec chacun, je dois aborder le débat personnel de la prière, des exigences pour ainsi dire matérielles pour que la fidélité à la prière soit vraie. C'est une responsabilité que je partage avec le « père spirituel » de la communauté. La volonté de se mettre en prière, des questions de rythme, une certaine discipline sont à vérifier. Il faut parler en même temps de la dimension apostolique de cette fidélité. Dans une communauté importante de 140 personnes, des questions de service sont à poser aussi, notamment de service apostolique dans l'environnement humain et ecclésial plus immédiat à l'extérieur. Presque tous doivent partager des rencontres interpersonnelles ou intergroupes, qui exigent discernement et sont épreuve de la liberté.

A l'approche de l'ordination, beaucoup sont sensibles à leur responsabilité publique de l'annonce de la parole à travers les gestes évangéliques de service. Dès la formation terminée, le scolastique ne sera plus porté nécessairement par une communauté; il vivra peut-être dans une situation de solitude. Certains ont déjà éprouvé dans de longs stages, je pense à l'Afrique, que, dans cette solitude, on ne peut vivre seulement de son métier bien fait; quelque chose de plus est nécessaire; la vie doit être peuplée d'un appel reconnu, d'une écoute. Dans certaines situations, la solitude peut être très grande; ce fut souvent le cas de ceux qui ont été remobilisés pour l'Algérie. A travers les tâches est requise d'eux une présence à la fois humaine et spirituelle et ils peuvent être seuls et appelés, dans cette solitude, à être le support d'autres, le point de départ d'une vie spirituelle pour ceux qui les entourent. L'éducation à la prière est essentielle pour vivre cette expérience dans le sens de la vocation jésuite. La source d'une certaine liberté, d'une certaine joie, se trouve là. Il est bon d'en faire l'expérience.

Ce que Jacques Sommet dit de l'éducation du jésuite à la prière exprime sa façon de considérer la place de la prière chez le chrétien d'aujourd'hui de façon plus générale.

Quoi qu'il en soit de la question des gestes, des attitudes de la prière, qui ne sont pas sans importance, il reste cet essentiel : la passivité active à l'invitation de Dieu, c'est-à-dire, quelle que soit ma situation, vivre cette situation dans la vérité de ce que je suis, créature, créature rachetée, créature magnifiée et créature d'un Dieu qui m'aime, créature dans laquelle le mystère de Jésus mort et ressuscité germe sa vie. C'est fondamental, surtout à notre époque où, plus qu'à d'autres, l'homme s'éprouve comme façonnant, maîtrisant, organisant son existence, jusque dans la souffrance et la maladie. L'accent est mis sur les expériences naturelles de l'homme dans la vie sociale avec les autres. L'accent de passivité, l'aspect nocturne de cette existence, est certes redécouvert par des auteurs littéraires, mais on ne peut pas dire que le contexte général de la vie soit centré sur ce pôle. Il est plutôt défini socialement par des démarches et des décisions actives. La prière est remise en vérité devant cet ensemble de l'existence, quel qu'il soit, si organisé qu'il soit, qui m'est donné en son origine dans mon présent. Elle est la remise de soi en confiance. Une remise personnalisée — je ne dis pas d'une personne à une personne, car je n'aime pas faire de Dieu un sujet, au sens de prototype de l'existence humaine devant moi. Il s'agit d'une passivité pour un Dieu dont je connais le nom, dont le nom ne me dit jamais tout entier ce qu'il veut dire, mais sur lequel j'ai besoin de me reposer pour l'entendre dans le silence. La dimension « entendre » est paradoxale parce qu'il s'agit souvent, pendant des années, de ne percevoir que le silence, sans désespérer que ce silence soit une présence.

Là où un homme moderne fait cette expérience, même s'il ne connaît pas le christianisme, je ne désespère pas de lui. Je pense à ces jeunes Chinois que je rencontrais, il y a quelques années, à Pékin. Ils ne savaient rien du christianisme. Mais ils avaient comme la hantise de se dire : on ne peut pas vivre seul; mais vivre avec quelqu'un de plus grand que soi, s'il existe, c'est évidemment être dominé; ne faut-il pas dès lors réfuter immédiatement cette recherche d'un autre, ou bien est-il possible de vivre d'un autre qui ne soit pas dominateur ? Dans la problématique simple de leur existence de païens, ces hommes s'interrogeaient : leur existence devenait authentique à travers ce débat.

La prière, c'est donc la conscience d'être dans les mains de Dieu qui est source et plus que source ; c'est rejoindre le mystère profond de l'existence, de l'agir et de l'être homme. « En lui nous vivons et nous sommes », dit Paul à l'Aréopage d'Athènes.

Oui. Si cela ne se traduit pas toujours par l'invocation joyeuse du nom de Jésus, cela ne veut pas dire que la parole de Jésus n'est pas pour moi ce qui merveilleusement explique ou soutient cette attitude. Quand je vois le lien entre la parole révélée et l'existence humaine approchant et vivant ce mystère, j'y reconnais comme un moment de la vie divine participée. J'aurais peine à parler aux hommes de l'Évangile ou de Dieu, du mystère de sa présence, comme le fait

Paul à l'Aréopage, si je ne parle pas à tous, en même temps, de leur expérience d'homme, fussent-ils athées. La parole évangélique sans l'homme ? L'homme sans la parole évangélique ? J'ai beaucoup de peine à séparer l'un de l'autre. Je retrouve malgré tout, malgré moi, l'un dans l'autre.

Un mot revient souvent quand Jacques Sommet évoque la dimension la plus profonde de l'expérience humaine : recevoir, être reçu.

Tant que les hommes et les femmes ne reçoivent pas ou ne se reçoivent pas dans ce qu'ils sont et dans ce qui en eux advient, ils ne sont pas dans toute leur vérité. Beaucoup vivent la merveille de l'amour, d'autres vivent le désespoir. Dans l'un et l'autre cas, le danger est de retomber dans la tentation moderne de ne s'intéresser qu'à ce qu'on peut faire. Qu'est-ce que je peux faire de ma souffrance ? Qu'est-ce que je peux faire de ma joie ? Non, cela n'est pas suffisant.

Appelés par le Tout-Autre

A plusieurs reprises, Jacques Sommet insiste pour revenir à ce thème de la prière et à ce qu'il appelle passivité active. Abordons donc une nouvelle fois ce sujet.

Nous touchons ici à plusieurs questions et d'abord à l'une, tout à fait centrale, qui est aussi la question de Dieu.

Même si je ne suis pas un grand priant, je ne vois pas comment la prière ne serait pas un axe fondamental d'une existence qui semble pourtant se développer dans des conditions qui ne sont pas celles d'un modèle contemplatif. Toute démarche généreuse ou simplement raisonnable proposée par l'Église, par la Compagnie, par les travaux de justice, etc., risque de faire de ces réalités des idoles si je ne passe par ce rapport absolument irréversible, incontournable — comme on dit aujourd'hui —, entre ce que je suis bonnement et Dieu, qui empêche tout le reste d'être idole. Aucun langage de vie sociale, politique, culturelle, etc., ni même aucun langage religieux — si j'entends par là le rapport à l'institution, aux textes, à bien des choses que je vénère tout à fait —, ne trouve son sens si je ne passe d'abord par le rapport qu'on pourrait appeler : *God and myself* (Dieu et moi-même). Voilà la conviction qui m'habite. Croyant, je me remets à cet appel personnalisant, à une initiative transcendante et infiniment proche.

Le Dieu proche et transcendant est celui auquel je dois adhérer par une remise complète de moi-même, qui n'est pas sans liberté. Ma liberté ne trouve quelque appui que si elle passe par la remise à un Dieu premier qui est l'initiateur de l'histoire, l'initiateur de la liberté. Je ne vois pas comment ma liberté créée, comme elle est, pourrait être son support absolu à elle-même. Je ne vois pas comment j'échapperais au culte des idoles — j'entends par là le culte du politique si je suis politicien, le culte de la culture si je suis culturaliste, le culte passionné de la beauté exprimée, de la vérité scientifique si je suis esthète ou savant — si tout ceci n'est pas appuyé sur la relation avec celui qui est origine, fin et présence, celui que je reçois comme transcendant dans une proximité qui déborde tous ces projets et qui, d'une certaine façon, est à chaque instant dans ces projets mêmes.

J'ai une sorte de confiance à faire au pas que je fais, et ce pas que je fais n'est pas justifié par le programme que je remplis, mais par celui avec qui je suis en relation, là où je ne saurais être l'auteur absolu de moi-même.

Jacques Sommet a un sens très aigu de la profondeur de chaque personne. Il considère tout homme comme inscrit dans cette proximité à Dieu, connu ou non connu, reconnu ou non reconnu.

A l'origine du rapport, s'il peut être loyal et honnête, avec tout autre, il y a le fait que cet autre est appelé par le Tout-Autre et que je ne l'aborde qu'à travers cette aventure qui est la sienne, qu'il le sache ou non.

Je n'ai pas le droit de dire que tout homme est relation à Dieu malgré lui et sans le savoir. Je ne peux pas dire non plus qu'il n'est pas constitué par ce rapport à Dieu d'une façon qui m'échappe peut-être, mais qui implique le respect de ce que vit et peut vivre cet homme. Je lui fais au moins crédit d'une liberté qui est honorée par cette relation reconnue comme possible.

Tous les problèmes que je vais rencontrer commencent et se jouent là. Si l'Église, la Compagnie, le travail parmi les hommes, la vie spirituelle, la théologie..., si tout ce que je dis de l'obéissance, de l'expansion du Royaume de Dieu et même de l'admirable personne de Jésus Christ..., si tout cela ne commence par cette sorte de reconnaissance de celui qui est trop proche pour être possédé, perçu, alors tout cela me laisse capable d'être un manipulateur de n'importe quoi. Je peux fabriquer les plus brillantes images de Jésus Christ comme des idoles.

L'humanité de Jésus Christ, référence suprême

C'est là une étape première par la grâce toute gratuite de Dieu, une étape fondamentale et qui reste. Mais tout n'est pas encore accompli. L'aventure n'est pas encore terminée. Dieu me conduit ailleurs. Il veut me parler gratuitement dans une transcendance plus grande encore et plus proche de mon humanité. Il n'est pas question pour moi de déduire ce trajet qu'il a choisi, et qui est celui de l'Incarnation.

Certains théologiens sont tellement fixés sur la transcendance imagée et extérieure de Dieu qu'ils en sont venus, pour ainsi dire, à refuser l'accueil authentique d'une Incarnation et de tout ce qu'elle met en œuvre et réalise. Il ne peut y avoir de commune mesure entre Dieu et moi, soulignent-ils. Mais précisément, Dieu, sans être contradictoire avec lui-même, me propose lui-même un langage qui est plus proche encore, plus gratuit : celui de la grâce. Les vieilles théologies avaient une formule extraordinaire : « *Unus de Trinitate passus est* — Un de la Trinité a souffert. »

Le péril serait alors d'en rester à l'étape première, de me représenter la transcendance à ma façon. L'Incarnation me dépouille de cette ultime suffisance quand elle fait de l'humanité même de Jésus Christ le chemin d'une vraie transcendance. Je ne peux aucunement, au nom de la transcendance, déduire la nécessité que ce Dieu se fasse homme. Mais s'il se fait ce que je suis, j'ai à la fois, et pour ma raison même, une chance, et un risque, une invitation à reconnaître « le toujours plus grand » dans le dépouillement de ma maîtrise possible. Je ne peux plus parler de la passivité active sans entendre cet éternel présent dans la proximité plus grande encore de l'homme Dieu Jésus. *Unus de Trinitate passus est*, la formulation est peut-être à préciser; je la prends dans sa vertu presque scandaleuse et avec sa puissance de choc. Ce souffrant est plus voisin de moi que le Dieu transcendant, non pas en cessant d'être le Dieu transcendant mais en l'étant de cette façon. Je ne vois pas comment par moi-même j'aurais pu parvenir à cela, sinon négativement, en disant : quand je pense le Dieu « éternel », tout-puissant, présent, je cours le risque de m'en faire encore une image; mais je ne peux pas inventer ce qui me délivrerait de cette image de puissance. A partir du moment où Jésus « vient », l'Incarnation, cette gratuité *Unus de Trinitate passus est* me propose une lumière nouvelle dans l'obscurité même.

Unus passus est, c'est aussi : *Unus passus* (Il a souffert, il est passion) comme perçu dans les autres. La relation à Jésus Christ est aussi la relation avec les autres dans leur originalité. Cette étape de l'Incarnation entraîne l'œuvre et l'action. L'active passivité à l'initiative de Dieu qu'est Jésus Christ en lui-même et dans les autres est en même temps une tâche dans l'histoire. La gratuité ou l'imprévisibilité de l'histoire, si on la considère centrée en Jésus Christ, devient constitutive de mon aventure présente, de ce que nous faisons. Cela même m'entraîne à vivre cette aventure de la relation à Dieu à travers les choses et les hommes dans le style gratuit de Jésus Christ. Là, l'Évangile est irremplaçable; je ne peux pas, à partir de cet itinéraire, remonter à Dieu d'une façon qui ne soit pas la façon de l'Évangile. Sinon, je ne remonte qu'à un principe.

Présence à l'histoire

Chaque homme a son mystère. Aux yeux du croyant, chacun est lié de quelque manière à Jésus Christ, ou plutôt Jésus s'est lié à lui. Cependant des incroyants excluent toute intervention divine nommée ou nommable ; l'attitude chrétienne leur paraît aberration ou illusion. Ils se savent sereinement habités par la lumière de la raison. Le chrétien dira-t-il qu'il manque quelque chose à ces hommes que lui, croyant, possède ?

Tout d'abord ne plaçons pas le rapport du croyant et de l'incroyant dans le débat : « Vous avez tort » — « vous avez raison ». A cause même de la gratuité de ce qu'est pour moi la Révélation et la vie humaine en Jésus Christ, je suis obligé moralement ou intellectuellement de reconnaître en tous l'aventure d'une liberté qui est sans mesure au niveau même de ses décisions terrestres. Je ne suis pas porté à dire des autres : « Ils devraient faire cela »; je ne sais pas ce qu'ils devraient faire ! De même, je ne dirais pas volontiers qu'ils sont dans une situation de manque. Je le suis, moi aussi; nous sommes les uns et les autres dans une situation de manque différent.

Jésus Christ n'est pas un trésor qui m'appartient; il creuse en moi, à chaque rencontre, un abîme; je ne respecte cet abîme qu'en passant par lui, c'est-à-dire en me livrant à son interrogation. Je respecte ceux qui ne croient pas au Christ, justement comme vivant aussi une existence avec sa dimension d'interrogation, d'appel infini qui leur vient dans leur vie historique. De même que par Jésus la vie de l'histoire devient l'interrogation qu'il m'adresse, de même leur vie est cette histoire faite des interrogations perçues par leur conscience et à travers la fidélité ou l'infidélité aux hommes. C'est là-dessus que je les interrogerais plutôt et non pas d'abord sur le fait d'être dans la lumière de Jésus Christ ou pas. Dans les deux cas, je suis un peu devant l'insondable abîme au sein de l'histoire qui, pour moi, est fondée en Jésus Christ.

Ce n'est pas le fait de me dire tout de suite « je crois en Jésus Christ » qui fait de moi un croyant. L'Incarnation est une lumière dans ce sens que, lue et vécue dans la fidélité à l'initiative radicale de Dieu dans l'histoire, dont je n'aurais su la déduire, ce que me disent les hommes sans Jésus Christ et ce que me dit Jésus Christ, l'un et l'autre, prennent une importance capitale.

L'expérience spirituelle du Christ qui a souffert, *Christus passus* (le Christ a souffert), met en face du mystère de Jésus Christ vivant cette histoire et transmettant cela à son corps et constituant ce corps à travers les figures de l'histoire. On ne s'éloigne nullement, ce disant, de l'aspect intérieur. A partir du moment où le rapport entre les hommes est fondé dans les gestes de Jésus Christ, qui sont imprévisibles et qui sont les vraies initiatives de l'attitude humaine, je ne peux jamais remonter hors de l'histoire et des hommes au rapport direct avec Dieu transcendant. Le travail apostolique me paraît alors se situer dans cette fidélité à Jésus Christ situé comme l'imprévisible de Dieu dans l'histoire. Son mystère c'est le rapport au Père, ses mystères ce sont les gestes historiques. Et cela, il me faut le considérer à travers la vie de société, par exemple la Compagnie, l'Église. L'originalité du rapport apostolique aux hommes est de leur être présent à travers les figures de leur histoire.

La Compagnie, pour moi, est une présence à l'histoire dans sa réalisation vivante, sous la forme de Jésus Christ mort et ressuscité. Les formes de la culture, les figures de la culture dans l'histoire sont importantes. Si on parle de la Compagnie comme phénomène baroque, au sens fort du mot, on veut dire qu'elle est un lieu de perception aiguë de la construction de la figure des cultures, de leurs images. Il s'agit donc d'un accueil de l'humanité dans ces figures d'histoire. Incarnation veut dire cela ou le mot ne signifie plus rien. Présence par Jésus Christ veut dire quelque chose d'autre; jamais la mesure des figures de l'histoire auxquelles je serai mêlé par les premières démarches de fidélité ne pourront juger, à travers la réussite de la figure culturelle ou de son échec, de ce que je dois faire comme chrétien avec les hommes de bonne volonté dans cette situation.

Prenons un exemple typique. Lors de la guerre d'Algérie, un certain nombre de jeunes jésuites ont appris l'arabe et ont cherché à s'enraciner culturellement autant que possible dans ce peuple qui commençait sa libération politique et culturelle. Ils ont épousé ce projet non pas d'un point de vue militaire, mais en profondeur. C'est la reprise du modèle baroque : une société se construit; soyons pour elle, et dans son expression d'elle-même! A un premier niveau, l'entreprise réussit de façon globale par la victoire. Elle échoue aussi; après la fin de la guerre, de jeunes Français qui ont pris part au développement de ce peuple repartent, découragés. Des jugements sommaires, des emprisonnements injustes ou arbitraires sont faits, au nom du vainqueur cette fois. Comment s'étonner? Être libre, c'est pouvoir se gagner ou se perdre. Un groupe pourtant a choisi de rester dans l'échec, d'être fidèle à cette aventure collective et spirituelle d'un pays qui commence. Ce choix s'est appuyé sur la dimension christique, non pas pour prêcher Jésus Christ à tous les coins de rue, mais pour vivre un peu le mystère de cette mort. Ces hommes participent à ce qui est l'épreuve suprême pour des gens qui ont entendu conquérir leur dignité et qui flanchent parfois dans cette dignité. Une lutte va être à mener à l'intérieur de la situation nouvelle, mais dans la fidélité aux hommes avec lesquels on a commencé. Quand je commence à travailler avec des hommes à cause de leur misère, de leur droit de vivre, si l'aventure est fondée dans l'Incarnation, la fidélité est irréversible vis-à-vis des personnes. Alors le propos est de vivre l'aventure de la mort et de la vie, de la défection et du pardon. C'est parce que ces hommes éprouvent la difficulté de leur liberté ou de leur victoire qu'il faut vivre avec eux jusqu'à l'humiliation. Cela ne signifie pas nécessairement une caution.

Ne concluons pas que tous doivent assumer cette sorte de présence. A Moscou, j'ai rencontré un prêtre orthodoxe qui a discuté avec Soljenitsyne jusqu'à la limite de l'entente possible. « Je ne peux être l'Évangile dans ce pays, que si je reste dans cette terre », disait l'un; l'autre prenait la décision de partir. Ce qui me semblerait catastrophique, c'est que tous partent.

La Compagnie est baroque en elle-même! Je veux dire qu'elle se porte positivement vers une présence — et ce positif n'est pas que vertu —, qui comporte l'acceptation et l'expression de tout ce qui est raisonnable dans une société. Cela implique un grand risque. Cette réalité culturelle peut devenir un jour ou l'autre plus inhumaine ou plus humaine; je l'accepte comme dimension de l'aventure. Pour la baptiser ? Peut-être, mais le Jourdain dont je prendrai l'eau, c'est la vie de ce peuple même. Dans la vie de ce peuple, je serai une présence qui est un accueil complet de ce qu'il fait, de ses risques, mais une présence qui s'inspire de la gratuité de la présence de Jésus parmi nous. Elle implique que je veuille souffrir avec eux.

Mon propos n'est pas d'être laudateur pour la Compagnie comme telle; elle ne réussit pas mieux que d'autres, elle court même des risques qui peuvent la rendre tout à fait médiocre à certains moments. Mais c'est dans cette présence qu'elle croit répondre à sa mission.

La prière, le rapport au transcendant se situent dans cette perspective. Nous n'avons pas à élaborer une politique de descente vers les hommes, c'est Dieu qui nous y surprend.

Les hommes, une voix de Dieu

Et Dieu surprend encore autrement. Ce Dieu qui me parle si gratuitement, de façon si radicalement nouvelle par Jésus Christ, multiplie cette nouveauté quand j'accueille tous les hommes qui ne sont pas chrétiens, qui ne connaîtront jamais Jésus Christ au sens où nous l'entendons, comme un message historique précis déposé dans l'histoire avec son dynamisme. Dans le refus ou dans l'accueil qu'ils font à leur façon de vivre, à leur dignité, à leur solidarité, leur mise en face de la mort, de la naissance, de l'amour... tous ces hommes sont pour moi une voix de Dieu que j'ai à entendre. Impossible d'imaginer le mouvement achevé de la remise de ce que je suis à Dieu, en Jésus Christ ou par Jésus Christ, sans que ce soit dans la rencontre, peut-être conflictuelle, dans la confrontation avec tout homme. Dieu me parle par le dernier. Je ne vois pas comment une parole chrétienne peut être fidèle à Jésus Christ si, en même temps, elle n'est fidèle à ce que tout homme, quel qu'il soit, me dit par son existence.

Si l'Évangile et l'Église, dans la fidélité à Jésus Christ, dans la remise à sa grâce, ne sont pas risqués dans la confrontation à la puissance des hommes — puissance au sens collectif et au sens individuel —, à l'aventure qu'ils vivent, à la façon dont ils se confrontent à la mort ou à la survie, alors, d'une certaine façon, j'ai fermé le cercle de la suffisance ou de la satisfaction dans la possession de Jésus Christ, sacrement d'une vie; mais j'en fais alors un sacrement qui n'a pas d'objet, une idole.

Mission ouvrière, Mission de France, participation plus ou moins active ou critique mais fidèle à Témoignage chrétien *(du* TC *clandestin de la guerre au* TC *hebdomadaire sociopolitique d'inspiration chrétienne), dialogue avec les marxistes, souci du dialogue avec l'incroyance, voilà des constantes de la vie de Jacques Sommet. Il vient d'en donner comme la clef spirituelle. C'est une des orientations difficiles, mais des plus importantes de l'Église contemporaine et de son renouveau, encore que partagée de fait par un petit nombre.*

Cette préoccupation me semble un chemin hors duquel j'ai l'impression de reculer. Être fidèle humblement au premier geste de prière conduit à ce développement. Plus je relis l'Écriture, par exemple et en particulier les Actes des Apôtres, plus je suis frappé par cette perspective.

Prenons le passage de la conversion de Corneille aux chapitres 10 et 11 des Actes. Au début, Pierre est sur le sol élevé, la terrasse de sa maison, en dialogue difficile avec Dieu. Il essaie de prier. Sa fidélité, c'est la prière au Dieu des juifs. Voilà que ce Dieu intervient en le déboutant du rapport personnel tel qu'il l'imaginait : c'est le fameux tableau des oiseaux et des quadrupèdes : « Tue-les et mange, tue-les et mange! » C'est tout à fait renversant par rapport à son univers du sacré. Et ce débat ne se prolonge pas; il est troublé par l'intervention de deux hommes qui frappent à la porte. Des étrangers qui l'appellent chez eux. Pierre va, au nom de Jésus Christ dont il est le témoin; il va répondre à la question d'un homme, le centurion Corneille, sympathisant envers la religion, comme on l'était dans ce temps, qui est intrigué et qui questionne. Pierre habite chez lui, il répond même à la question avec un grand luxe de précisions concernant la mise en relation de celui qui est chrétien et de celui qui ne l'est pas. « Je suis homme, moi aussi. Nous sommes égaux en droit. » Il y a une sorte d'affirmation préalable, tout à fait étonnante. Et c'est Jésus Christ qui est cette sorte d'imprévisible qu'attendait l'autre, le païen, sans pouvoir aucunement le déduire ni l'affirmer. Le dialogue s'engage, et finalement il s'engage sur Jésus Christ. Mais un troisième temps commence, étonnant! Ce dialogue sur Jésus Christ, dans sa nouveauté, est interrompu, confirmé, réalisé; il devient la foi de tous par l'intervention mystérieuse de l'Esprit qui interrompt même l'annonce du message. Et Pierre va repartir, mais désormais il va demander à sa communauté des gestes, pour ainsi dire des sacrifices touchant ses fidélités religieuses. L'autre, ce Corneille, ne va pas rentrer dans la communauté sociologique de Pierre, même transformée. Il part dans ce grand monde, il est perdu au milieu des hommes. L'Église, ce jour-là, s'est purifiée dans l'image profonde de ceux qui l'habitent; ce groupe d'hommes s'est purifié pour être plus fidèle à Jésus. En même temps, l'Église c'est le mystère de cet homme qui va vivre son métier de centurion au milieu des hommes et dans l'immense monde, sans références presque; on ne le retrouve plus, il disparaît.

Ce rapport respectueux de l'un avec l'autre, qui fait du progrès de l'Évangile un admirable développement, est en même temps pénétré d'imprévisible. Ces hommes qui ont demandé l'annonce s'y reconnaissent, mais ils ne se reconnaissent pas chrétiens jusqu'à faire partie de la communauté immédiate; ils ne vont pas quitter leur lieu de vie, comme quelques-uns le feront ensuite, au cours des siècles, abandonnant par exemple l'armée impériale et rentrant dans la communauté chrétienne au risque de se faire couper la tête. Ces gens-là, baptisés, vont se perdre dans la rencontre avec le grand monde; ils sont encore ce grand monde qui n'est pas l'Église au sens de la communauté organisée, sacramentelle, capable de se vérifier tous les jours. Il y a là quelque chose qui m'impressionne toujours. C'est aussi une fondation du Royaume et nous n'en avons pas la maîtrise.

9

En dialogue avec les marxistes

La confrontation inévitable entre l'Église et le marxisme

Dans l'itinéraire de Jacques Sommet, le dialogue avec les marxistes est une constante, qu'il s'agisse de l'échange spontané dans la vie, de rencontres organisées officiellement entre chrétiens et marxistes, ou de la réflexion théorique.

Pourquoi une attention particulière au marxisme a-t-elle habité et l'Église et moi-même depuis longtemps ? L'intérêt sérieux pour le marxisme n'est pas né d'une simple curiosité, ni d'abord d'un problème spéculatif, ni même d'une question politique. L'humanité est entrée dans une époque où la survie concrète et physique des hommes s'est jouée à travers la transformation industrielle de la société. Certes, l'époque des Lumières, les philosophies politiques à la Rousseau ou à la Montesquieu avaient évoqué les conséquences, au plan de la vie politique, de l'attention aux hommes, aux droits de chacun. Qu'on pense à la Révolution française ! Mais le défi d'une misère nouvelle, produite quasi mécaniquement et entraînant des groupes entiers, n'était pas envisagé. Et voici qu'entre les divers courants collectifs de protestation est apparu le marxisme : c'est à la fois un mouvement de révolte concrète contre l' « aliénation » des producteurs de l'industrie, un mouvement de pensée théorique sur une humanité délivrée de toutes les dépendances, y compris celle de Dieu, et une structure assurant l'unité publique et politique des hommes menacés.

L'Église et le marxisme devaient inévitablement se rencontrer et s'opposer, sous forme de confrontation et de défi. Des deux côtés on portait intérêt à la fois à l'existence concrète de chacun et de tous, à la réflexion sur la société et à des « valeurs » fondamentales, le marxisme concluant à la négation de Dieu au nom de l'autonomie des hommes libérés, et l'Église aboutissant à la redécouverte d'un Dieu créateur et sauveur de tous et de chacun dans leur effort même de transformation de la cité.

Même si le marxisme semble perdre aujourd'hui de son poids politique, je ne crois pas qu'il perde de sa signification historique avant longtemps, surtout là où il a le courage de se critiquer lui-même. Le lien entre les structures de la société moderne, la question de Dieu, l'importance du politique font qu'il reste pour longtemps un sujet capital de confrontation. On y attache d'autant plus de sérieux qu'on a été mêlé avec lui, pour le meilleur et pour le pire, à la lutte contre des périls mortels et pour lui et pour l'Église, je pense en particulier au totalitarisme nazi.

Comment Jacques Sommet en est-il venu à participer à ce dialogue des chrétiens avec les marxistes ?

Par les liens avec le « monde du travail » dès avant la guerre, avant la Compagnie, puis dans la Résistance et dans les camps, une solidarité s'est constituée sur certains points. Des deux côtés, des hommes se sont trouvés proches et en même temps opposés par la sensibilité de base, par les thèmes de réflexion et dans des situations à la fois concurrentes et solidaires.

Les jocistes, les militants syndicaux chrétiens, dès avant la guerre, puis provoqués par la Résistance, ont pris conscience d'un rapport inévitable du chrétien au politique. L'invitation stratégique ou tactique des communistes s'est développée après la guerre et au nom du réflexe bien connu de profiter des occasions pour rassembler le plus de monde possible. Du côté chrétien, les jeunes étaient sensibles à cette « tentation », à cet attrait. Et le Parti communiste est toujours à la recherche d'une jeunesse qu'il puisse former! Il triomphait alors relativement chez les adultes; mais les jeunes lui manquaient!

Il y eut donc de la part des chrétiens un éveil renouvelé à la dimension politique : le terme de « lutte » conduit à l'évocation de la

« lutte de classes ». Se retrouvant dans la paix, on garde la fierté des combats précédents devant les injustices sociales.

Considérons aussi le problème des intellectuels. Le cas d'Emmanuel Mounier l'illustre bien. Des universitaires ou des intellectuels chrétiens ne pouvaient pas tous d'emblée être attirés par une philosophie gaulliste ou gaullienne de l'histoire. Mais leur mauvaise conscience devant l'histoire était profonde. Dès avant la guerre, ces intellectuels étaient en lutte contre la droite conservatrice. Maintenant, on se trouvait devant des choix assez massifs : où trouver une démocratie à dimensions collectives ? Des gens comme Mounier se sont accrochés à ce qu'ils pouvaient percevoir de raisonnable dans la tentative de type marxiste, à condition de ne rien sacrifier du goût de la vérité. Pourquoi ne pas reconnaître l'intérêt de la réponse tactique et théorique des marxistes, quitte à y apporter nuances et correctifs ? On était grisé par la Libération faite, quitte à ne pas voir la mainmise sur la Pologne, la Tchécoslovaquie ou la Hongrie, sans parler de l'évolution chinoise. C'est l'époque où toute critique était taxée par certains d' « anticommunisme primaire »!

Immédiatement, Gaston Fessard et d'autres se sont portés aux créneaux pour relever les erreurs de faits ou de principes. Pour ma part, je me suis senti invité à un dialogue, mais à un dialogue critique. Les solidarités dans la passion mais aussi dans les projets de libération, vécues avec un certain nombre d'hommes, rendent parfois la relation avec eux irréversible mais d'autant plus exigeante.

Dans un effort collectif de libération sociale ou nationale, j'ai rencontré la structure marxiste à travers des individus. Certains se sont montrés capables de loyauté au prix de leur bien-être, parfois même au sein de leur parti. De ceux-là, je me dois d'entendre toujours la parole. Ils sont pour moi les témoins d'un mouvement historique important dont ils ne font pas un absolu. Cela suffit pour ne pas rompre. Sans naïveté toutefois, et en s'exprimant franchement devant un ensemble dogmatique ou autoritaire.

Nous avons connu les « semaines chrétiens - marxistes ». Le dialogue est devenu une institution entre deux groupes organisés, conscients de leurs buts. Chaque partie sait d'avance qu'elle ne va pas convaincre l'autre. N'est-ce pas plutôt l'occasion pour chacune de mobiliser l'opinion à l'avantage de sa cause et de son image ? Le dialogue vrai n'exige-t-il pas d'autres conditions de vérité ? Qui a pris l'initiative de ces rencontres de part et d'autre ?

J'ai reçu l'invitation des communistes, parce que, en réalité, c'étaient eux qui organisaient les semaines communistes - chrétiens. S'adressaient-ils à l'Église à travers moi ? Qu'était pour eux l'Église : des chrétiens plus proches d'eux, l'institution ? Les choses restaient ambiguës. Je n'avais pas à refuser d'emblée leur demande. Mais il ne me revenait pas d'accepter comme individu alors que de leur côté la démarche venait d'une collectivité bien organisée. Il me fallait répondre de quelque manière comme « collectif », c'est-à-dire comme assuré d'une reconnaissance par l'Église officielle. Du côté marxiste, on tenait à ce que les représentants de chaque bord soient de même niveau de représentation, au point de vue sociologique; que les symboles de puissance se correspondent! Si les chrétiens envoyaient un évêque pour la séance principale, les communistes enverraient une personnalité du Comité central ou de la direction de *L'Humanité*. Dans les discussions préliminaires, on procédait ainsi par réductions en quelque sorte. Je me souviens de ce cas : point d'évêque du côté chrétien, mais Jean Baboulène; point de membre du Comité central du côté communiste, mais Jean Ellenstein. A cette époque, Juquin participait à la discussion. L'importance officielle des personnages de la séance publique importait beaucoup aux communistes; pour le reste, ils étaient moins intéressés.

De notre côté, nous n'avons accepté ces séances que s'il y avait un sérieux travail préalable par petits ateliers ou petits groupes, réunissant communistes et chrétiens, faute de quoi les débats publics n'auraient pas eu de sens. Souvent, les chrétiens en contact avec les communistes n'ont pas toujours assez fait attention au caractère artificiel des contacts publics très préparés. C'est le danger quand on met uniquement en présence deux entités comme si elles étaient les seules, en privilégiant la voix officielle et les structures, et donc la répétition du modèle. Il n'y a de dialogue que si les partenaires acceptent que la chance d'être efficace soit seconde par rapport au risque de la vérité de ce qu'on dit.

Les aventures du marxisme ne sont pas terminées

Cependant cet aspect public n'est pas l'objet principal de mon attention. J'ai surtout été conduit à étudier ce qu'on peut appeler *les marxismes*, j'entends par là les différents courants pratiques et théoriques qui s'organisent autour de telle question devenue principale dans telle société, à tel moment. A ce niveau, les aventures du marxisme ne sont pas terminées.

Dès 1949, j'ai étudié le marxisme avec des jeunes jésuites. Plus tard, notamment au Centre Sèvres, sont venus des militants, des fonctionnaires, des religieuses et des religieux souvent marqués par la banlieue ou le Tiers Monde, et même des marxistes désireux d'entendre ce qu'on pouvait dire dans un style différent de l'école du Parti. Pendant de nombreuses années j'ai présenté l'œuvre de Marx; une partie du cours a toujours été consacrée à Lénine et à ce qui l'a suivi.

Actuellement, l'intérêt ne va pas immédiatement à la réalité politique du marxisme; qu'on le veuille ou non, la connaissance du goulag et du système institué de l'URSS ne rend pas le marxisme attirant comme modèle. Est-ce une libération ou une dégradation? Le marxisme intéresse toujours, mais sous un jour plus subtil; là où il est un peu un marxisme au second degré. L'École de Francfort ou Bloch intéressent.

Les manifestations du marxisme ont comme explosé depuis trente ans et plus. Au plan pratique et dans la rencontre avec le christianisme, on note, en Europe occidentale, une oscillation : nous avons vu le marxisme italien, l'aventure du « compromis historique », l' « eurocommunisme » marquer le PC français dans le sens d'une ouverture. Ceci a été repris par des penseurs comme Lucien Sève et Michèle Bertrand. Avec cette réserve toutefois que, même dans ces cas « positifs », le christianisme correspond pour eux, par son eschatologie, à l'adolescence du « collectif des travailleurs ». Le marxisme, répudiant toute relation à un Dieu, signifie toujours pour eux l'accomplissement de l'adulte qui se suffit à lui-même.

Tout autre a été le développement des marxismes *théoriques*, en eux-mêmes et dans leur confrontation avec la réflexion des chrétiens. On peut signaler d'abord l'influence de la pensée de Gramsci avec son concept d' « intellectuel organique ». Sa pensée, soutien de l'évolution italienne, a réintégré les valeurs culturelles et une certaine réflexion sur la religion, bien plus positive que la « langue de bois » souvent pratiquée en France ou en Allemagne quant à l'athéisme.

Puis le foisonnement de l'École de Francfort a provoqué l'intérêt de la théologie chrétienne à partir de deux grands écrivains. Horkheimer d'abord. Pour lui, l'époque des Lumières est à critiquer sévèrement ainsi que les totalitarismes qui — fascistes ou soviétiques — en sont les effets. On aboutit à une vie démocratique renouvelée mais qui hésite devant la question de Dieu, devenue étrange et irréductible « nostalgie ». En contraste, mais à partir des mêmes origines, Ernst Bloch inscrit l'effort humain dans une eschatologie biblique, dans une évolution positive. Ici l'optique est positive même si l'affirmation de l'athéisme comme perfection du chrétien ne va pas sans contradiction. Walter Benjamin peut aussi renouveler les vieilles analyses, en finesse, par la critique du langage si cher aux Français.

Il est à noter en tout cas que l'Église prend en compte un effort quelque peu analogue dans les structures de *Gaudium et Spes* et de *Populorum Progressio* avec les questions marxistes. Le rapprochement, quoique fort critique, est marqué par les distinctions apportées par *Octogesima Adveniens* de Paul VI sur l'apparition des différentes formes de socialismes et de marxismes (14 mai 1971). Les notes critiques doctrinales et pratiques de l'Épiscopat français reprennent l'analyse des difficultés et des ouvertures avec une lucidité qui coïncide avec un certain recul de l'influence communiste en politique générale.

Depuis, et dans la période présente, le PCF et la CGT ont perdu l'initiative à cause du fixisme de l'analyse du travail industriel qui leur est commune. On peut estimer en effet qu'une politique fondée sur l'opposition simple du producteur de base, du travailleur manuel, et du capital financier pris globalement, est une analyse sinon réfutée du moins contestée à la fois par les sociologues de la modernité et par d'autres syndicats. Le développement des « classes moyennes » productrices par la croissance du travail techniqu ecomplexe (représenté symboliquement par la croissance de l' « informatique ») n'est pas suffisamment pris en compte pour mobiliser ces « masses » nouvelles et influentes.

Le marxisme que j'ai connu aux débuts se voulait résolument scientifique. Depuis, certains ont un peu abandonné cette certitude que le marxisme est la science de l'homme définitive et absolue.

Un des facteurs de la présence toujours virulente du marxisme, même si elle a quelque peu reculé, vient du lien entre une pensée et une action qui intègrent à la fois le drame collectif des hommes menacés dans leur existence (le prolétariat), la puissance d'un appareil (le Parti) qui regroupe ces hommes et tente d'exprimer et de leur imposer l'unité qui paraît la meilleure, et enfin la référence à un au-delà — je veux dire à une eschatologie marxiste, à un messianisme, à un projet d'avenir (la société socialiste). Lénine a compris ces dimensions, mais il voulait, par impatience, les réduire à des instruments objectifs et politiques dont on se sert violemment.

Aujourd'hui, des pensées et des courants littéraires donnent plus de place à la dimension culturelle dans la réflexion sur la société. Mais en même temps, ils oublient, ou ne savent pas prendre en compte, ce fond de la société humaine qui est le secteur marginalisé de l'humanité en péril. Une des limites du marxisme présent est qu'il étreint difficilement les dimensions de l'univers en changement.

Face à la cohérence d'un système

Il y a quelques années, le marxisme représentait pour des chrétiens l'incroyance sous un mode organisé, peut-être la seule forme organisée contemporaine d'athéisme. La peur des catholiques tenait à cela.

D'autant que cet athéisme était soutenu dans son unité par une formulation absolument cohérente. Dans sa vision, un homme n'est homme que lorsqu'il est marxiste ou athée, c'est-à-dire qu'il se réfère exclusivement à ses propres forces, dans une autonomie ou indépendance absolues de toute relation à ce qui, dans les aléas de l'histoire, le dépasserait. Et il est vraiment athée quand il est marxiste, parce que là les conditions de l'athéisme sont réunies au maximum, soit théoriquement, soit pratiquement. Aujourd'hui, cette conception est récusée. Elle apparaît parfois comme une référence presque religieuse à un absolu. Dans le Parti lui-même, on entend moins ces affirmations. Le Parti communiste italien a commencé, il y a bien des années déjà, à prendre sérieusement en compte des chrétiens — donc des hommes en relation avec Dieu — comme acteurs sérieux du changement et de la décision sur le même terrain qu'eux. En France, cette attitude avait existé pendant la Deuxième Guerre mondiale. Dès qu'on prend une telle attitude, il faut s'en expliquer et dire à quel titre l'action est possible avec des chrétiens, reconnus comme valant quelque chose. A partir de ce moment, on ne peut plus tenir que l'homme n'est authentique que dans l'orthodoxie marxiste théorique de l'athéisme cohérent. Cela entraîne de gros changements.

Il n'empêche que le marxisme demeure un pouvoir qui se veut absolu. Il se sent dès lors inévitablement menacé par la conscience croyante qui place ses absolus et ses valeurs dernières ailleurs. L'opposition systématique des communismes établis dans les pays de l'Est à tout mouvement religieux sérieux, chrétien, juif ou musulman, n'exprime-t-elle pas cette peur de perdre l'autorité sur les consciences ?

Nous passons là au marxisme devenu le pouvoir des pays de l'Est. De fait, ces régimes politiques marxistes ont peur de perdre la maîtrise de leur projet en acceptant la religion. Mais les sujets de cet univers se posent aussi des questions. Des discussions ont eu lieu entre scientifiques soviétiques des différents secteurs de recherche, qui ont fait à ce point de vue des pas assez considérables. Ils ont porté le débat sur le rapport entre la certitude de leurs sciences et la dimension morale du sujet humain même scientifique. De ce fait, ils sont amenés à considérer le phénomène religieux autrement. Chez les marxistes comme ailleurs, il y a des sociologues, même si la sociologie est encore considérée comme une science suspecte. Au regard du sociologue, les thèses pendant longtemps communes, dans le monde soviétique, selon lesquelles le conditionnement créé par les sociétés communistes devait supprimer l'illusion religieuse en quelques années, ne se sont pas vérifiées. Leur science même les met devant des phénomènes qui les questionnent. La cohérence n'est plus, comme au temps jadis, celle d'une idéologie simpliste.

Cependant, là où le marxisme s'installe, il continue à divulguer auprès des populations, à un niveau plus modeste, la thèse que religion et science s'opposent. Et, dès lors que le marxisme parle un langage qui paraît scientifique ou sympathique à la science, il draine vers lui tout ce qui n'a pas résisté à l'opprobre jeté sur la religion, accusée de toutes les collusions avec les pouvoirs précédents.

On peut toujours se demander si les régimes et systèmes de type communiste sont le fruit de la doctrine marxiste ou l'exploitation de cette doctrine à des fins politiques qui ne sont pas les siennes voire la contredisent. L'idéologie est-elle inspiratrice ou sert-elle de prétexte ?

Le marxisme a été et reste puissant, non pas seulement parce qu'il est un « système » mais certainement aussi pour avoir hérité, dans son passage par l'Est, d'habitudes fortement centralisatrices, en pratique et au niveau du pouvoir. A ce titre, on ne peut pas le ramener à un système qui s'est emparé d'une idéologie ou d'un ensemble théorique. C'est une remarque banale que de signaler l'oscillation géographique du marxisme et ses conséquences pour la réflexion sur l'avenir marxiste. En fait, le marxisme est né d'un univers occidental, proche de nous : l'Allemagne, l'Angleterre, la France. Marx et Engels considéraient toujours ce triangle. Ils ont exercé d'abord une *critique du capitalisme* occidental. Le marxisme est devenu système le jour où il a ressurgi, avec Lénine, à travers le projet d'instituer des sociétés socialistes et cela, pour la première fois de façon massive, à partir de 1917 en Union soviétique. Le balancier a été loin.

Pourtant, en terrain marxiste-léniniste, au milieu d'obédiences extrêmement rigoureuses, un homme comme Lukács écrit *Histoire et conscience de classe*, une œuvre politique maîtresse, qu'elle soit ou non marxiste. Cet ouvrage célèbre est extrait du message marxiste antérieur au marxisme-léninisme et il rappelle une dimension consciencielle tout à fait contradictoire avec la dimension habituelle marxiste-léniniste. De telles tendances, celle d'Antonio Gramsci également, ont habité les marxistes dans leur lutte contre le fascisme, car celle-ci était autre chose qu'une simple lutte d'organisation.

Le marxisme messager du christianisme ?

Pour moi, il y a pourtant quelque chose d'autre dans le marxisme. Il est, certes, un système de gouvernement et une théorie, mais il se présente comme l'expression de la mauvaise conscience des chrétiens. Cette aventure s'est passée dans un univers chrétien. Finalement, il s'agit de la représentation forte, qui fait l'économie de bien des règles chrétiennes, de ce que le christianisme dit devoir réaliser et n'avait pas réalisé, notamment la dimension fraternelle et la réalisation d'un univers de justice. Des composantes chrétiennes et des composantes juives sont ici très présentes. Nous sommes devant un phénomène collectif qui gagne d'autres pays, mais qui est une émanation, dégradée ou non, de la conscience chrétienne et juive, à travers les mésaventures de l'histoire. Peut-être cela fait-il du marxisme un messager curieux, à la fois annonciateur et complètement déformant, du christianisme dans des zones comme la Chine ou des pays très étrangers au vieil Occident.

Sans pousser trop loin l'analogie, il est vrai que le nazisme aussi savait être populaire et même populiste; il maniait très bien le langage affectif. Il prétendait aussi fournir le modèle de toutes les conduites, de l'éthique et de la pensée. Nécessairement il devait s'affronter à la religion, dans la mesure où celle-ci refusait de se laisser pervertir. Un régime totalitaire ne peut que vouloir domestiquer la religion ou l'étouffer. Quand l'originalité de la conscience religieuse ou, peut-être simplement, de la conscience philosophique n'est pas reconnue, nous sommes dans le totalitarisme.

Oui, certes. Cependant j'éviterais les comparaisons trop simples entre le marxisme et le nazisme. Par certains côtés, le marxisme a pu réussir, c'est-à-dire durer plus longtemps et s'élargir, parce qu'il s'inscrit, du moins en ce qui concerne l'Europe, dans la critique des Lumières portant sur la tradition chrétienne; il s'inscrit dans la mauvaise conscience de cette tradition. Très porté par les difficultés de la vie dans la société industrielle naissante, le marxisme a intégré des points simples du christianisme et en a retranché d'autres. Il en retire en particulier une sorte de dynamisme à peu de frais, ayant largué la relation à Dieu. Le mouvement devient alors totalitaire, par suffisance consciente de sa propre force; c'est le grand Inquisiteur de Dostoïevski. Le totalitaire prend la place du christianisme et, par certains côtés, avec l'universalité du chrétien. Il y a des héritages! Ce mouvement aurait-il pu se passer ailleurs ? Les grands empires ont existé ailleurs, les empires terribles, mais ils n'ont pas eu ce trait particulier de totalitarisme de principe et de raison opératoire.

A l'époque, j'avais relevé avec d'autres que le projet nazi avait quelque chose de commun avec le projet marxiste, à ceci près qu'il était totalitaire sous un mode plus terriblement affectif et simplificateur. La dimension affective me paraît caractériser le projet fasciste comme la dimension à prétention scientifique et rationnelle, au sens un peu élémentaire de ces mots, a caractérisé le projet marxiste dans ses simplifications léninistes. Mais il y a une grande différence. Bertolt Brecht a bien souligné cette violence affective immédiate et obscure qui a fait la virulence terrible du système nazi et peut-être sa fragilité. A ce titre-là, quand on parle du mal et de la déformation totalitaire, le nazisme me paraît un précipité historique plus redoutable que le marxisme. On est transporté dans un monde efficace pour organiser la terreur, dans une aventure de destruction totale — il faudrait dire de « décréation », au sens de déséquilibre —, que les décisions massives de ce régime ont illustré : l'invasion sans mesure de la Russie, la lutte absolue contre les Juifs et les minorités... Je suis toujours effrayé quand j'ai à revenir sur ce sujet. De ce point de vue, l'encyclique de Pie XI *Mit brennender Sorge* contre le nazisme fut une prise de conscience extrêmement lucide; un texte meilleur que l'encyclique *Divini Redemptoris* sur le communisme.

Pour le courant marxiste, ne faut-il pas distinguer entre l'idéologie marxiste et les communistes concrets, lesquels peuvent être des marxistes dévoyés, comme il y a eu, de temps en temps, des formes de christianisme plus ou moins dévoyées ?

Il peut exister des régimes plus ou moins dévoyés. Le marxisme-léninisme a introduit dans l'aventure du marxisme une dimension et un modèle tels qu'il est difficile de dire où est le vrai marxisme. L'idéologie court toujours le risque d'être dévoyée. Ce qu'on appelle « les langues de bois » en est le signe. Entre le marxisme langue de bois et le marxisme simplifié, qu'utilisent pourtant aussi des Soviétiques, il y a des différences : des savants, des physiciens à Moscou ont un langage éloigné de la langue de bois, beaucoup plus critique, en particulier touchant les rapports de la science et de la morale, la dimension de la liberté et de la morale. Ils élaborent des textes presque classiques à ce propos ou d'un rationalisme en quelque sorte spinoziste. Mais le manuel du Parti en Russie est pour nous un texte impossible. On rencontre en France des expressions idéologiques affinées et en même temps fragiles. Pour ces dernières années, je pense à des gens comme Antoine Casanova, Lucien Sève, André Moine, Michèle Bertrand, Xavier Tosel, etc., qui essaient de mettre au point une expression du marxisme acceptable par des consciences diverses. Ceux-là sont respectueux de leurs incroyants!

On ne peut pas omettre non plus que le marxisme a passé par l'épreuve du goulag. Sa dénonciation fut un événement considérable où Soljenitsyne a joué le rôle du héraut. Il est entendu désormais que le monde soviétique ne peut plus être le modèle. Les conséquences en sont importantes.

Les militants communistes, formés avec leur rigueur à eux, se rendent compte aussi de l'importance de la réalité culturelle de tout ce qui s'exprime, soit actuellement, soit historiquement, dans les symboles ou gestes chrétiens. Des pères de famille marxistes jugent qu'ils ne peuvent élever leurs enfants dans l'ignorance de ces réalités. Les faisant connaître, ils sont obligés de les expliquer comme des réalités positives, même s'ils n'en dégagent pas de sens transcendant. Ils font au moins une lecture d'estime. Acceptant le don des bâtiments d'un ancien carmel, une municipalité communiste, comme celle de Saint-Denis près de Paris, a dû se livrer à l'analyse de cette réalité. Les marxistes ont été étonnés par tout ce que représentent d'originalité l'expérience historique collective du carmel et la personnalité de Thérèse d'Avila. Ils ont voulu faire de cette maison un musée qui rende hommage à cette femme.

Nécessité et danger de l'idéologie

Du marxisme, passons à la question de l'idéologie d'une manière plus générale. Aujourd'hui, les idéologies sont plutôt décriées. Il se peut qu'elles renaissent et que notre crise de conscience à ce sujet ne soit que passagère. Les hommes et les femmes qui s'engagent dans l'action, et surtout dans l'action politique, ne sont pas nécessairement mus par des idéologies; mais peuvent-ils échapper à la nécessité d'en formuler?

De jeunes militants affirment que les idéologies sont aujourd'hui toutes caduques. Curieusement, j'ai quelquefois envie de prendre la défense des idéologies, mais en précisant alors ce dont il s'agit.

Nous vivons dans une période technique où les hommes font de nouveaux projets. La dimension technique oblige à prévoir à long terme. A un certain moment, ces projets portaient en quelque sorte en eux-mêmes leur assurance. Les idéologies existaient, mais pour magnifier ce que la réalité portait en elle-même. Une sorte de coïncidence se faisait entre une vue à long terme et un projet commencé. Aujourd'hui, nous sommes en période de crise. Du même coup, il est difficile de construire la cité, de continuer à tenter de vivre ensemble sans avoir, par-delà des structures qui sont chaque jour mises à la question, une vision un peu globale de ce à quoi on veut aboutir, surtout dans une société qui s'est beaucoup socialisée. Il est important de préciser cette réalité d'un projet qui n'est pas foi religieuse ou rêve mais évoque une rationalité prospective, que nous nommerons idéologie.

Cette perspective implique des risques, en particulier celui de penser que l'idéologie, qu'on accepte comme la plus probable et la plus raisonnable, est la seule valable et qu'elle exclut d'autres recherches. La rationalité de la référence idéologique, son utilité pour des projets à long terme, doit toujours impliquer une critique de ce qu'une rationalité de ce type a d'absolu. Par là on est alors renvoyé au respect des singularités en quoi s'origine toute histoire.

L'action comporte luttes et conflits. C'est inscrit dans la condition historique de l'homme. Le marxisme considère la lutte comme promotrice de l'avenir. L'adversaire devient, même si l'on n'emploie pas toujours le mot, l'ennemi, l'ennemi de classe pour le moins. Cela ne va pas sans une sorte de rejet de son inviolable originalité humaine.

Le mot « lutte » a toujours été utilisé par les marxistes en le confondant avec ce qui serait pour eux la dialectique réelle de l'histoire. Il prend donc une portée théorique très importante. Les chrétiens doivent souvent aller un peu plus loin. Nous ne pouvons pas faire de toute lutte simplement l'accoucheuse de la vérité. Il ne suffit pas d'affirmer que dans la politique la lutte est normale. Quelle lutte ? Une question de critère éthique est posée aussitôt.

Quand je suis moi-même menacé dans mes droits essentiels de dignité, de liberté, de respect auxquels j'ai droit, quand mon sort est lié à celui de minorités défavorisées, et pas seulement des plus pauvres, et qu'il n'y a pas d'autre moyen de faire respecter ces gens-là, alors je ne vois pas comment la dimension de lutte peut être escamotée. Je n'en fais pas pour autant la productrice de la vérité.

A ce moment-là, le chrétien de bonne volonté m'oppose en général ceci : la lutte d'accord, mais il ne faut pas toucher à la personne ! C'est vrai tant que vous entendez que des démarches de droit sont possibles contre la personne qui a l'initiative de projets inadmissibles. Mais il y a un moment où les démarches de droit ne suffisent pas, où l'on est contraint d'entreprendre une action qui peut aller jusqu'à limiter la puissance de l'acteur qui spolie ceux qui sont sans défense. Cependant il y a plusieurs façons de punir et de sanctionner. Certaines façons s'accompagnent de la destruction ou de la dégradation de celui-là même qui est l'auteur du projet néfaste. Il faut chercher les processus ou les sanctions qui mettent la société à l'abri des risques encourus à cause d'un personnage maléfique, sans que ces processus et ces sanctions ferment à cet individu les portes d'une transformation de lui-même.

Méfions-nous d'une lutte qui veut être, à son tour, la victoire absolue du plus fort contre le plus faible. La lutte juste, au sens de la défense du plus faible, implique des dépassements du langage de droit; mais cela ne permet pas d'aller jusqu'à la destruction de la dignité de l'adversaire. Et cela oblige le droit à progresser.

Aujourd'hui que le marxisme effraie moins chez nous et serait plutôt déconsidéré dans l'opinion générale et dans les media, quel cas devraient en faire les chrétiens ?

Le marxisme demeure plus important qu'on ne le pense habituellement; il ne l'est peut-être pas immédiatement aujourd'hui, et encore! Il peut le redevenir. Il faut y porter une attention sérieuse. Il rappelle qu'il ne suffit pas de supporter par la patience notre condition, que des hommes ont essayé d'y faire face. Ils l'ont fait d'une façon à laquelle je vois aujourd'hui des limites capitales, mais je ne peux plus me débarrasser de cette question. Éliminer les questions du marxisme, ou penser qu'il s'agit d'une opération terminée au niveau des résultats ou des mécanismes très conscients ou même inconscients, c'est être un peu léger face à une crise de si forte proportion dans l'humanité d'aujourd'hui et par rapport à la somme des populations de la planète qui sont concernées dans leur existence la plus immédiate.

10

J'ai besoin de l'incroyant

Les visages de l'incroyance aujourd'hui

L'incroyance, acceptée ou décidée, devient une situation de plus en plus courante en France. Malgré les bonnes statistiques du baptême — d'ailleurs en baisse d'une année sur l'autre — les chrétiens conscients se trouvent progressivement minoritaires dans la population. L'incroyance, qu'elle soit athéisme ou simple indifférence, phénomène collectif ou attitude personnelle, est depuis toujours une interrogation majeure du Père Sommet. Et ces dernières années, il fut secrétaire national du Service Incroyance-Foi.

La situation est complexe en France. Même quand elle est consciente et décidée, l'incroyance ne prend pas facilement le visage d'une religion naturelle.

Dans le milieu populaire, on n'aime pas ce terme d'incroyance. Vous ne ferez pas dire à un militant ouvrier, par exemple marxiste et non chrétien, qu'il est simplement incroyant. Il répondra aussitôt : « Je crois dans la cause de l'homme ! » Ou encore : « Je crois à la vie ! » Le mot d'incroyant gêne.

Dans le monde intellectuel, le terme n'est pas négatif et ne signifie pas un manque; mais l'incroyant ne se sent pas de même nature que le croyant, et il ne tient pas à ce qu'on lui dise qu'il croit mais autrement.

A côté des incroyants proprement dits, nous rencontrons des déistes, et de façon assez explicite dans la franc-maçonnerie. Là, des gens font référence à l'Être suprême, encore qu'il y ait une certaine tension entre les deux traditions du Grand Orient et de la Grande

Loge. Au Grand Orient on se réfère le plus souvent au Grand Horloger comme à un principe; mais aujourd'hui les frères ne veulent pas seulement le considérer comme un principe abstrait. Ce n'est pas sur ce point qu'ils s'opposent à ce qu'ils trouvent dans l'expression chrétienne de la foi. Ils ne s'opposent donc pas comme incroyants. Ils ne savent pas toujours comment se situer ni comment nous situer nous-mêmes. Certains tiennent à ce qu'ils considèrent comme une forme épurée, et la plus pure possible, de la foi en Dieu.

Sans doute s'agit-il plutôt de Dieu dans les seules limites de la raison que de Dieu révélé.

Avec des nuances cependant. Aujourd'hui, des maçons se réfèrent au Grand Horloger, à l'Architecte des mondes, au Principe premier, en se fondant pour cela sur une lecture johannique. Dans la maçonnerie, on trouve des courants qui se disent chrétiens de sympathie, naturellement sans accepter la discipline chrétienne. Leur option n'est pas une abstraction, opposée à une révélation quelconque; il s'agit plutôt d'une voie dans laquelle la révélation est intérieure à des symboles, approchés dans l'exercice d'une discipline très rationnelle, par exemple dans l'utilisation du prologue de saint Jean. Ils diront qu'ils croient en Dieu, mais d'une façon non fabulatrice; il s'agit d'un principe vivant. Ils traduisent l'*in principio erat Verbum* non pas : « Au commencement était le Verbe », mais : « Dans le principe est le Verbe. »

Tout récemment la Sacrée Congrégation pour la Doctrine de la Foi a rappelé les anciens interdits concernant les rapports avec les francs-maçons. Nous nous trouvions soudain loin d'une attitude plus respectueuse et accueillante au dialogue, passée dans les faits depuis Vatican II. Tant que la maçonnerie n'est pas ennemie de l'Église dans ses pratiques et n'attaque pas l'Église, il n'y avait pas de raison de maintenir ou d'urger les condamnations anciennes. Comme personne n'est au niveau national chargé de ces questions, il revenait au *Service Incroyance-Foi* de prendre la parole. Tandis que le Père Riquet, davantage en relation avec le Grand Orient, a exprimé dans *Le Figaro* ses inquiétudes et difficultés, j'ai rappelé dans une interview à *La Croix* les orientations prises au Concile.

Il me semble que le *Décret* de Vatican II *sur la liberté religieuse* engage à une certaine confrontation et à un dialogue, en tout cas au respect des consciences. Pie XII lui-même a parlé du respect des consciences « erronées »! Quels faits nouveaux étaient intervenus du côté de la franc-maçonnerie pour obliger les autorités catholiques à formuler maintenant des mises en garde ? Si tel était le cas, il fallait en dire plus et expliquer. Mon texte se présentait donc comme une demande d'explication.

Le Service Incroyance-Foi

Comment se définit la mission du Service Incroyance-Foi, *éveiller à l'intérieur de l'Église catholique l'attention pour ce que vivent et pensent les autres, ou se « pencher » sur ces autres au nom de l'Église ?*

L'Église n'a pas toujours conscience de ce qu'elle fait quand elle met sur pied des institutions comme le « Secrétariat pour les non-croyants » à Rome et les différents services correspondants dans chaque pays. Veut-on éclairer les non-croyants sur les obstacles à leur cheminement face à la foi chrétienne, favoriser les relations entre croyants et non-croyants pour susciter la réflexion des croyants ? L'expérience et la pratique mêlent ces perspectives. Les chrétiens manifestent par là leur souci de déceler aussi la non-croyance que nous portons en nous, d'où qu'elle vienne. Les chrétiens se « penchent-ils », ce faisant, sur les non-croyants ? Ce peut être un progrès puisqu'on ne lutte plus contre eux comme autrefois! Mais se pencher sur quelqu'un, c'est penser qu'il se trouve plus bas, qu'il faut l'aider à sortir de sa mauvaise position; il y a là une sorte de condescendance et de pitié fallacieuses.

En réalité, le premier acquis est ceci : on prend sérieusement en compte les incroyants. La place qu'on leur donne n'est toutefois pas si claire et l'ambiguïté apparaît dans des textes, dont par ailleurs je me réjouis qu'ils existent. Pour prendre l'histoire récente, citons l'encyclique *Ecclesiam suam* de Paul VI. Autour de Jésus Christ, le chrétien est au centre, le non-croyant a la chance d'être dans le dernier cercle, qui n'est plus celui de l'enfer. Il reste un sujet du salut en quelque sorte, et n'est pas exclu de la lumière de la Révélation. Il est quand même sur le dernier banc! L'attitude de Paul VI a été plus ouverte que ses textes. Dans sa rencontre avec le patriarche Athénagoras il a dit : « L'âge n'est-il pas venu de prendre les athées au sérieux ? » Il ne s'est pas référé alors au rapport du centre avec des cercles concentriques. A Vatican II, *Gaudium et Spes* parle de l'*homo naturalis*, qui mérite intérêt, mais cela reste court. Le *Décret sur la liberté religieuse* au contraire me paraît, pour notre sujet, un texte tout à fait fondamental, un des très beaux textes de Vatican II. En tire-t-on toutes les conséquences pour les rapports avec les non-croyants ? Certes, le texte a d'abord en vue le respect des choix religieux différents. Mais, au fondement de ce respect, il place un sens profond de la liberté; il peut donc être lu aussi bien du point de vue du respect nécessaire de la conscience non croyante, puisqu'elle est impliquée dans ce débat. C'est un appui qu'il ne faut pas oublier. C'est un des documents de maturité du Concile.

Pour en arriver là, il a fallu dépasser beaucoup d'hésitations du début.

Face à des institutions comme le *Service Incroyance-Foi*, le non-croyant qui entre en relation avec lui a-t-il le sentiment que les chrétiens s'occupent de lui d'une façon trop organisée ? En tout cas, lui entre dans le jeu sans être envoyé par personne, alors que les chrétiens de ces organismes sont mandatés. Rapport difficile à situer. Pour ma part, je souhaitais que la situation soit mise davantage au clair. Nous sommes, nous chrétiens, engagés dans ces instances pour le dialogue comme représentants privilégiés. Si nous disons des paroles un peu plus libres que l'évêque de telle ville, ils nous entendront nous et non pas l'évêque; c'est un problème. De plus, les incroyants ne sont jamais convoqués par le Secrétariat en tant qu'ils représentent telle structure ou telle unité. L'incroyance n'est pas de soi une communauté organisée. Les deux autres Secrétariats fondés à Vatican II dans le même esprit de dialogue, celui des relations avec les autres religions et le Secrétariat pour l'œcuménisme, sont dans une situation tout à fait différente. Le Secrétariat pour les relations avec les religions non chrétiennes est caractérisé en France surtout par le dialogue avec l'islam. Certes l'islam est divisé et complexe; il est quand même une religion visible et délimitée. A plus forte raison, la situation est-elle déterminée quand nous abordons le domaine de l'œcuménisme. Remarquez que cette situation propre au *Service Incroyance-Foi* fortifie la perspective selon laquelle être incroyant c'est d'abord se référer à sa conscience propre dans son autonomie. Il n'y a pas d'organisme qui puisse être représentatif de cette réalité fondamentale ni même l'exprimer de façon cohérente et autorisée. Il n'y a pas d'incroyant représentatif des incroyants et des formes d'incroyance!

Nous sommes en contact avec des incroyants parce que nous en rencontrons ou parce que certains nous posent des questions; nous ne travaillons pas avec des organismes. Les incroyants savent que des chrétiens sont heureux d'un dialogue où l'égalité de droits sera respectée. Le « Service » Incroyance-Foi est prêt non seulement au dialogue mais pense avoir quelque chose à entendre des autres et dans un esprit de dignité égale. Et ils le savent.

Cependant, soit à cause de démarches par lesquelles l'Église les blesse parfois, soit à cause de leur propre développement, des groupes déterminés demandent à entrer dans une confrontation, un dialogue. C'est, par exemple, le cas de la maçonnerie dans certains lieux ou régions de France. Des groupes de scientifiques non croyants intéressés par les questions religieuses, ou encore des groupes rattachés au Parti communiste, le professeur marxiste de tel lycée, etc., ont souhaité des rencontres. Dans une session à Annecy, en 1983, nous nous sommes trouvés ensemble pendant trois jours, maçons, communistes très engagés, chrétiens ou chrétiennes, prêtres ou laïcs, libres penseurs sans référence avec quelque institution que ce soit... Les incroyants, tous différents les uns des autres, ont pu constater qu'ils n'arrivaient pas, dans leurs villes et leurs villages, à se rencontrer au nom de leurs différentes appartenances. Au *Service Incroyance-Foi*, ils trouvaient enfin la possibilité de parler sérieusement, ensemble, de l'essentiel de la vie, de ce qui fait le bonheur et l'espérance.

L'organisme romain s'appelle Secrétariat pour les non-croyants. *En France, on a pris une autre dénomination :* Service Incroyance-Foi.

Cette formule est due à Jean-François Six qui a fondé le service en France et qui l'a instauré de telle sorte qu'il ait des relais dans chaque diocèse. Depuis on a voulu dépasser ce qui peut encore sembler négatif dans la formule *Incroyance-Foi*. Mais on n'a pas encore trouvé ! La formule actuelle du moins ne donne pas le sentiment que nous voulions de quelque manière récupérer l'incroyance. Service, en l'occurrence, doit évoquer la confrontation, le dialogue.

La relation vraie peut ébranler ou changer la condition du chrétien conscient de tenir en Jésus Christ le centre du monde. Certes, il ne s'agit pas de taire ce qu'on est ni de l'imposer à l'autre. Mais peut-être le chrétien reçoit-il quelque chose de l'autre pour croire, y compris un peu plus en Jésus Christ. C'est le paradoxe.

Certes, si je suis habité par la foi, don gratuit de Dieu, je n'ai pas le devoir de la cacher, j'ai plutôt celui de la dire. Me faut-il pour autant penser que l'humanité doit être appelée à être tout entière convertie à Jésus Christ dans un schéma historique donné ? N'ai-je pas plutôt pour rôle d'être le témoin d'une dimension révélatrice de l'existence humaine, et de l'être de telle sorte que l'autre, s'il veut l'entendre, l'entende ? Et qu'il comprenne que, en ce qui me concerne, ma foi et la Révélation qui la fonde ne sont jamais complètes non plus, tant que je n'ai pas entendu de la conscience humaine, là où elle est, de sa conscience à lui, ses questions et ses exigences.

Le dialogue respectueux avec celui qui ne croit pas ou croit autrement est sans doute un des grands bienfaits de notre époque. Mais c'est aussi une façon de domestiquer la différence plutôt que de l'affronter ; on en souffre avec un certain confort psychologique plutôt que de la ressentir comme un défi à ses propres convictions. L'incroyance ne dérange plus guère.

Les exigences se déplacent plus qu'elles ne s'amenuisent. On n'est plus tenté de recourir à l'Inquisition ou à l'épée, ce qui est déjà un progrès — encore qu'il ne faille pas réduire les rapports entre croyants et incroyants, ou entre chrétiens et païens, au seul conflit en ce qui concerne les siècles passés. Ce que j'apporte comme chrétien est considéré comme dérangeant du simple fait qu'on le prend au sérieux, sans qu'il y ait pour autant une perspective de conversion. Le chrétien, quant à lui, doit découvrir ce que Dieu lui demande à travers cet homme qui ne croit pas, à travers ce que celui-ci lui apporte et lui pose comme question. Si ce dialogue n'est pas une sorte de métamorphose réciproque, c'est-à-dire d'apport de l'un à l'autre, je ne vois ni sa valeur ni son intérêt. Le chrétien doit également se rappeler que la présence de la parole du Fils de l'homme dans l'histoire est située dans un contexte local extrêmement étroit, mais que l'immensité de l'humanité n'est pas extérieure pour autant, du point de vue chrétien, au dessein de Dieu, à la préférence et au don de Dieu pour tous les hommes. Le chrétien reconnaît une référence de tout homme à Dieu; qu'il le sache ou non, tout homme est créé à l'image de Dieu. Tous sont les préférés de Dieu au même titre que nous. J'honore à la fois Dieu et l'homme en le reconnaissant.

Dérouté par l'indifférence ?

L'incroyance comme attitude claire et consciente est peu fréquente dans notre société. Une bonne partie de nos contemporains sont souvent agnostiques par indifférence ou indécision. On parle beaucoup de catholicisme populaire, de christianisme populaire; n'existe-t-il pas également une sorte de non-religion populaire, un agnosticisme populaire ?

En France, nous sommes dans une période où, sauf démarche très particulière d'un individu qui dit « moi j'en suis là », un ensemble un peu diffus ne se réclame plus de l'athéisme doctrinal et anticlérical. Croyants et incroyants ont vécu ensemble dans le dernier demi-siècle des épreuves où ils étaient face au même adversaire; naturellement pas tous, mais quelques-uns suffisent. De même, dans la période progressiste d'après guerre, des chrétiens et des non-chrétiens se sont trouvés ensemble attelés aux tâches de reconstruction. La rencontre, de ce fait, quand elle existe, est une confrontation d'attitudes plus que de propositions bien formulées, bien construites, et exclusives l'une de l'autre. Ce qui caractérise l' « attitude », c'est la préférence pour l'autre et non son exclusion. De ce fait les rencontres sont possibles. Il existe des consciences droites, non suffisantes, en recherche positive d'un approfondissement des perspectives qui les font se diriger dans la vie; elles entendent que, pour elles, l'avenir se trouve dans l'autonomie et non dans la dépendance ou la relation à un maître, fût-il un maître de vie ou de vérité. Mais cette recherche n'exclut pas la valeur de celui qui entend, pour faire simple, se fonder dans une parole ou dans une tradition historiquement caractérisée. Nous sommes alors dans un agnosticisme positif.

Ne faut-il pas parler aussi d'un agnosticisme négatif, d'une attitude faite d'hésitation, d'oubli des questions du sens de la vie, d'indifférence religieuse vécue comme attitude normale de l'homme moderne ?

Il y a d'abord les gens qui ne savent pas comment saisir des questions de sens ; l'hésitation est alors soit théorique, soit pratique. La non-croyance d'indifférence va plus loin ; c'est l'attitude de gens dont la vie est encombrée par les multiples intérêts qui envahissent le champ de la conscience, au point que les questions, posées par la religion ou par les symboles qu'elle manie, n'ont pas d'intérêt pour eux. Pour un temps, souvent pour longtemps.

On pourrait multiplier les sous-catégories de l'indifférence. Pour une indifférence plus ou moins motivée, la question religieuse n'a pas d'intérêt parce qu'elle ne pourra jamais répondre sur la souffrance, sur le scandale de l'écrasement des faibles. L'indifférence d'origine presque empirique s'appuie sur le fait que la vie est trop occupée : « J'ai assez à faire dans la vie sans ça ! » La réflexion est tenue par des gens qui trouvent parfaitement le temps de s'ennuyer par ailleurs !

Mon attitude est de rappeler que je ne puis pas me passer de l'autre, de celui qui ne partage pas ma foi ; mais cette attitude puis-je la tenir devant l'agnosticisme positif ou négatif ? Qu'est-ce que dialoguer ou se confronter avec quelqu'un qui vous tourne le dos ? Ou je fais violence à sa liberté, ou je me mets à son pas et je deviens indifférent avec l'indifférent. Il ne peut donc rien en résulter. Comment engager le dialogue, la confrontation de libertés, j'entends de ce qui en nous est le plus digne, et le respect de la dignité de chacun, avec des gens qui tournent le dos à ces questions, qui ne s'intéressent pas au sens de ce qui éclaire un peu ? Parler de la pluie et du beau temps, bavarder, n'est pas encore dialoguer. La marche vers une confrontation est à la fois une naissance d'exigence des uns par rapport aux autres, mais évidemment aussi naissance de solidarités d'un type nouveau. Une solidarité, appelons-la pour le moment spirituelle, est peut-être à construire ou à faire. Il n'en reste pas moins qu'un homme qui me tourne le dos et qui ne dit rien, tant qu'il existe, est pour moi aussi important que Dieu, même si nous n'arrivons pas à dialoguer en profondeur.

Peut-être ai-je besoin de l'incroyant pour croire ?

Peut-être ai-je besoin de l'autre-incroyant pour croire ? La théologie de saint Paul, principalement dans l'Épître aux Romains, me paraît éclairante pour notre contexte actuel. Dans les chapitres 2 et 3, Paul loue et condamne à la fois la conscience païenne et la conscience juive, dans une sorte de confrontation entre elles. L'intéressant est de noter ce pour quoi il condamne et ce pour quoi il loue la conscience dans chacun des deux cas. Il condamne de même façon la fidélité juive et la fidélité païenne, quand elles deviennent des fidélités suffisantes à elles-mêmes. Le dernier Israël avant Jésus a donné à la Loi un sens magnifique, une sagesse qui veut rayonner sur les sociétés et peut rassembler tous les hommes. Cet Israël représente un immense progrès de l'universalité concernant le salut. De la même façon, la conscience païenne est capable à certains moments de faire la vérité au nom de la conscience et par elle-même. Paul, c'est d'abord le juif « parfait », si je puis dire, qui persécute les chrétiens au nom de la pureté de la Loi, par fidélité; la conversion est le passage de la Loi à la grâce. Comparée à la Loi comme vérité possédée, qu'on croit devoir imposer à l'humanité dont on est maître, la grâce est un total renversement. La grâce est donnée, c'est Dieu qui la donne; et la vision et le rapport aux choses, ou aux hommes et au Royaume, changent. N'est-il pas extraordinaire de voir comment chez Paul ce dessein de la grâce se traduit concrètement et se vérifie dans la relation aux hommes ? Être fidèle au Royaume et à la grâce, c'est transmettre et proposer la vérité du salut des hommes en Jésus Christ, à tout homme, personne n'étant exclu à l'avance. Une ouverture saisissante! Paul n'impose pas cet appel à tous, ce serait revenir à l'image juive de la Loi; il entend l'appel à travers tout homme. Il restitue aux consciences juives et païennes leur rôle dans le salut même. La grâce qu'il propose à des hommes, il l'offre à des libertés. Il reconnaît aux hommes, païens ou juifs, des moments où ils peuvent être libres.

Reconnaître que ce don s'adresse à tout homme, c'est reconnaître que tout homme est capable, que dans tout homme il y a une attente de la conscience même, telle qu'elle est, juive ou païenne, qui peut être une ouverture. De cette ouverture Paul ne veut et ne peut se passer. Jusqu'à la fin de l'histoire des hommes, un petit nombre, peut-être, entendent une parole qui les atteint; présents dans l'histoire, ils signifient que Dieu en son Fils aime tous les hommes jusqu'à la fin. Le risque pour le chrétien, c'est d'être l'homme de la loi chrétienne, je veux dire d'enfermer dans son système qui devient un facteur de domination, d'exclusion, de jugement sur les autres. Ce serait la fin du christianisme!

Certes, dans Paul, la droiture païenne comporte son risque qui est de se fermer sur sa suffisance. Ceci se manifestera à travers des hommes de tempérament juridique jusque dans la façon de pratiquer les droits de l'homme. S'il y a une chance, pour la conscience païenne, dans sa droiture même, de sortir de ce risque de fermeture, c'est évidemment, sans renoncer à « sa » droiture, de rencontrer des hommes ou des femmes qui vont pratiquer une droiture de qualité semblable, mais dont les points d'appui ne sont pas les mêmes, au nom d'un appel historique — ce qui est presque inimaginable, non pas pour le juif, mais pour le païen moderne de type européen.

Le christianisme parle volontiers en termes d'amour. Cet amour porte un nom pour les chrétiens. Quand il ne porte pas de nom, il risque de se suffire à lui-même. Il se stérilise lui-même s'il ne se confronte pas avec l'amour qui existe ailleurs. L'amour doit être porté à l'intérieur d'une relation étonnante, difficile, toujours à reprendre, humblement, avec les autres. La vie de chacun prend une dimension de liberté mystique, spirituelle; la décision de chacun est à prendre en considération. Mon groupe ne suffira pas à justifier mon attitude; je ne puis me suffire de mon groupe pour entendre les hommes.

Honnêteté et patience devant l'indifférence

Avec tout le respect moderne qu'il entend professer aujourd'hui pour l'autre et le différent, le chrétien n'est-il pas motivé par le vœu que tout le monde parvienne à partager sa foi ? La très riche reconnaissance de l'un par l'autre exclurait-elle l'attitude proprement missionnaire ?

Une attitude missionnaire est fondée différemment; elle consiste à vivre en même temps pour l'autre et pour soi. Je ne peux pas cesser de me proposer pour ce que je suis — je dis « proposer » — à la conscience qui est en face. Et je ne peux pas non plus ne pas considérer dans ce même geste les conversions et les métamorphoses internes que j'ai à faire pour tenir compte des fidélités de l'autre homme à lui-même. Le mouvement missionnaire est comme l'expansion de la relation de vérité où l'un interroge la vérité de l'autre, en étant fidèle à la sienne, en disant la sienne. Il ne s'agit pas de tendre à s'accorder, si je puis dire. La mission, c'est la proposition qui donne et qui reçoit. Une proposition de moi à l'autre, mais tout autant de l'autre à moi.

Humblement, j'ai le droit de dire tout ce que je suis, et mes fidélités comprennent aussi le devoir d'apprendre de l'autre ce qu'il dit des fidélités qui l'habitent. C'est Dieu qui offre la foi et la grâce, on ne peut l'oublier; la grande affaire dans l'Écriture, c'est que la foi est un don gratuit de Dieu.

La rencontre respectueuse de l'autre est purifiante pour la foi, les questions de l'incroyance sont décapantes pour le chrétien... c'est devenu un cliché. A la longue, il n'y a plus rien à décaper! On a bonne conscience d'avoir reconnu l'incroyant sans conflit. Les questions sont bien répertoriées, elles ne dérangent plus!

C'est vrai, les événements, les solidarités et les confrontations partagées au cours des dernières décennies ont conduit à une attitude qui a l'air irénique. C'est une étape intermédiaire déjà un peu dépassée. De nouvelles difficultés apparaissent maintenant dans le rapport du croyant et de l'incroyant, de l'incroyance et de la foi. A partir du moment où la différence devient l'objet d'une opinion calme et tranquille, une incroyance nouvelle apparaît pour ainsi dire des deux côtés, une incroyance d'indifférence. Les chrétiens et les non-chrétiens, qui ont fait profondément le chemin de la confrontation et de l'écoute réciproque, s'aperçoivent que, peut-être par suite de l'affadissement des luttes, une économie d'abondance ou de surconsommation a succédé à la terrible concurrence!

Un grand nombre d'hommes et de femmes, chrétiens ou non-chrétiens d'origine, ne sont plus rien; ni chrétiens ni non-chrétiens. Le drame de cette situation, c'est la présence de la question sous la forme de la non-question. Ceux qui sont fidèles à la conscience ou à la foi peuvent-ils accepter de n'avoir rien à donner et rien à recevoir des hommes qui leur tournent le dos ? Question peut-être plus tragique que la négation affirmée. On ne peut en parler en termes de combat; il n'y a pas de combat contre les ombres! Notre univers est l'univers désertique des hommes pour qui et chez qui le calcul efficace encombre l'esprit. Je ne condamne pas le souci d'efficacité en lui-même. Mais il entraîne que souvent les gens ne sont pas spontanément éveillés à d'autres questions; ils échappent à l'univers religieux au sens où croyants et non-croyants se confrontaient. Les chrétiens et les incroyants motivés sont désemparés. Quand il y avait au moins un combat à livrer, il y avait quelque chose à faire. Et pourtant je ne peux pas me passer de ces hommes.

Peut-être faut-il déjà regarder au-delà de cette question de l'indifférence. Ne voyons-nous pas apparaître la question d'une néo-croyance culturelle ? Des hommes et des femmes, qui ont passé par cette période tranquille, sont placés dans la vie devant des événements sérieux, l'éducation des enfants par exemple. Ils renaissent à une certaine curiosité au moins culturelle. C'est une nouvelle étape, une période post-ecclésiale. Ils s'interrogent sur la signification humaine mais originale de phénomènes qui étaient jusqu'alors des phénomènes religieux et qui ne le sont plus. Leurs questions ne portent pas sur le rapport de la loi et de la grâce, mais sur la conscience. Elles concernent plutôt des dimensions de civilisation et peut-être simplement la présence dans la civilisation du phénomène chrétien à côté du phénomène musulman, etc. C'est une sorte de renaissance, non point directement de la foi; mais c'est autre chose que l'indifférence.

Le chrétien ne ressent plus l'incroyance d'abord comme une attaque contre l'Église ou contre sa propre certitude, mais comme une expression de la conscience. Le temps des condamnations est révolu. L'incroyance n'est plus le grand péché. Le christianisme se présente alors comme une sorte de levain, une très libre proposition. Du même coup n'a-t-il pas cessé de déranger ?

Les progrès faits comportent aussi cette tentation de facilité. Le devoir missionnaire du chrétien se modifie sur deux points qui ne demandent pas moins d'énergie, de décision généreuse, de ressourcement permanent de soi. D'abord le dialogue ne doit pas s'endormir; il se déplace simplement sur ce qu'est l'existence pour l'autre avec une urgence de vérité, de critique, d'analyse. Justement les questions simplement humaines au départ devront être abordées avec beaucoup de vigueur et en éclairant toutes les illusions qui peuvent se former autour d'elles. Au fond, il y a une inattention à l'histoire qui déplace. Pour le croyant comme pour le non-croyant, il y a là quelque chose à approfondir. Chacun doit apporter les lumières et les raisons qui sont les siennes, de foi pour l'un, d'honnêteté pour l'autre. Donc il y a un domaine d'initiative de critique de la vérité et des gestes.

L'autre dimension est celle de la patience, non pas de la patience qui laisse faire n'importe quoi, mais de la patience impatiente de quelqu'un qui attend un autre au retour d'un grand voyage.

Face à l'indifférence que peut être la présence missionnaire si ce n'est une présence de patience, d'attente aimante ? Car je ne vois pas ce qui peut être fait autrement; il n'est pas question de violenter les gens!

Dans le cas de l'indifférence, je suis devant une grande difficulté, ce qui n'est pas le cas face à l'incroyant manifeste. Nous ne devons pas parler de cette indifférence comme d'une faiblesse, d'une maladie ou d'un péché, et pourtant je me prends à le faire, parce que je n'ai presque pas d'exemples autres. C'est la forme d'incroyance qui me pose le plus de problèmes, et qui en pose à beaucoup d'incroyants conscients avec lesquels je peux cheminer, fût-ce à travers mille difficultés.

Mais il faudrait analyser davantage. J'en suis à une étape qui me fait distinguer l'indifférence de faiblesse ou de décomposition humaine et une indifférence sérieuse qui m'apprend encore quelque chose. Des gens ont une vie tellement remplie d'occupations qu'à certains moments, n'étant pas par ailleurs lestés d'un message spirituel intense — message explicite chrétien ou message des droits de l'homme —, ils se désintéressent complètement de ce qui est le langage de la foi, de la croyance ou de l'incroyance. Ça ne leur dit rien. Pourtant, si je passe un temps avec eux dans une écoute patiente mais active, ils se révèlent comme habités d'une dimension qui m'apprend quelque chose, à moi, comme chrétien; par exemple de par le sérieux dans la raison et dans leur tâche. Dans cette faiblesse d'indifférence, qui peut être du type de la décomposition, il y a encore des forces, il y a encore quelque chose à accueillir et à recevoir.

A notre époque, les hommes sont dans un univers dans lequel Dieu n'est pas l'inexistant; il est l'absent plus que le présent. Pour le chrétien, il y a une plus grande pertinence à parler de Dieu; il en parle dans la relation du Fils et du Père. Parler actuellement de Dieu en termes de premier principe pour tout homme, comme une sorte de droit naturel, est une chose difficile. Mais, avec des gens à qui le mot « Dieu » ne dit rien, il y a une façon de parler du plus sérieux de l'existence sans vouloir passer le plus rapidement possible à la preuve que Dieu existe. Parler en vérité en allant le plus patiemment et le plus véritablement possible à travers les questions profondes de l'existence. Dans la réflexion contemporaine, on a vu réapparaître un peu le sujet ou les dimensions inter-relationnelles, y compris dans le langage psychanalytique, les références à l'Autre, avec A majuscule, sans aller plus loin. C'est une sorte de questionnement. Il faut que le chrétien s'habitue à ne pas utiliser le mot Dieu trop rapidement et trop simplement, ce qui ne veut pas dire qu'il ne doit pas être le témoin de la foi évangélique!

Le moment du témoignage

> *Jacques Sommet a été un moment accompagnateur ecclésiastique de* Témoignage chrétien. *Le mot témoignage est à la mode tandis qu'on se méfie des termes enseignement et mission, comme s'il y avait un autre christianisme, un nouveau sens de Dieu à révéler.*

Dans ce contexte, le mot témoignage signifie une présence — pas nécessairement dialoguante, puisque quelquefois elle est silencieuse —, qui tient l'autre pour égal à ce que je suis. La société ne peut pas se passer de cette confrontation portant sur ce qui est commun à l'existence des hommes. Le témoignage conduit moins à parler de la foi. Le dialogue ou l'expression de ce que le christianisme apporte, le témoignage du discours sont moins de tous les jours. Quand la vie chrétienne fidèle en ce monde se manifeste à l'intérieur de ce dialogue, de cette confrontation, quand celle-ci a à s'exprimer, c'est le moment du témoignage dans son sens plein. Alors les questions sont quelquefois plus profondes et plus directes; vient un approfondissement jusque dans la rareté de leur formulation.

II

Une Église présente à l'histoire qui se fait

L'Église s'intéresse à la politique

Jacques Sommet a consacré une grande part de son travail aux études sociales et politiques. Dans quel but la Compagnie pousse-t-elle des religieux aux études d'économie et de philosophie politique ? Penserait-elle apporter une contribution spécifique en ce domaine profane par sa nature même ?

Au moment où l'on m'a orienté dans cette direction, la Compagnie voulait être présente à la question sociale, par un biais d'action religieuse et éthique et dans un souci de formation de militants laïques à travers les mouvements de jeunesse, afin qu'ils soient compétents dans le domaine social. Dans la tradition, déjà ancienne à cette époque, de l'Action Populaire, avec le Père Desbuquois, la dimension d'une réflexion philosophique était plutôt minorée par rapport à la relation au terrain. Peu à peu s'est dégagé un souci plus marqué de réflexion technique, philosophique et théologique, en même temps que la recherche de spécialisation scientifique dans des domaines comme le droit social, international, etc. Dans la dimension philosophique, situons la nouveauté que représentait un homme comme Gaston Fessard. Les anciens en ont été un peu déconcertés. Dans la suite, se sont développées des approches théoriques plus fondamentales, et sur un terrain de spécialistes. Quant à la présence sur le terrain, au sens de la fraternité des militants, beaucoup d'aumôniers sont ou ont été jésuites. Le Père Guichard fut longtemps l'aumônier national de la JOCF, et les aumôniers nationaux de la JAC et de l'ACJF ont été longtemps jésuites.

Qu'un service puisse passer par l'exercice d'une autorité politique, voilà une question qui est toujours posée dans la Compagnie. Encore faut-il que le pouvoir soit une façon d'atteindre un service plus universel à travers des structures et aussi des contagions personnelles. C'est un domaine où le risque de se tromper ne peut être exclu. Nous sommes dans un univers où l'Église et l'État sont séparés. Il ne s'agit pas de retrouver les anciens modes de présence du christianisme par connivence avec l'État. Dans cette nouvelle situation comment être présent à une société qui reste sensible aux interventions de l'Église ? Comment y être présent d'une façon qui soit efficace mais aussi respectée et respectable pour les hommes qui ne connaissent pas l'Église ou le christianisme ? Une forme d'autorité dans le service, disons de « visibilité signifiante », était à retrouver. Dans cette perspective, il importait d'insister sur la rigueur de l'effort à entreprendre pour que les hommes soient formés dans les disciplines sociales et qu'ils soient des relais pour la société à travers les mouvements de jeunesse. Il existe sans doute dans les années 1935-1939 une connivence, volontaire ou involontaire, entre le travail théologique du Père de Lubac dans son *Catholicisme* avec le grand moment de la JOC. C'est un exemple parmi d'autres. Dans le domaine de l'histoire il n'y a pas de hasard mais des rencontres. En tout cas, dans la Compagnie on entreprend alors des réflexions plus fondamentales sur le social et, peu à peu, sur le politique, en même temps qu'on encourage à la formation pour une présence au monde jeune par les mouvements. C'était bien une politique. Donc un exercice de responsabilité pour le service.

Dans l'Église, on se sent assez à l'aise face aux questions sociales, on craint davantage le domaine politique, dont les jeux sont plus troubles, marqués de conflits, d'ambitions, de rivalités. Or Jacques Sommet est de ceux qui ont le plus souligné le caractère politique des enjeux qui traversent la vie sociale.

Il est important d'expliquer comment se situe pour moi la question politique. Je ne répugne nullement à mettre en évidence l'aspect social. Il est même le début et la fin de l'œuvre politique, mais dans un sens à préciser. Le social concerne moins les institutions et davantage les problèmes des hommes et des groupes. C'est le social qui est en cause dans les situations, dès avant qu'elles soient prises en compte par les pouvoirs politiques et même par les structures, les organisations et les lois. Au départ mon travail est déterminé par la situation des hommes dans un ensemble. Il y a des hommes menacés et, au contraire, des hommes qui sont en progrès et en développement. Il y a des secteurs de misère où des groupes humains sont voués à la disparition et il y a des inventeurs d'espoir. Pour moi, par sensibilité et par histoire personnelle, le social touche d'abord le problème des hommes, ce que j'ai appelé le souci du premier et du dernier. Ceci bien établi, ma tendance est de passer vite au politique, car c'est fondamental pour saisir correctement les questions posées à partir des réalités globales de la vie humaine, de ses menaces et de ses fragilités.

L'avenir dépend du problème de la *culture* politique avant de déboucher sur un problème d'*action* politique et de structuration des institutions, du pouvoir, de l'État, etc. Dans la période où il agit sur les institutions, et par là sur des ensembles de puissance et de droit, un homme politique dépend souvent beaucoup de la formation qu'il a reçue. Dans le monde syndical, des luttes infinies se sont développées pour l'institution d'un ordre social; mais en réalité elles dépassent tout de suite cette fin première. Certes, la lutte syndicale porte sur un domaine apparemment plus marqué par les soucis de la vie quotidienne; or il n'existe guère de domaines où la dimension idéologique apparaisse autant. Car la fin poursuivie à travers ce travail quotidien pour mieux gagner le pain de l'humanité pose des questions plus vastes : choix d'avenir, choix de type humain dans cet avenir, choix du mode politique qu'il s'agit de faire fonctionner à travers les valeurs et à travers des pouvoirs. L'action sociale est toujours pénétrée de ferments de transformation de la vie humaine bien au-delà de la régulation des biens et de leur usage; cette perspective dépasse ce qui normalement se formule dans les thèmes du problème économique et social. On ne peut pas ne pas prendre au sérieux l'apparition de questions qui n'ont rien à voir avec la vie économique : l'inquiétude de la guerre, d'un monde dominé par les puissances nucléaires, la renaissance des soucis d'éducation, etc. Sans vouloir majorer l'intérêt pour la CFDT, je constate qu'elle constitue, en ce moment, une sorte de laboratoire pour analyser comment le travail change. On analyse de façon plus aiguë les goûts et les préférences de jeunes générations; ce qui déconcerte les anciens militants. Des déplacements se font sur des options qui portent sur des styles d'existence, qui ne se résolvent pas seulement au plan social. C'est l'aspect culturel des fins poursuivies. Les problèmes qui me semblent mobiliser en politique et préparer les questions proprement politiques sont des problèmes de culture et de formation. De 1936 à 1939, la JEC réfléchissait sur les problèmes de la paix; cette mobilisation paraissait ridicule à certains qui ne voyaient que les problèmes sociaux intérieurs. Or la polarisation sur le social a pu empêcher alors de mesurer la gravité de la montée du nazisme. Aujourd'hui, les jeunes du MRJC posent immédiatement, derrière les questions économiques et sociales, le choix d'un type de société.

Entre ce qu'on appelle d'habitude le social, mais qui porte dans ses flancs bien autre chose, et le moment de ce qu'on appelle l'action politique, il y a l'intermédiaire de la formation politique; à le négliger on risque de passer brutalement du social au politique, ou bien de rester à l'écart de la politique. Cet entre-deux est le niveau culturel; c'est selon Gramsci le lieu des « intellectuels organiques », le lieu des hommes qui forment des citoyens. Il importe donc de former des gens qui ne se limitent pas au problème social, quand les questions graves s'y posent. Cette formation déroute, parce qu'elle demande une activité constante et permanente pour des actions à long terme. A moins d'être pure révolte qui sera fragile — et toute révolte est fragile —, toute politique qui se manifeste un jour par un changement d'État ou de constitution suppose une longue préparation. Certains amis évoquent parfois les relations qu'ils ont eues avec moi, parce qu'à propos des questions qu'ils m'ont posées, j'ai porté leur attention sur les conditions d'une formation constante à l'action politique.

Pour moi, la question de l'État, des structures politiques, est aussi importante. Les problèmes du pouvoir se posent réellement. Jamais l'État n'a eu tant de pouvoirs. Il est premier dans des questions qui vont de la finance publique à la paix, jusqu'à la formation par le biais de l'enseignement. Cet État n'est pas sans perspectives et il faut que je puisse critiquer ces perspectives.

La puissance actuelle de l'État se joue toutefois dans un contexte qui se caractérise par le développement de désordres violents. Le terrorisme semble croître au-delà des rapports entre nations, mais il rejaillit ensuite sur les nations et sur les États. Certaines structures sont plus résistantes que d'autres. Notre République est beaucoup plus structurée aujourd'hui avec son type de présidence qu'elle ne l'a été depuis le XIXe siècle. Mais je suis frappé par le fait que cette situation se double de zones incontrôlées qui sont des problèmes politiques non résolus.

Une question importante est posée ainsi aux pouvoirs du type que nous connaissons, car il n'y a pas de terrorisme dans les pays totalitaires! Un problème de modèle est donc en jeu; sans se référer au totalitarisme, quel modèle serait possible face à cette question?

Comme beaucoup de personnalités religieuses, Jacques Sommet n'agit pas directement sur les structures politiques, il intervient par l'action éducative, la formation des responsables. N'est-ce pas, malgré tout, une façon de faire de la politique sans se l'avouer?

Ma situation essaie d'être celle de l'Église, qu'il faudrait préciser. Quand il y a un vide absolu, j'ai à être présent du seul fait que je suis non seulement chercheur ou religieux mais d'abord homme. Cela arrive rarement, mais peut arriver. Je pense à la prise en sensibilité du phénomène migrant à ses débuts. C'est une question de fidélité à la conscience humaine d'une part et peut-être à l'initiative chrétienne comme telle, au moment où cette sensibilité ne faisait pas encore partie de la vie sociale et politique française.

Les jésuites sont volontiers proches de gens qui ont des statuts de responsabilité dans la société.

Il y a certainement une recherche, même instinctive, en ce sens; elle est peut-être à critiquer. On craint quelquefois qu'ils ne se servent de la formation de la conscience que pour créer un certain modèle de cité, peser sur la politique et les institutions de façon indirecte mais efficace. Plus l'homme que je rencontre en formation personnelle de conscience a de responsabilités politiques, plus il faut que la relation personnelle, spirituellement formatrice, ait pour seul but de dégager sa liberté pour des choix dont je m'assure que ce ne sont pas nécessairement mes choix. Un exercice critique particulier est nécessaire en ce sens. Un travail de conscience doit libérer de fausses solidarités qui se transformeraient en dessein politique de domination ou de manipulation. Ici notre loi est d'être plus exigeants en conscience concernant le mensonge et la vérité vis-à-vis de nous-mêmes que de ceux qui sont simplement proches, et plus exigeants vis-à-vis de cet environnement de sympathisants que vis-à-vis des adversaires. C'est d'ailleurs dans la ligne de la tradition jésuite pour le gouvernement de la Compagnie.

Au nom de la conscience

Prêtre, jésuite, Jacques Sommet poursuit une action de formateur. Au nom de quoi ?

Que ce soit par le biais individuel ou par le biais collectif, je dis volontiers : au nom de la conscience, au nom des existences humaines tout simplement. Pour moi, un homme qui est là est inamissible; c'est un impératif catégorique! Mais cet impératif catégorique, je ne me sens pas la possibilité de le respecter à moi tout seul. Il y a une sorte de référence qui est en moi plus que moi, comme aurait dit saint Augustin, ou autre que moi.

Je parle avec ce que je suis, chrétien et homme, à un homme dans le langage qu'il entend et qui est pour lui celui de la plus grande exigence à ce qu'il est aujourd'hui. En quoi cet homme est-il exigeant vis-à-vis de lui-même comme conscience engagée dans une tâche sociale, politique ? Je lui parle en quelque sorte au nom de sa conscience personnelle et, à ce moment-là, la vérité du Royaume de Dieu, je l'espère du moins, est dans ce dialogue d'un chrétien avec un homme qui ne l'est pas, dans le langage et le rapport qui exprimerait le mieux ce que l'un peut apporter à l'autre et réciproquement. Il s'agit là d'un dialogue fondamental dans lequel le respect actif, exigeant de l'un pour l'autre, doit trouver son langage. J'ai le devoir d'exiger de lui qu'il parle, non pas au nom d'une approche de sympathie vis-à-vis de ce que je suis, mais au nom de ce qui est pour lui le noyau de sa décision, de sa vérité.

Cette éducation politique et sociale se rattache-t-elle à l'Évangile explicitement ?

L'Évangile est présent pour moi particulièrement dans cette majoration des hommes. J'y reviens, je n'y peux rien; ça n'ajoute rien et c'est en même temps tout! Tout homme, qu'il soit au début, au cours ou à la fin de son aventure, qu'il soit faible, qu'il soit fort, je ne puis pas ne pas le considérer comme appelé de Dieu, habité par la transcendance; cet appel le constitue; je ne peux en faire l'économie ; cela, pour moi, fait corps avec l'existence depuis longtemps.

La parole de l'Église dans la société

L'Église a toujours eu des propositions sur la vie de la société, depuis la vision théocratique du Moyen Age jusqu'à la doctrine sociale chrétienne de ces dernières décennies ou jusqu'à l'insistance actuelle sur les droits de l'homme.

A un moment où la société est très éclatée, les solutions économiques, et donc les justices fondées sur l'analyse économique, sont très variables dans leur application; on éprouve comme une sorte d'obligation d'en venir à un espace de niveau supérieur, plus général, avec ses défauts, ses faiblesses et ses ambiguïtés. Pour un chrétien le thème des droits de l'homme est plus immédiatement sensible. Le droit violé est souvent évident; il y a alors une sorte de sursaut et on fait appel à cette conscience morale dans la société.

D'une façon générale, je crois qu'il y a une formulation régulatrice de l'Église au cœur des exigences chrétiennes dont nous avons parlé. C'est normal dans la mesure où l'Église s'adresse à une société d'hommes qui sont situés à des niveaux et dans des situations extrêmement diversifiés. L'Église n'a pas à unifier la formule ou le modèle qui sont à appliquer; il lui revient de parler le langage qui permettra la communication entre des gens dont les uns portent comme majeures les difficultés économiques, les autres les difficultés politiques, etc. Plutôt que d'imposer un modèle, il importe de rappeler des exigences dont chacun peut parler et à travers lesquelles il pourra exprimer les différentes situations dans lesquelles il est. C'est dit avec netteté dans la lettre de Paul VI au cardinal Roy, *Octogesima Adveniens*. Elle faisait état de cette sorte de recherche de présence. Grâce à cette lettre, sont apparues des innovations dans la façon de traiter la doctrine sociale : d'abord l'insistance sur la variété des groupes et, par conséquent, la difficulté de dire désormais certaines paroles pour tous à la fois; puis la reconnaissance des analyses et même des politiques marxistes variées; enfin la dimension idéologique, la dimension de lutte. La doctrine sociale est devenue ainsi plus attentive au sens de ce qui intéresse les rapports des hommes entre eux, et comme individus et comme groupes. Ce développement de la doctrine sociale selon cette perspective a abouti à l'insistance mise sur les droits de l'homme.

Au nom de la mission de l'Église, nous sommes plutôt dans la perspective de l'éducation de la conscience ecclésiale là où elle est. Le devoir de l'Église peut être de suggérer, et peut-être même de proposer fortement des actions. Mais je vois mal ceci dans des documents du Magistère. Le corpus doctrinal doit être une invitation à la conscience individuelle et collective; ce qui ne veut pas dire qu'on n'engagera pas à la recherche ou à la réalisation des exigences qui font partie non pas du Magistère, mais de l'action du gouvernement de l'Église.

Ce que dit l'Église, et là j'entends bien l'Église de Vatican II, dans le domaine politique, social, dans le domaine des droits de l'homme, ne se pose pas à partir d'elle-même comme organisation mais se rattache d'abord et toujours à sa mission d'annonciatrice et d'éducatrice de la foi. Son souci d'annonce de la foi est comme une part inséparable, mais distincte dans sa formulation, du souci de la justice. Si nous revoyons l'histoire, nous sommes placés dans une aventure qui remonte à la dernière partie du pontificat de Pie XII où se fit le passage à l'époque où nous sommes. Après une période où Pie XII a été libérateur dans bien des cas par sa politique, il y a eu un refermement, une hibernation progressive. En contraste, après ce temps de gel, nous entrons avec Jean XXIII dans une transition importante, puis dans une nouvelle période avec Paul VI et Jean-Paul II. Elle est marquée à l'origine par un passage que personne ne pouvait prévoir, ni l'homme qui en a été à l'origine, ni l'ensemble ecclésial lui-même; c'est Vatican II.

D'abord la solidarité internationale s'est manifestée et Jean XXIII y a été sensible dans le fait même de réunir le Concile. Et par son ouverture s'est créé un état d'esprit dans lequel même le sens prévu par les organisateurs a été renversé par quelques paroles! Quelle différence entre les projets proposés et des paroles comme celles de Liénart et d'autres, qui décident d'une histoire. De longs moments de l'histoire sont engagés et la difficulté à la vivre! Les très grandes innovations sont en premier la déclaration sur la Liberté religieuse, qui a d'ailleurs été réalisée à un moment où le Concile était vraiment conscient de ce qu'il était, et puis *Gaudium et Spes* qui correspond à la vision d'une période de bonheur ou de croissance. La référence à la liberté religieuse est d'actualité dans tous les domaines et tous les pays; quelle profondeur et quelle vigueur quand on pense à ce que représente cette formulation à côté de ce que nous avons connu au XIXe siècle ! Un seuil est franchi et je ne vois pas comment on pourrait revenir en deçà.

Les textes récents du magistère catholique, depuis Jean XXIII, essaient de reconnaître positivement la diversité des conceptions et projets politiques, et même de prendre en compte les dissentiments et jeux de forces en conflit, quitte à proposer de les endiguer en quelque sorte dans la perspective d'une « civilisation de l'amour ».

L'expression « civilisation de l'amour » me paraît simplificatrice. Certes je ne mets pas l'amour dans les oubliettes et je ne le range pas dans le romantisme spirituel! Certains, comme Varillon, savent se référer simplement et profondément au thème de l'amour; c'est comme une clef d'or qu'il avait sur lui et il en a fait un usage admirable, qui continue à ouvrir les esprits. Pour ma part, un peu en retrait, je ne vois pas comment partir si rapidement de l'amour. Certes, j'ai à entendre la parole de Dieu et la dimension de l'amour qui est proposée aux hommes. Mais nous touchons là à la question de Dieu. L'amour de Dieu est tellement autre chose que ce que j'en dis. J'ai peur, quand j'en parle, d'en faire un principe. Nous avons connu la belle période d'un certain humanisme chrétien, où je situe des auteurs comme Lacroix, Mounier... comme notre ami Varillon. Je trouve chez eux un peu de légèreté. Le langage mystique chrétien, ou en tout cas spirituel, me dit de Dieu des choses qui me semblent plus réelles et plus proches. Je suis invité là à un silence plus grand que la parole. Dieu nous appelle à la responsabilité, mais ce n'est pas dans une relation réciproque avec nous. Il y a une gratuité divine. On n'applique plus alors à l'histoire un principe; on ne fabrique plus une histoire sainte à partir du principe de l'amour de Dieu, mais on entend dans l'histoire un appel. D'écouter, à travers le récit de l'histoire, cette transcendance silencieuse et non saisie m'empêche de construire sur un principe plutôt que de chercher ou d'entendre à travers l'histoire des hommes ce qui est ou non révélation de sa présence. L'aventure de la révélation de l'amour se vit à travers l'histoire, et c'est dans le récit de cette histoire et des relations humaines qui ne se suffisent pas que j'approche au plus près ce qu'est l'amour révélé de Dieu comme Amour. Dimension nocturne qui n'est pas négative, mais qui est une interrogation constante.

Une nouvelle figure de l'Église

Les évolutions récentes de l'Église n'empêchent pas qu'elle connaisse aujourd'hui une grave crise d'identité à divers niveaux : dans l'affirmation dogmatique, dans le discours éthique, dans le fonctionnement hiérarchique, dans la pratique liturgique. Dans tous ces domaines se manifestent à la fois beaucoup d'insécurité et de nouvelles possibilités.

C'est tout à fait vrai. Et il est plus facile aujourd'hui pour l'Église de parler des droits de l'homme que de s'exprimer dans ces domaines-là, D'où une sorte de décalage. Parler des droits de l'homme est commun à toute l'humanité, même si ce souci est mal compris ou compris différemment. Parler du reste, c'est parler de ce qui est le lieu de la conscience chrétienne en tant que telle. On touche à ceux qui font partie de générations qui ont été secouées par rapport à leur formation préalable à travers la crise des époques. La transformation des structures juridiques a été un travail positif dans certains cas. Mais combien de gens, dans le monde sacerdotal plus encore que dans le monde religieux, habitent un univers qui précède Vatican II! Le monde ecclésial, vu de France, est souvent le monde d'un certain nombre de structures, dont je respecte beaucoup les hommes, mais qui n'a pas encore fait la mutation de Vatican II. Il faut faire face à un travail nouveau, ne serait-ce que du fait des conditions concrètes — récemment un évêque disait à ses prêtres réunis : là où vous êtes six aujourd'hui, vous serez un dans dix ans! Il serait dommage de mobiliser les moyens nouveaux sur des tâches anciennes, même pour les faire le mieux possible. Puisque, en tout état de cause, on sera obligé de changer dans dix, quinze ou vingt ans les conditions du travail ecclésial, n'est-il pas urgent de faire davantage attention aux dimensions nouvelles à inventer qu'au maintien héroïque de ce qui existe ? Vatican II ouvre des perspectives qui n'ont pas encore été approfondies sérieusement.

Après le Concile et par rapport à son contenu, on ne soulignera jamais assez l'ouverture au monde, l'insistance sur la liberté religieuse comme prise de responsabilité dans l'Esprit. Voyons-y une grande possibilité et un critère exigeant pour l'Église dans ses relations avec les hommes. Désormais l'Église est presque constituée par une relation avec des consciences. Dans son originalité même l'annonce de la Parole est toujours corrélative d'une écoute et d'un respect des consciences là où elles sont et dans quelque état qu'elles soient. Même le rapport avec la conscience « erronée » doit être fait de respect; d'elle aussi il y a quelque chose à attendre et à entendre. Déjà Pie XII proposait une réflexion de ce genre. Et cette ouverture, cette relation plus large, et à deux sens, ont été marquées institutionnellement par la fondation de trois secrétariats : pour l'œcuménisme, pour les relations avec les religions différentes (avec des manifestations diverses : en France, c'est surtout la relation avec l'islam ; les autres sont peut-être trop ébauchées seulement, mais enfin elles existent), et enfin pour les non-croyants. L'Église, il faut bien le reconnaître, est engagée dans une aventure qualitativement différente, par bien des côtés, des étapes précédentes. Après les Actes des Apôtres, nous avons eu l'Église hiérarchique; après l'Église minoritaire dans la cité, on a eu l'Église majoritaire. Il y a des seuils qualitatifs très importants. Avec Vatican II un nouveau seuil a été franchi.

Comme il existe, selon la terminologie de Jacques Sommet, de nouvelles figures de l'histoire, on peut parler d'une nouvelle figure de l'Église.

Absolument. Elle n'est pas sans continuité avec la tradition qui précède, mais la fidélité se réalise à travers les changements de figure. Les fonctionnaires de l'entreprise ecclésiale précédente sont-ils pusillanimes devant les mutations que ce changement de figure implique ou propose ? Une espèce de crainte habite encore bien des gens qui restent toujours dans le même type de fonction et ne se rendent pas compte que ces fonctions sont intérieures à un univers renouvelé.

On ne sait pas exactement comment gérer la nouveauté qui est intégrée dans les textes mêmes de Vatican II. Car il n'y a pas seulement la nouveauté du monde, il y a la nouveauté de ce qui a été dit à Vatican II. Quand on dit « liberté religieuse », on ne signifie pas immédiatement tel et tel comportement qui a trait au monde, mais quelque chose qui concerne le comportement ecclésial lui-même en profondeur et qui touche cette Église. Heureux temps où il n'y avait qu'à obéir !

Dans la politique vaticane, il y a des allers et retours. Nous assistons quelquefois à la vénération de lieux où des gens ont été martyrs de la charité. En même temps, on mettra en place des cadres plus tempérés de façon à éviter des affrontements et des difficultés. Ce serait manquer à l'honnêteté de la vérité que de ne pas le reconnaître, au niveau de la politique générale de l'Église ou au niveau des épiscopats. A l'Assemblée de Lourdes, des évêques reconnaissent la difficulté d'inventer la liberté à travers les charges qui sont les leurs. Ce problème est devenu plus effrayant dans la mesure où les charges sont plus dures parce que les moyens sont moins nombreux. C'est le moment où il faut inventer et se libérer le plus, en étant discret et pourtant visible. Un paradoxe pas facile à vivre. Témoin le comportement à trouver devant les métamorphoses affectives et biologiques de la sexualité aujourd'hui.

Impossible d'être ici complètement conservateur sous une forme simple. Pensons aussi à la situation de l'Église catholique envers son approfondissement, je veux dire envers ce qu'elle sait tirer de la fréquentation renouvelée de l'Écriture. C'est un changement dont on ne saurait mesurer l'ampleur. Certes, il y a toujours eu des exégètes; mais aujourd'hui les croyants les plus modestes et, de façon remarquable, les religieuses peuvent se nourrir de l'Écriture en commun et individuellement. Ce passage de l'Écriture dans la vie de l'Église représente un développement considérable. A partir du moment où les membres d'une Église boivent à une source qui est un texte, un texte médité, commenté, repris, célébré dans la prière, une sorte de foi renaît, même chez les gens qui désespèrent un peu des actes de l'Église. Malgré tous ses défauts dans la présence aux hommes, l'Église a quand même transmis cette parole. Je repense à ce militant international qui ne connaissait rien, ni de la religion ni de l'Église, et pour qui une petite page, quelques versets du Nouveau Testament trouvés sur un papier dans un camp au milieu de 30 000 personnes, a été une lumière; et quoi qu'il ait dit d'abord de l'absence de l'Église dans les mouvements où il était, quoi qu'il ait découvert ensuite des difficultés de l'Église dont il s'est approché, il a trouvé là quelque chose d'irrécusable.

Malgré tous les torts que l'Église a pu avoir, même envers Jésus Christ et son Évangile, sans elle on ne parlerait pas de Jésus Christ et de son Évangile au présent, comme réalité de vie aujourd'hui.

C'est pour moi un point très sensible. Même dans ces lieux qui ont l'air de représenter, par bien des côtés, presque la contradiction de certains termes de l'Évangile, je parle de Saint-Pierre-de-Rome, Pierre est là dans cette terre. La redécouverte de cette fondation est tout à fait saisissante. Le noyau est là; le reste, toute cette splendeur, est un commentaire second. Les saints qui sont au deuxième étage et dominent la nef sont les témoins de la lumière qui est apportée par les Évangiles. On a au moins respecté leur sainteté. Et de quoi est née leur sainteté ? De la fidélité à ce noyau évangélique.

La conscience interpelle l'institution

Un conflit jamais achevé entre l'Évangile et l'institution traverse l'histoire chrétienne. L'Église est l'institution la plus universellement organisée du monde contemporain, à une époque où toute institution est assez uniformément décriée, sauf par les hommes politiques et les gens d'Église, c'est-à-dire les gens de l'institution même.

Je me garde bien d'être le partisan facile de l'anti-institution. D'ailleurs ceux qui clament le plus contre l'institution, souvent ne désirent rien d'autre que voir l'institution leur donner la sécurité et/ou la liberté comme ils la comprennent!

L'institution est une vraie question. Je l'ai retrouvée un peu partout.

A un premier niveau l'institution est le soutien nécessaire de la liberté des gens. Ils ne peuvent pas penser tout à la fois et immédiatement à leur corps individuel et à leur corps social, et à l'échange entre les deux. On ne peut pas refaire à neuf tout et tout le temps. A ce point de vue, l'institution signifie des rapports de droit et garantit l'égalité de survie suffisante et de respect du droit, c'est-à-dire le respect de ceux que je connais et de ceux que je ne connais pas. L'institution me permet d'atteindre ceux que je ne connais pas, c'est sa grande dimension politique. Dans son contexte, je travaille au service des hommes que je ne connais pas à travers ceux que je rencontre.

Reste le problème de la rigidité des institutions, de la bureaucratie : inertie, indifférence aux situations imprévisibles et difficiles des hommes, des petits groupes, des minorités en particulier. L'institution doit se conjuguer constamment avec la formation de ses acteurs — et cela vaut aussi pour l'Église : formation politique, formation à observer, étudier, essayer, agir en combinant innovation et souci des hommes, de la rencontre avec les individus.

Une vie politique n'est possible que si elle assume les institutions qui existent, quitte à en liquider certaines pour en créer d'autres, mais dans un souci constant des hommes. Cracher sur l'institution me paraît puéril, préadolescent.

Dans la marche de la cité, on est responsable dans la mesure où l'on est en prise sur des institutions. La responsabilité consiste non pas à les démolir, mais à les faire évoluer, à les renouveler, au bénéfice des hommes et de leur liberté.

Ce fonctionnement de la responsabilité dans les institutions correspond assez bien au modèle démocratique. Qu'en est-il ailleurs ?

J'en ai parlé avec des jeunes Soviétiques. L'univers soviétique est caractérisé par un pouvoir extrêmement centralisé, bureaucratique. Il fonctionne en quelque sorte massivement, et les désirs personnels ou ceux des petits groupes, des petites minorités n'y ont qu'une faible répercussion. Dans ce pays le rapport de l'institution avec la liberté ou l'expression de la singularité, non pas seulement de l'individu mais du petit groupe, du moyen groupe, ou des minorités est un problème. Sur ces rivages, une doctrine sociale, qu'elle soit de l'Église ou d'ailleurs, n'a jamais tout à fait existé. Les gens vivent dans une sorte d'étonnant conflit, de contraste en tout cas, entre une société civile qui fonctionne comme une lourde locomotive et les originalités de l'existence. La locomotive assure régulièrement certaines liaisons, mais les originalités de l'existence humaine ne trouvent pas à se représenter. Elles ont encore à se battre pour pouvoir prendre un peu leur place dans cette société. Mais, malgré cela, des hommes et des femmes jeunes se groupent en petits cercles pour réfléchir. A Prague, sur Masaryk. En Russie, où il n'y a jamais eu de régime démocratique, ils réfléchissent sur ce qu'ils peuvent tirer de leurs poètes ou littérateurs, pour instaurer des liens humains dans le groupe auquel ils appartiennent. Ces gens ne pensent pas du tout à quitter leur pays ni même à lui imposer une métamorphose de structure; cette visée leur paraît impossible. L'un m'a dit : « Depuis que j'ai pris conscience de la société dans laquelle je suis et que je ne veux pas quitter, ma passion est de "comprendre" ce qui ne marche pas ou ce qui marche trop bien, et de trouver ce qui pourrait "vivre" à mon échelle, à l'échelle de mon petit groupe, des trente gars dont je suis solidaire. » De petits réseaux travaillent des textes, même littéraires; ils vivent de cela pour choisir un modèle de vie à demi clandestin. Naît donc comme une sorte de « société moyenne » entre cette réalité et l'immense corps avec ses structures, entre un lourd squelette et des organes délicats qui essaient de se mettre en place dans ce contexte. Ici être fidèle à l'institution, c'est la critiquer en la connaissant. Problème saisissant.

Et c'est une vieille affaire. Les expressions de l'art russe, les icônes par exemple, en sont témoins. J'y vois une forme d'analyse caractéristique d'un peuple dans lequel le moyen d'exprimer fidèlement ce qu'on est dans sa liberté spirituelle, sa dignité personnelle, n'a jamais trouvé une traduction adéquate dans la transformation du fonctionnement social ou politique. Cet art est eschatologique.

Dans l'Église l'institution est souvent contestée de l'intérieur. Tension bénéfique quand elle est portée par des François d'Assise. Mais d'habitude, le conflit est plutôt l'expression de grande amertume ou de vive passion.

J'entends souvent cette critique du poids de l'institution. Cependant dans l'Église on ne saurait mettre en jeu un jugement qui puisse viser à la transformation radicale des institutions comme on y prétend parfois dans le domaine politique par la révolution. Et le tissu institutionnel, qui est fait d'une mémoire historique et d'habitudes, ne peut pas être métamorphosé d'un seul coup. Je ne dis pas qu'il n'ait pas à bouger. Mais autre chose est de s'en désespérer et autre chose de s'en impatienter. Je suis du côté de l'impatience contre le désespoir, parce que l'institution, c'est un peu notre œuvre, et, dans l'Église, j'ai de plus une fonction de religieux! Si j'attends de l'institution qu'elle me console organiquement par tout ce qu'elle est à tout instant, si j'attends d'elle qu'elle m'approuve toujours, je serai souvent dérouté, notamment par les aspects qui me paraîtront anciens et dépassés. Mais je reçois de l'institution beaucoup de choses; c'est à travers elle que se perpétuent, pour le meilleur et pour le pire, les aspects positifs de l'Évangile.

Un exemple un peu saisissant me revient. Un jour l'évêque d'Alger, l'actuel cardinal Duval, au moment de la guerre d'Algérie, a déclaré que tout musulman qui pratique l'islam de façon droite exige le respect et l'attention. A ce moment, tenir un tel propos était se mettre en conflit avec la conscience commune des gens qui l'entouraient. Mais c'était une déclaration institutionnelle ; et c'est à ce titre qu'elle a connu un immense retentissement dans l'islam même. Ce fut une parole de libération.

Si on se situe face à l'institution au sens des structures et de la mémoire du passé, sans la questionner, sans l'interpeller, mais seulement en l'abandonnant, il est certain qu'elle devient de plus en plus lourde, de plus en plus impossible. Si, au contraire, avec les lumières de ma conscience du présent, avec mes frères en recherche, avec les hommes de bonne volonté, je l'interpelle avec vigueur en pensant que j'ai moi-même à recevoir d'elle quelque chose de divin, alors, dans bien des cas, une transformation peut se produire. Est-ce que je laisse de côté les chances de cette transformation ?

Dans l'Église, des hommes qui ont travaillé le plus ardemment pour les renouveaux intellectuel et pastoral et qui ont été les plus touchés parfois par les duretés de l'institution ont une façon de protester qui est encore un éloge. Une *Méditation sur l'Église* du Père de Lubac peut paraître encore une apologie de l'Église, mais une apologie qui est une question terrible pour les responsables des mesures restrictives prises contre lui. Il y aurait là, dans l'Église, un moyen particulier, qui est la vigueur et la protestation de la conscience; plus que tout autre corps politique, l'Église est obligée de lui prêter l'oreille, même si elle ne le fait pas tout de suite à un moment donné. La protestation de conscience dans l'Église a un rôle plus important que dans toute société politique courante. Les seules armes qui s'entrecroisent sont la conscience et le pouvoir. Quel pouvoir ? Il ne vous condamnera pas à mort! Mais il peut ébrécher votre réputation de serviteurs du Christ — cela est aussi douloureux que d'avoir la tête coupée.

Dans l'Église, la protestation contre la lourdeur de l'institution et ses erreurs commence donc à mon avis par les exigences de la conscience très vigoureusement marquées. Dans la Compagnie, l'épreuve de la dureté de l'institution ecclésiale a pu avoir son retentissement. Des hommes ont dit clairement qu'ils ne désobéiraient pas mais qu'ils demandaient d'être déchargés de telle responsabilité, parce qu'ils ne pouvaient assumer la manière dont on leur demandait de l'exercer.

Une pression de la conscience peut donc toujours se manifester. Voilà une forme désintéressée, rigoureuse, qui crée beaucoup d'exigences pour l'institution, parce que, si ces hommes refusent en conscience telle ou telle fonction, ils posent une redoutable question, tout en acceptant de travailler dans d'autres secteurs où ils ne sont pas suspectés.

Un autre aspect serait ce que j'appellerais une longue impatience, je veux dire l'acharnement à long terme pour ne pas abandonner de travailler les questions sérieuses qui restent posées, sans savoir si cette recherche aboutira ni quand. Si je multiplie mes instances au nom de ce qui est pour moi la clarté ou la franchise de la conscience, et si je ne cesse d'interpeller cette Église, je n'ai pas de raison de désespérer trop vite du résultat. J'ai l'air tranquille, comme vous me le disiez un jour, mais je suis peut-être pessimiste à court terme et beaucoup plus optimiste à long terme. Nous faisons trop souvent l'économie des acharnements nécessaires au long terme. Si réticente que soit l'Église au premier abord, je n'ai pas le droit de penser trop vite qu'elle n'est pas capable de bouger et que j'ai fait tout ce que j'avais à faire. J'ai vu tant d'attitudes changer, et changer quelquefois au moment où précisément on risquait d'en désespérer. Dans l'évolution, il n'y a pas une montée continue, mais toujours des noirs et des blancs. Des chances existent plus qu'on ne le croit souvent dans une aventure difficile, dans un dialogue difficile.

Certes, l'aspect bureaucratique de l'Église existe, mais il y a les hommes. Combien de ses modestes membres, habités simplement par une question posée, s'en allant trouver des hommes responsables à l'intérieur d'un service avec sa puissance bureaucratique, et les rencontrant avec patience comme hommes pour leur exposer les choses en conscience, ont été pris au sérieux. Même s'il a peut-être fallu dix ans pour que les choses bougent. De cette manière, des théologiens, comme Congar, de Lubac et d'autres, se sont préparés, sans le vouloir, à être ceux qu'on a appelés à Vatican II. L'histoire est changeante et ce ne sont pas les mêmes aspects du durcissement institutionnel qui seront toujours les plus blessants!

Dans l'Église, on dit souvent nécessaire une confrontation longue entre le corps des hommes qui ont pour métier de réfléchir et le corps des hommes qui ont pour métier d'agir et de décider. Ne simplifions pas les choses, car l'un ne peut pas se dispenser de l'autre. On parle de la tradition justement, mais le retour à la tradition peut être la ré-interrogation de la tradition au sens de l'histoire dans ses moments forts; et là des hommes comme Congar devraient être davantage mis à contribution, jusque dans les assemblées plénières de l'épiscopat. Le fonctionnement de l'Église ne peut être constitué comme une espèce de hiérarchie pyramidale seulement; le corps épiscopal a des décisions à prendre, mais il a aussi à favoriser sa confrontation avec des puissances créatrices qui ne sont pas du même modèle et qui sont ecclésiales. Il a à entendre Mère Teresa là-bas à Calcutta dans son intervention contre la misère, dans sa présence à la mort vivante. Il doit entendre aussi les hommes qui représentent la dimension de la recherche intellectuelle. Nous sommes devant ces trois pouvoirs : le pouvoir de gouvernement, le pouvoir de l'esprit et de la recherche de la vérité; et puis les gens qui manifestent ce qu'est le drame des hommes à la base, parce qu'ils le connaissent — ni les évêques ni les théologiens ne le connaissent vraiment! La confrontation de ces différences mérite d'être prise au sérieux.

Une Église faite pour ses infidèles !

L'histoire des institutions vaticanes ou de la structure épiscopale, c'est une affaire; la vie de l'Église en est une autre. Nous sommes à un changement d'époque où se manifestent des craintes devant un espoir presque trop grand face au poids et à la richesse d'un passé. Les mutations ne sont pas finies. Nous vivons le passage d'une Église faite pour ses fidèles à une Église faite d'abord, j'allais dire, pour ses infidèles! Pour moi, le rapport entre la vie sacerdotale et la vie religieuse, la Compagnie même, sont en cause dans cette vision des choses.

L'Église a longtemps été, elle est encore, elle doit l'être, celle pour qui le Royaume de Dieu commence à s'accomplir sur terre par le service ministériel et sacramentaire des croyants, de ceux qui sont engagés par le baptême, depuis leur enfance, dans l'histoire de ce peuple de Dieu. Dans l'Église sacramentaire, le rôle sacerdotal est au premier plan. Nous connaissons, depuis une vingtaine d'années, un débat qui donne la priorité à la vie religieuse sur le sacerdoce. C'est sans doute un débat mal engagé, du moins dans la perspective de la vie jésuite qui enveloppe les deux aspects.

Mais il est vrai qu'une perspective apostolique ne se réalise que dans la relation avec tous les hommes. L'envoi en mission nous met désormais dans une situation dans laquelle il ne s'agit pas d'être le chrétien présent aux chrétiens. Aujourd'hui on est, aussi, fidèle à l'Évangile dans une présence à l'univers, à la dimension de tout homme, à la dimension non chrétienne. D'une certaine façon cette présence prend l'importance qu'avait hier la sacramentalité vécue à l'intérieur du peuple chrétien. Elle consiste d'abord à vivre dans la fidélité avec les gens les dimensions évangéliques de l'existence, à vivre là les vertus mêmes de l'Évangile et le sens d'une certaine transcendance révélée.

C'est sur le rapport entre vie religieuse et vie sacerdotale que se situent, je crois, au fond les difficultés que la Compagnie a rencontrées du côté de Paul VI, de Jean-Paul Ier et de Jean-Paul II. Il n'a jamais été question au niveau de l'ensemble de la Compagnie de supprimer l'une ou l'autre. Mais il était nécessaire de mettre correctement en place le rapport entre l'enracinement sacerdotal et l'annonce de l'Évangile — les jeunes l'ont compris maintenant. Ce qui est en cause, c'est l'acceptation de gestes signifiants, efficaces, qui marquent, au meilleur sens du mot, la dépendance d'une origine qui ne vient pas d'eux-mêmes. Le sacrement exprime que cette proposition est reçue et qu'elle va me transformer, même si je suis le serviteur indigne, à condition que je l'accueille et la vive. Il a fallu découvrir comment vivre cette existence sacerdotale dans la perspective missionnaire de ce temps.

L'option jésuite aujourd'hui

En lisant les textes du Père Pedro Arrupe, on a le sentiment qu'il voulait proposer aux jésuites — et à travers eux à beaucoup d'autres — cette perspective nouvelle sur la mission historique de la Compagnie, parce que la figure de l'histoire a changé.

Cette mutation tient aussi au monde dans lequel nous sommes jetés, où il nous est proposé d'aller. C'est ici qu'il faut évoquer les grandes discussions de la 32e Congrégation générale et en particulier les termes du rapport sur lequel le Père Arrupe a insisté et qui lui a fait difficulté avec le Saint-Siège. Entre la fidélité spirituelle et le travail pour la justice, il souligne un rapport essentiel. Cet homme est l'humilité même; il ne tient pas à des propositions intellectuelles. Les mises au point lui ont créé des difficultés. On a reporté sur lui des plaintes venues d'Amérique latine jusqu'au Saint-Siège. Mais il a tenu à ce lien entre fidélité et justice. Y a-t-il une mutation ? Certainement un point important est souligné : il n'est pas possible que le contact avec tous les hommes ne devienne pas le lieu même où l'initiative de Dieu est à percevoir. Il n'y a pas possibilité pour un corps apostolique de définir sa tâche d'évangélisation sans connoter, d'une façon forte, les exigences de justice, c'est-à-dire de rencontre des hommes au niveau de leur conscience même. Sans cette conviction, les jésuites de Chine, qui vivent une passion sans beaucoup de manifestations extérieures, mais aussi ceux d'Amérique latine et de Pologne, quelles que soient les attitudes du Saint-Siège vis-à-vis d'eux, auraient-ils pu se savoir soutenus ?

Dans les textes de la 32e Congrégation, quand on parle de justice, il s'agit de la justice à faire à la fois dans le sens de l'épître aux Romains et dans le sens humain que le mot peut avoir aujourd'hui. Faire la justice, pour ceux qui sont croyants c'est construire le monde dans la foi, mais de telle sorte que le monde s'institue de façon vivante. C'est une responsabilité avant d'être un droit.

Ce n'est pas parce que des mouvements politiques, fussent-ils marxistes, sont à l'œuvre dans certains secteurs où règne l'injustice, que les chrétiens, et même les jésuites, n'ont pas à y œuvrer pour le changement. Cependant, et cela est essentiel, pour le jésuite, pour la Compagnie, jamais un problème de présence à ce qui est le plus pauvre, le plus misérable, le dernier, jamais aucune de ces situations ne peut être traitée en vérité, réellement, par des solutions uniquement politiques. En ce sens, il est demandé aujourd'hui à tout jésuite, et c'est difficile dans certaines situations, de ne pas être d'abord un homme politique, c'est-à-dire responsable au titre d'une institution proprement politique. Cela n'empêche pas qu'il faut traverser et prendre à son compte ce qui se cherche à travers ce monde politique. Étant toujours sur le terrain, mêlé à des activités qui ont des dimensions politiques incontestables et fréquentes, comment être témoin à la fois de cette importance et de cette insuffisance de la tâche politique dans la présence aux hommes ? C'est la question.

Dans la présence à un niveau de responsabilité, les jésuites donneront la priorité aux questions de formation, y compris politiques. A l'occasion d'un voyage en Océanie, j'ai été frappé de l'importance de bien engager une formation longue aux responsabilités à l'intérieur du tissu politique analysé. Faire des essais en ce domaine, c'est dépolitiser, au meilleur sens du mot, le débat, sans séparer des gens et même en les engageant dans des responsabilités importantes. C'est une première réponse.

Deuxième approche : je suis d'accord pour l'importance de la responsabilité, à condition que cette recherche d'hommes responsables ne porte pas nécessairement sur des gens déjà responsables ou qui jouissent de la responsabilité, mais vers des gens capables de responsabilité. Ce qui peut commencer avec l'infiniment petit. Un des hommes pour qui j'ai le plus d'estime était un petit mousse, sans famille et sans parents, sur un grand paquebot au temps des transatlantiques. Peu à peu il est arrivé à des responsabilités professionnelles et nationales par la JMC (Jeunesse maritime chrétienne). Dans la préoccupation de faire émerger des gens capables de devenir responsables, on ne peut qu'avoir le souci des pauvres.

Communion dans la métamorphose des uns par les autres

Nous étions jusque-là dans une perspective partant des hommes. Voici maintenant un exemple de grand travail ecclésial de coresponsabilité à partir d'une initiative singulière, modeste à l'origine. Cette aventure m'est l'occasion de dire ma gratitude à tant d'hommes, de serviteurs de l'Église et de l'humanité que je n'ai pas assez cités dans mes propos. Il s'agit ici d'un dominicain, le Père Dominique Dubarle, connu pour sa compétence dans la réflexion sur la science moderne. Responsable de la faculté de philosophie à l'Institut catholique de Paris, il était hanté par la recherche du meilleur et du plus audacieux travail à engager, quoi qu'il puisse lui en coûter. Devant les exigences des recherches à entreprendre pour l'avenir de l'esprit et de l'intelligence dans l'Église, il fallait, selon lui, « pluraliser » les centres et les facultés, faire qu'à Paris, il existe deux ou trois « para-universités » d'Église en dialogue entre elles, avec leurs traditions, et en relation avec les Facultés d'État françaises et des Facultés étrangères.

Il a pensé à une faculté de son ordre religieux. Et il n'a cessé de solliciter nos modestes forces jésuites pour entrer dans ce jeu. Ainsi nous avons déplacé sur Paris, en 1970, la Faculté de philosophie de Chantilly et, quatre ans après, nous avons sacrifié le grand Fourvière théologique, tout cela pour créer le « Centre Sèvres ». Il ne s'agissait pas d'implanter ainsi une force mais d'assurer une recherche libre d'enseignement doctrinal, d'attention aux disciplines théoriques et pratiques par lesquelles se formulent les aventures de l'esprit contemporain et les questionnements de la foi sans lesquels celle-ci risque de mourir d'étouffement. Imaginez une sorte de triangle : la « Catho », les dominicains, le Centre Sèvres. L'initiative venue du dehors a été en quelque sorte pour nous créatrice d'une communion de production et de quête de la vérité.

Communion dans l'hexagone, mais aussi éclatement. Car depuis lors aussi se sont développées plus fortement les relations entre étudiants et maîtres, clercs ou laïcs, de beaucoup de pays. Coréens et Africains, par exemple, attendent un peu plus que nous allions exposer nos propos devant eux, mais ils viennent aussi ici écouter et nous parler. La vie intellectuelle de l'Église devient un grand système souple de passerelles par où circulent les langages de l'humanité. L'avenir est à ce prix : communion dans la métamorphose des uns par les autres. Merci à Dieu pour cela!

12

Les vastes horizons du monde

Des frères partout dans le monde

Le monde habité par Jacques Sommet n'est en rien hexagonal. Pendant la confection de ce livre, il a passé des semaines en Afrique, au Liban...

Parlant de la figure que prend l'histoire aujourd'hui, voici ce qui fait fondamentalement partie de sa nouveauté : la dimension internationale ou catholique. Nous sommes très centrés sur nos aventures vues de Paris. La rencontre des hommes qui sont oubliés, et par lesquels Dieu me parle de façon prioritaire, la rencontre avec ceux qui ne croient pas et avec ceux qui croient autrement, les tâches que m'a confiées la Compagnie, mon travail professionnel de formateur de jésuites à l'intérieur de la Compagnie... tout cela m'a fait sortir du monde qui nous entoure, m'a ouvert certains horizons qui ne sont pas de ce pays. Pour moi, ce fut une découverte irréversible. J'ai eu comme compagnons de jeunes jésuites chinois en particulier beaucoup de jeunes jésuites du Proche-Orient, de la Province de Lyon qui était centrée sur cette région. Un de ces Chinois dont j'ai déjà parlé est en prison à nouveau pour vingt ans. Lorsque je suis revenu de captivité de Dachau, il a entendu quelque chose de mon expérience. Je l'ai retrouvé à Shanghai — une rencontre spécialement saisissante —, il y a quelques années, après qu'il eut fait dix-sept ans de camp. Il m'a dit : « J'ai souvent pensé que j'ai pris le relais de ce que vous aviez connu. » Il a été un peu plus loin!

Il y a longtemps, j'ai demandé à partir en mission au Proche-Orient, si c'était utile ou nécessaire, sans qu'il s'agisse de ma part d'un choix insistant au nom duquel j'aurais « persécuté » mes supérieurs pour qu'ils le réalisent!

A Dachau j'ai eu l'expérience aiguë de l'Europe et des relations européennes. Et, si j'ose être un peu confidentiel, je puis dire que ma prière a toujours été habitée d'une intention pour celui que je ne connaissais pas. Il y a vingt ans environ, ma vie internationale est devenue plus active. Ceux que j'avais connus ont été investis de responsabilités dans différents pays du monde. Ils m'ont invité, non pas pour faire du tourisme, mais pour me communiquer leur expérience, pour travailler ensemble. A cette époque, il a fallu rétablir des ponts ou au moins des passerelles dans les relations à l'intérieur de l'Europe et avec les différents pays du monde. J'ai été régulièrement en Algérie, au Liban; j'ai donné les Exercices au Japon. Il ne s'agissait pas de courir le monde pour transporter des conférences! Mes amis voulaient travailler avec moi sur les métamorphoses de leurs problèmes universitaires ou populaires. Plutôt que de les coloniser intellectuellement ou de les aligner sur nous, le souci était de déseuropéaniser. Mon effort consistait à me dépouiller pour être et travailler avec eux dans la difficile aventure qu'ils conduisaient.

Dans bien des cas, ceux qui m'invitaient engageaient des propos à incidence politique. Comment juger d'une situation politique ? Ils étaient dans les débuts, quelquefois prometteurs, d'un régime où surgissaient des lendemains difficiles. Il y a là une figure de la Compagnie à laquelle j'avais, avec d'autres, à participer. J'ai été le premier secoué par ce qu'ils vivaient. J'ai déjà parlé de l'expérience de jeunes jésuites en Algérie. Au moment de la mise en place du nouveau pouvoir, quand sont apparues ses inévitables faiblesses, il a fallu du discernement pour décider : c'est le moment de rester, le moment de travailler avec les gens à la naissance d'une société nouvelle dans cet État enfin démocratique mais encore faible. Participer à la vie des gens dans la mesure où ils nous demandent de faire chemin avec eux et, dans ce chemin avec eux, être là non pas tellement pour apporter quoi que ce soit, mais pour vivre dans la fidélité aux hommes d'une société, à travers leurs revers, leurs faiblesses, comme leurs succès et leurs triomphes.

En Chine (Hong-kong, Taïwan, l'immense empire de Mao, les réfugiés cambodgiens), je n'ai pas rencontré que des jésuites mais aussi des gens que les jésuites ne pouvaient rencontrer. La Compagnie avait à apprendre avec eux et par eux qu'il y a une façon d'être chrétien quand on est Chinois qui n'est pas la même chose que d'être chrétien quand on est Français ou Européen. L'expérience se vit à travers une confrontation à la fois d'eux-mêmes avec le peuple et avec leur tempérament, et aussi d'eux-mêmes avec ceux avec lesquels ils se sont formés, mais dont ils se trouvent différents au bout d'un certain temps. De ce point de vue, j'ai beaucoup appris de ce que peuvent être la patience chrétienne et l'absolu de la foi vécue par des gens pour qui vingt ans d'épreuve ne sont pas une difficulté.

Certains, à l'intérieur de leur camp, ont fait un travail apostolique dans la clandestinité. Un autre, évêque de Canton, venait de sortir depuis un mois de ses vingt ans de prison. Et il en parlait avec humour! Cet homme a cru plusieurs fois devenir fou. Il s'en est sorti. Il a demandé qu'on lui passe au moins le journal du Parti. Du côté du pouvoir, c'était un triomphe formidable. Enfin il allait se convertir! Pour lui, c'était le triomphe inverse : il retrouvait là un peu de liberté et de vie de l'esprit, quitte à lire cette littérature en la critiquant. Il était capable de se nourrir à l'inverse en quelque sorte. Cet homme est devenu plus ferme que jamais, vivant sa foi de façon tout à fait étonnante. Un autre a passé quatre ans en prison, avant de passer quinze ans en camp. Là-bas, ces cas extrêmes font partie de la vie. Quand je l'ai rencontré, il y a trois ans, il m'a écrit un petit mot « pour mes frères de France » dans un français digne du XVIIe siècle. Il n'avait pas oublié la moindre nuance. La capacité de résistance de la culture chez ces gens est étonnante.

J'ai été aussi en Corée. Tel Coréen est venu ici, à Paris, en particulier pour le travail biblique. Entre les années 1950 à 1970, il y avait eu avec le Sud-Est asiatique un temps de coupure et de silence absolu. Les relations avec le Japon étaient restreintes, du moins pour la Compagnie en France. Il en est de même pour les relations avec Taïwan, avec la Thaïlande, où pourtant des Français travaillent dans un esprit de présence chrétienne et culturelle, surtout en monde étudiant.

J'ai été dans les pays de l'Est, notamment à Prague, puis à Moscou, ou en Pologne. Les gens de Tchécoslovaquie souffrent de la non-communication avec nous leurs voisins. Ils se sentent souvent dans un terrible état de désespoir et de solitude. En revanche, je n'ai pas été en Amérique latine. Dans la Compagnie, certains pays européens n'ont pas encore redémarré dans la recherche de nouvelles relations, d'autres l'ont fait parce que secoués par des crises qui les y ont projetés.

Dans tous ces contacts, il ne s'agit pas de donner dans un colonialisme religieux, mais de chercher ensemble ce qu'on peut s'apporter les uns aux autres, si peu que ce soit. Et il y faut une longue et persévérante attention. La présence physique est autre chose que la correspondance. Des gens de Prague, qui ont fait onze ans de prison, disent : il y a dix ans que nous n'avons pas rencontré un prêtre d'un autre pays avec lequel on puisse parler. Ils sont reconnaissants de ces contacts et Dieu sait ce que nous recevons nous-mêmes ; nous relativisons beaucoup de choses. Je rencontre des hommes pour qui toute l'existence tient dans la décision spirituelle de survivre dans la solitude, sans effets, sans fécondité apparente. Des gens éminents dans la vie intérieure, mais aussi de grande compétence dans les études historiques, sont occupés à planter des pavés. On les a sortis, arrachés à leurs convictions. Nous ne trouvons pas même, comme en Pologne, des solidarités, des relations de groupes. Il n'y a rien. Je rencontre aussi des étudiants qui se convertissent à une foi vivante et à un catholicisme vécu et qui y perdent la chance de réussir leurs examens et de faire une carrière. Devant eux non plus il n'y a rien.

En voyage dans un pays de l'Est, j'ai médité de nouveau sur l'Épître aux Romains et sur la relation aux hommes qui s'y trouve fondée. Si aujourd'hui quelque chose me reste, dont je ne puis me défaire et qui est premier pour moi, c'est cette expérience continue. Je la retrouve dans le métro. Souvent je m'y trouve à côté d'un jeune Africain. Avec ce voisin je suis lié à la fois en liberté et en solidarité. Par lui je suis en relation avec tout son peuple. Ce regard immédiatement universel paraît peut-être fantasmagorique, mais je ne peux m'en passer. Tout son peuple est derrière cet homme, des premiers aux derniers, de ses génies à ses victimes. Et cela peut encore influencer mes décisions actuelles.

Vision globale ou relations singulières ?

La vision plus globale est peut-être une question de tempérament, d'expérience. Elle ne nie pas l'attention individuelle. Il suffit de vivre depuis quelques mois dans un quartier pour être investi par l'histoire et les situations personnelles, familiales, sociales des migrants. Celui-ci ne peut pas avoir d'appartement. Le mari de celle-ci est parti en Inde chercher ses enfants et n'arrive pas à les ramener... On est pris dans ce singulier.

Je ne peux pas faire l'économie de ce singulier et de la relation à l'histoire massive. Même inconsciemment, ces gens portent en eux les grandes passions, je veux dire des souffrances ou des enthousiasmes. Me voici face à un Noir du sud du Sahel. Il porte l'expérience des grands empires qui ont habité là, bien avant la colonisation. Je pense à la souffrance du peuple noir, aux déportations en Amérique, à d'autres déportations aussi à l'Est. Tout cela reste dans les reins et les cœurs.

J'ai cité l'étranger, mais je ne méprise pas les problèmes français ou européens. Les gens du Tiers Monde que je rencontre représentent un peu la pointe de la question des relations humaines entre peuples d'aujourd'hui.

Questionné par les moines bouddhistes

La rencontre touche aussi des hommes et des femmes d'autres religions. Cette dimension des religions est importante. Je connais des musulmans au Liban et en Algérie, et dans ces pays je perçois la présence de l'islam. Je n'ai pas assez poussé l'expérience, assez reçu et donné dans ce domaine. J'insisterai volontiers sur le monde bouddhiste du Sud-Est asiatique, que j'ai côtoyé en Thaïlande, à Pékin, en Corée, au Japon. La Thaïlande est un des pays où le bouddhisme est présent dans son état le plus pur. Des gens se font moines bouddhistes pour une durée déterminée; ils passent par un temps d'expérience spirituelle. J'ai eu là les dialogues les plus exigeants sur ce que j'étais comme chrétien et sur ce qu'ils étaient comme maîtres spirituels d'un autre modèle. Leur référence est un total désintéressement. En Europe, on nous reproche souvent d'être trop indifférents à l'égard du monde ; là-bas, je me suis senti questionné et interpellé en sens opposé. Il n'y est pas question de la relation avec un Dieu qui reconnaît la valeur de votre existence. Tout ce qui dans le christianisme se veut réalisme pour certains, l'Incarnation à plus forte raison, tout cela apparaît comme des subterfuges d'un intéressement à soi, une façon de s'accrocher à l'existence. Là, il n'y a pas de Dieu « personnel » qui me reconnaisse; je vis et puis la vie se dissipe en quelque sorte; dans la mort, l'homme se décompose en fragments infinis, chaque parcelle de matière transporte l'esprit mais participe à une autre réincarnation. Chacun des traits du christianisme, notamment l'Incarnation et l'Eucharistie, était critiqué comme obstacles charnels à l'existence désintéressée. Ce sont des rencontres qui comptent.

De ces contacts j'ai reçu un questionnement sur ce qui dans la foi chrétienne est toujours à purifier et à recevoir plus humblement, plus modestement du point de vue de l'esprit, sur la façon dont on construit ses certitudes. Comment recevoir ce qui est le paradoxe chrétien, le Dieu incarné, qui nous lie aux hommes, nous met à leur service ? Il y a tant de façons de recevoir même ce message. Me voici obligé de faire entendre, à travers le message le plus incarné et le plus visible, la dimension cachée de ce Dieu présent. Plus Dieu se révèle, plus il est le « Caché ». Je ne dis pas le Non-Existant. Il est d'autant moins connu qu'il se révèle plus. Il ne me semble pas que la foi chrétienne élimine cet aspect de désintéressement radical; mais elle le porte d'une autre façon, comme la dimension du désintéressement, du non-calcul, de la gratuité. Ce qui m'est proposé, c'est l'accueil d'une parole qui est encore plus inconnue qu'elle n'est connue. La réponse n'est jamais une réponse à égalité. C'est une réponse obligatoirement et nécessairement gratuite, parce que je ne sais pas la mesure de ce qui me parle. La dimension gratuite de l'appel m'est en quelque sorte rappelée et signifiée par ces approches, une sorte de rappel plus intérieur à la prière par exemple.

Discussion avec des jeunes à Pékin

En Chine, la rencontre est toute différente. Là il n'y a pas de contamination chrétienne. C'est une des rencontres les plus fortes à ce point de vue. A Pékin, il y a trois ans, j'ai passé avec des compagnons de voyage une longue soirée à discuter avec des étudiants et étudiantes chinois, qui travaillaient l'économie. J'étais accueilli non pas comme prêtre, ce statut ne signifiant pas grand-chose pour eux, mais comme professeur chrétien, homme d'études dans une institution universitaire en Europe. Ces jeunes totalement démaoïsés, mais aussi dépossédés de la protestation anti-Mao qui pendant quelque temps a fleuri sur les murs de Pékin, arasés par les crises successives, posaient des questions. On leur dit : « Enrichissez-vous — comme M. Guizot autrefois en France ! —, travaillez à devenir de bons économistes ! » Pour le reste, le régime n'a plus grand-chose à dire. Ces Chinois, réduits à l'empirisme, devenus sceptiques sur la Révolution culturelle et sur tout ce qui l'a précédée, tout en gardant une reconnaissance générale pour Mao, à cause de l'indépendance du pays, discutent entre eux de questions religieuses; voilà mon étonnement.

Ils ne croient plus au Grand Timonier; c'est une question terminée. Le Parti fait ce qu'il peut, ce qu'il a pris l'habitude de faire. Ils ne sont pas anticommunistes, mais ils ne sont pas pour, c'est devenu un empirisme semi-organisé. Cela ne leur suffit pas pour vivre, pour s'éclairer et prendre des décisions. Ils ont demandé quelques lumières à un vieux communiste qu'ils estiment, un homme d'expérience, revenu de bien des choses. S'il n'y a rien, pas d'État, pas d'idéologie, pas de Timonier qui nous éclaire pour le moment, que faire ? Dans la constitution on parle de la religion; cinq sont permises : le taoïsme, le bouddhisme, l'islam, le catholicisme, le protestantisme... Faut-il chercher une solution raisonnable de ce côté-là ? Ils ont reçu une réponse de bon communiste : la religion est intéressante, bien sûr, mais pour les pauvres types, pour aider les gens faibles à marcher. Vous n'êtes pas de ce type, pour vous il n'y a qu'une solution, c'est de tenir sur vos pieds par vous-mêmes. Vous êtes autonomes. Le communisme vous aide à être adultes. — Une bonne réponse, se sont dit ces jeunes, mais elle ne les satisfait pas. Nous ne sommes pas sûrs d'arriver à tenir sur nos pieds. Et autour de nous, les gens du Parti, du commerce, de l'industrie, de l'invention scientifique, ne nous donnent pas tellement l'exemple de gens qui tiennent sur leurs pieds. N'y a-t-il pas une lumière plus forte quelque part ? Ils ont demandé : « Vous êtes chrétien, vous croyez en Dieu et vous êtes professeur d'université. Comment ces deux choses peuvent-elles s'accorder ? Dire "Dieu", c'est évoquer un maître, un tyran; et vous, des gens savants, vous acceptez d'avoir un maître qui s'appelle Dieu, un dominateur, quelqu'un qui décide de vous d'une façon ou d'une autre, à un moment ou à un autre! » Leur autonomie ne leur suffit pas, mais parler de Dieu, c'est nommer une dépendance, revenir au passé et à toutes ses faiblesses.

Nous avons passé un long temps à évoquer, avec un Dieu hypothétique, des modèles de relation autres que la dépendance. La relation avec la mère a été très importante dans cette analyse parce qu'en Chine la mère représente beaucoup. Elle est sans doute domination, mais ils ne la traitent pas comme dominante, sauf si elle devient une grand-mère acariâtre! Tout le travail de réflexion avec eux a consisté à pénétrer ce que pouvait être une relation humaine qui soit relation vivante, relation d'alliance avec quelqu'un, dans une dimension personnelle.

Beyrouth, terre de compassion

Les distances de Chine et d'Asie sont des espaces immenses. Mais ces démesures s'effacent devant les dépaysements vertigineux que nous impose l'affrontement à la patience infinie des réfugiés du Cambodge et à la violence qui dévore Beyrouth et le Proche-Orient, où je compte tant de frères. Il faut avoir partagé au moins quelque temps, maintenant, en 1987, ou dans les onze années de la guerre, la condition inhumaine des gens de ces pays pour éprouver la vérité du cri : les grandes civilisations sont mortelles. La mort, ici, c'est l'enfant ou la mère, tirés comme des lapins par les francs-tireurs, ce sont les voitures piégées ou les otages inconnus. La violence dévore la culture et l'honneur des splendides capitales et elle brûle sans retour la terre des paysans.

Dans ces rues, dans ces ruines, l'échange de la parole est encore possible, mais la dérision envahit le dialogue inefficace. En sorte qu'il ne reste que la compassion à offrir. Devoir difficile, mais ultime amour à tenter. Espoir contre tout espoir.

N'échappons pas à l'appel d'une « compassion active ». Elle invite à une ultime démarche : apprendre avec les jeunes hommes et filles de ce pays et de ce temps à préparer l'avenir, un avenir inconnu et imprévisible, seule espérance possible à naître de la compassion.

A ce titre, le travail maintenu des Universités dans la grande ville, à Saïda et Zahlé, est une merveilleuse matrice de cet avenir.

Et d'abord, la rencontre

Toutes ces expériences m'en donnent la preuve : la dimension « rencontre » n'est pas forcément incluse dans le travail intellectuel. En allant à Prague, et plus encore dans le monde soviétique, ou à Beyrouth, j'en ai été frappé. Je peux travailler une question, l'approfondir avec des amis qui la connaissent mieux que moi, étudier ce que devient un pays à travers son histoire; je peux presque tout *savoir*. Mais le jour où je fréquente les hommes surgit le mystère : c'est le moment humain, mais divin en même temps, de la rencontre, qui ne se déduit pas du savoir et qui se développe dans la confrontation avec quelqu'un que je n'attendais pas et qui m'étonne toujours. Je puis reprendre les mêmes études, les mêmes chiffres, ils auront un autre sens. Chaque rencontre m'apporte quelque chose de nouveau que je ne puis pas tirer des autres exercices du savoir, de la compétence, etc. La rencontre naît de la solidarité, dans la liberté. Je suis alors étonné de cet homme qui est et de ce que je suis et que j'ignorais moi-même.

Deuxième remarque : cette rencontre est confrontation avec un univers qui, avant que je ne parle de Dieu ou de Jésus Christ, est l'univers d'une liberté risquée, l'expérience d'une liberté pervertie peut-être, mais aussi de la liberté en promesse par rapport à elle-même.

Qu'est-ce qui permet à l'humanité d'espérer ?

Dès leurs origines, les jésuites ont cherché à établir des contacts avec les régions les plus éloignées : Inde, Chine, Amérique. Malgré toutes les ruptures actuelles, ils ont le souci de garder des liens, si ténus soient-ils. Mais voient-ils la moindre espérance de faire naître quelque avenir pour le christianisme en Chine ?

Distinguons les pays fermés et les pays ouverts, même s'ils sont difficilement ouverts. La Chine s'est refermée depuis trois ou quatre ans, après un moment d'ouverture. Certes, on ne pouvait pas espérer, comme des journaux l'ont imaginé, fonder à nouveau une Université « Aurore » à Shanghai, tenue par nous. Mais je suis retourné à ce qui fut « Aurore ». Dans l'Université nationale actuelle, le corps professoral est formé pour l'essentiel d'anciens élèves d' « Aurore ». Notre but était de renouer le contact. Au plan des hautes structures et de la diplomatie, on peut espérer une évolution des rapports entre Rome et ce pays. Mais je souligne ici la nécessité de soutenir spirituellement des frères qui sont dans le besoin après quinze ans de silence absolu. Les évolutions faites chez nous pour préparer au sacerdoce, par des voies autres que le séminaire classique, des jeunes venus de la JOC, peuvent leur donner des idées et les libérer de la peur de manquer au modèle reçu de formation sacerdotale.

Des pans de civilisation s'effondrent, le monde est plein de menaces et de risques. Jacques Sommet ne s'en effraie pas. La figure de l'histoire c'est, si je comprends bien, ce qui meurt et, plus encore, ce qui naît.

Évitons de nous abandonner à des prophéties apocalyptiques. Il faut mettre les enfants au monde aujourd'hui et les situer dans un monde qui soit fait pour eux. Le visage du possible ne se dessine peut-être pas seulement à travers les grands courants d'idées, encore que ceux-ci aient leur rôle. Les hommes qui naissent d'une époque, balayés par des aspirations, apportent leurs faiblesses et leurs puissances, leurs rêves, leurs ébauches d'existence. C'est pour cette raison que je passe tellement par les groupes de relations. Dans les pires moments que deviennent les hommes, les hommes capables de réagir ? Je crois que tout le monde est, d'une certaine façon, candidat à la responsabilité et capable de faire quelque chose. Cette possibilité peut s'éveiller même chez ceux qui sont le plus victimes et qui ont subi ce qui, hélas, est parfois le plus négativement caractéristique d'une époque.

Qu'est-ce qui permet aujourd'hui à cette humanité d'espérer, d'avancer, de décider un peu d'elle-même ? L'histoire est faite de souffrances et d'échecs, ou d'espoirs démesurés. Ces deux dimensions ne se réalisent pas immédiatement, mais j'ai le devoir de les porter. Ma foi m'y pousse; elle me demande d'être là où l'échec ou la mort ont passé. Je n'ai pas le droit, au nom de la foi même, de penser que tout est fini.

L'histoire est, pour moi, l'espoir des sociétés, chrétiennes ou non. Le visage de l'histoire qui importe à un moment, c'est, dans un pays, dans une nation, dans un nœud de relations entre tels pays, dans telle culture, où et comment se joue pour le meilleur et le pire leur avenir. Et que peut faire là une présence chrétienne ? Au nom de l'Évangile, je tiens ceci : ce n'est pas parce que des hommes sont dans une situation inhumaine qu'ils sont perdus. D'autres le disent aussi, heureusement.

Mais il y a une façon chrétienne de le vivre. Après les deux guerres mondiales s'affirme la question des Tiers Mondes. Des efforts sont à tenter pour qu'on n'oublie pas dans les alluvions de sable ceux qui ont échoué.

Dans les quelques derniers quarante ans, on a vu les sociétés, où qu'elles soient, poursuivre un rêve de modèle plus ou moins démocratique. C'est un modèle suivant lequel les hommes construisent une société à travers des institutions qui leur permettent de se respecter les uns les autres un peu plus qu'autrefois, avant les grandes secousses dues à des pouvoirs très totalitaires. Les secteurs jeunes de l'humanité, par opposition à la vieille Europe, ont abordé pour la première fois à cette plage de liberté personnelle et liberté collective; mais ils font face à des situations difficiles du simple point de vue de la subsistance et de la survie. L'image du progrès continu a habité le monde et l'habite toujours, même si elle se heurte aujourd'hui à de grandes difficultés. Le temps de l'homme sûr de posséder la lumière sur l'avenir est révolu; c'est à travers une recherche critique, toujours renouvelée, qu'il faut se mettre en route, en s'alimentant à des sources qui donnent un espoir capable de traverser l'échec, la mort, l'envie, etc. Si le message évangélique est présent à ces situations, il apporte la certitude que l'homme n'a jamais fini ou ne peut jamais finir d'espérer à travers ses échecs. L'humilité invite à reconnaître qu'on a tort là où on a tort, qu'on ne peut pas faire tout seul l'avenir, ni seulement avec ses frères; l'avenir est à faire avec plus de frères qu'on ne le pense. Il est à faire en tout cas à travers la rencontre, nommée ou non, de Dieu : en Lui vient le rappel fécond que l'homme n'est jamais le maître absolu de son destin, mais qu'il peut encore et toujours tenter de vivre.

13

Des liens d'amitié

Accompagnement des personnes et amitié tiennent une place importante dans la vie du Père Sommet et ne sont pas indifférents à son travail apostolique.

Comme religieux jésuite et prêtre, j'ai été conduit normalement à aider et à accompagner un certain nombre de gens de façon plus personnelle et, tout autant, à recevoir d'eux. Souvent des contacts noués lors de la participation à des travaux ou de la présence à des mouvements se sont transformés en relations personnelles à effet apostolique.

Je dis « effet apostolique », avec une dimension amicale. D'ordinaire, ces relations concernent tout ensemble la préoccupation de la foi et la présence au monde. J'ai été lié, en particulier, à des foyers.

Les liens sont à la fois d'amitié et d'accompagnement, de responsabilité spirituelle jusqu'à un certain point. Ils ne sont généralement pas restés sur le plan de ce qu'on pourrait appeler la direction personnelle. Ils commencent par des questions de vie, de choix, de responsabilité, et deviennent des relations à long terme. Je suis frappé de l'approfondissement spirituel, y compris la prière, dont sont capables des gens, et en même temps de leur présence rayonnante et servante, celle qui promeut les autres autour d'eux. Je pense à des foyers qui ont décidé d'être présents dans des pays d'Afrique, par exemple. D'autres manifestent une disponibilité progressive, acceptent un engagement social, etc. Les relations établissent un climat de confiance; les gens sont, comme on dit, en recherche. Ils sont capables de mieux que ce qu'ils font. A travers la conversation, qui est en rapport avec leurs soucis, des pistes apparaissent qui leur semblent d'abord hors de leur prise et de leur imaginaire, mais dont ils commencent à parler. Tels qui parcourent les étapes d'une carrière d'ingénieur en France et finissent par gagner de l'argent, décident, par fidélité à ce dont ils ont souffert au départ dans une situation un peu difficile en Algérie, d'être fidèles à ce monde-là et mûrissent la décision de partir. Ne pouvant pas retourner en Algérie pour des raisons diverses, le foyer s'installe au Maroc. La femme apprend l'arabe, lui participe à la marocanisation d'une entreprise d'aluminium dans laquelle il a un poste de directeur de personnel jusqu'à ce que cette marocanisation soit faite. Après dix-huit ans de présence, ils reviennent. Au point de vue professionnel, c'est une carrière moins brillante que s'il était resté en France près des états-majors. Mais ces gens vont être le noyau d'autre chose. Ils accueillent par exemple des jeunes coopérants qui ne connaissent rien du monde arabe et musulman où ils vont travailler. Une sorte de communauté se constitue pour une initiation à la vie de ces pays, à l'amitié qui soutient, à l'entraide. Je suis témoin de générosités, de développements, d'efforts soutenus dans la foi, de prises de responsabilités politiques, sociales, culturelles...

Je note aussi le passage des relations de famille à des relations de sérieuse et profonde amitié. C'est un chemin où la liberté et la vérité surmontent le destin.

Dans ces relations, il y a des femmes ; la relation avec elles est certainement autre que celle avec des hommes.

A mon sens, ce qui caractérise le monde féminin, c'est d'être extraordinairement individualisé, plus que le monde masculin. Certes, on ne peut pas traiter les hommes par catégories. Mais, d'une certaine façon, entre un ingénieur et un autre, au moins au départ, et pour un certain temps, il y a des analogies. Une femme est beaucoup plus individualisée par situation. Même si elle est mère, c'est tellement différent entre les mères. Pour rester sensible au meilleur, je remarque chez les femmes la très grande qualité à la fois spirituelle et humaine de jugement sur la vie. Combien d'hommes, avec toute leur réserve de qualités, combien de foyers, à plus forte raison, n'ont pu avancer sans l'épouse. Souvent, dans la conversation, y compris spirituelle, dans les choix de vie, dans le discernement, si la parole de la femme n'avait pas été présente serions-nous jamais sortis du silence de l'homme ? Pour beaucoup d'hommes, en deçà d'un niveau plus exceptionnel, la foi, la religion semblent un peu étrangères : « C'est pas bien mon affaire ! » Il est rare qu'une femme, à même niveau de société, de culture ou de souci, soit aussi indifférente. Avec elle, la conversation sur des choses profondes démarre plus facilement, plus spontanément. Si l'homme est là, il y prendra part, et il pourra être présent à un niveau de profondeur, où on reconnaîtra son authenticité. Mais si elle n'était pas là, l'échange pourrait rester plus difficile. Que de qualités possibles, y compris l'exigence intellectuelle, chez une femme. Il n'y a pas beaucoup d'œuvres écrites par des femmes. Et pourtant, au niveau de l'intelligence réfléchie, de la pénétration de la vie, de la formulation au moins orale dans une conversation sur ce que c'est que vivre, j'admire ce que la femme apporte d'intelligence et d'exigence.

Je n'évoquerai jamais assez ce que j'appellerai la « transparence innovatrice » de tant de religieuses du monastère de l'Unité aux postes risqués jusque chez l'adversaire, aux montagnes du Liban ou aux sables du Tchad.

Les foyers que le Père Sommet accompagne vivent sans doute des problèmes de couple autour de l'amour, de la contraception, voire de l'avortement.

Chose curieuse, avant les problèmes du couple lui-même, viennent les problèmes des parents relativement jeunes ou un peu plus âgés avec les enfants. Beaucoup ont vu leurs enfants abandonner leur tradition chrétienne, du moins changer de fidélité; et il a fallu les aider à vivre cela. C'est un chemin important, y compris pour moi qui n'ai jamais eu de solution tellement préfigurée. Il faut vraiment faire le chemin ensemble pour découvrir ce qu'on va dire. Dans les questions de couple, ce qui me paraît avoir pu les aider un peu, c'est d'une part les fidélités d'amitié ou d'entraide — les gens appellent au secours, ils sont loin, il faut y aller —, d'autre part l'aide à des ressourcements assez profonds, à la fois spirituels, moraux, intellectuels. C'est plus important que les recettes sur des questions comme celles de la contraception. Je ne suis pas sûr que l'Église dans son ensemble ait trouvé sur ces questions le langage de son siècle. Il faut se soucier des attitudes profondes qui font que les gens trouvent leur chemin, sans vous le dire ou en vous le disant. Il y a des choses qu'ils n'ont pas à dire. Après tout, je ne vois pas pourquoi l'amitié la plus sincère, à côté de la fidélité spirituelle la plus grande, obligerait à « tout dire ». Qu'est-ce que ce « tout » ?

Des gens très fidèles, souvent des hommes jeunes, me demandent le sacrement de pénitence. J'ai une façon un peu particulière de le pratiquer avec eux. Il est entendu que la conversation, l'entretien spirituel, que j'ai régulièrement avec eux, tous les mois ou tous les deux mois, s'achève par le sacrement de pénitence. Ils acceptent très bien cette proposition. Ce n'est pas seulement un échange de propos de sagesse, mais aussi un appel, une prière et plus qu'une prière, une remise au Seigneur mort pour nos péchés.

Jacques Sommet est une référence pour un certain nombre de ses frères dans la Compagnie, j'en ai souvent eu le témoignage spontanément.

Il y a ceux avec qui j'ai été en grande liaison, en amitié, en sympathie spirituelle et apostolique, même si nos domaines d'applications sont très différents. Entre un certain nombre de ceux qui ont vécu à peu près ensemble au scolasticat, s'est tissé comme un réseau de confiance réciproque, de vues apostoliques partagées, de soucis semblables ou complémentaires. On recourt à un tel parce qu'on sait bien qu'il peut répondre avec plus de pertinence sur un souci qu'on n'arrive pas tout à fait à sentir ou à connaître. Cette fraternité d'attachement et de communication dans la tâche apostolique a joué un grand rôle chez moi. La vie de la Compagnie est en grande partie aussi cette vie de communication dans le travail et pour le travail. Amitié, fidélité, communication des expériences et des compétences, tiennent une place importante. Peut-être ai-je blessé d'autres par moins d'attention, parce qu'ils se posent moins de problèmes ou font moins de projets, se tenant humblement à leur tâche.

Le monde jésuite est un milieu porteur, comme on dit aujourd'hui.

Oui, je dois le reconnaître, même s'il faut mettre beaucoup de nuances, la Compagnie est un milieu porteur et exigeant, qui oblige à être présent, à répondre à la demande, à faire ce qu'on fait.

Comme supérieur, j'ai aussi senti le problème de gens qui ont de la peine à vivre leur tâche, à cause d'une crise personnelle ou d'une moindre aptitude intellectuelle ou psychologique à leur type d'activité. Il faut les aider à trouver le lieu de leur capacité. Certains ont pu être coulés par un enseignement manqué, à un moment donné; leur vie leur semblait cassée. Repris en main amicalement, remis dans des lieux tout à fait différents, ils ont pu réaliser une existence extrêmement féconde et tout le monde les demandait. Je ne vois presque pas de cas où il n'y ait pas de requalification possible. Pour un supérieur, c'est un devoir sacré de faire quelque chose pour que ceux qui sont dans la difficulté retrouvent le goût à la vie et la confiance, qu'ils vivent dans des communautés où la réussite, notamment intellectuelle, ne soit pas le critère spontané de l'estime qu'on a pour son voisin. Des hommes aux possibilités d'érudition ou de gouvernement peut-être peu développées, sont à la disposition pour donner le conseil; et ils sont dans la paix dans ce genre de situations. Ils seront « économes », apôtres modestes et humbles, sachant utiliser leurs dons. Tel qui, au départ, travaillait auprès des « gens du voyage », est devenu une personnalité. Certains portent en eux une sorte d'humble sagesse étonnante et des qualités de cœur; on va leur demander conseil.

Le fait que tous ne soient pas appelés au « quatrième vœu », donc à la pleine appartenance à la Compagnie, ne crée-t-il pas une véritable discrimination entre religieux ?

Dans les générations plus anciennes, ceux qui restaient simplement coadjuteurs spirituels en prenaient leur parti de façon un peu volontariste : « Je suis le troupier de la Compagnie! » J'ai souvent utilisé, dans son esprit sinon dans sa littéralité, une parole du Père Fontoynont, restée célèbre : « Nous sommes tous médiocres et nous sommes tous exceptionnels, mais ce n'est pas au même endroit. » Il suffit d'aider chacun — et soi-même — à trouver.

Aujourd'hui, autour de 75 à 80 % sont admis au quatrième vœu. Ceux qui ne le sont pas en portent-ils davantage la déception ?

Dans la vie habituelle de la Compagnie, actuellement, ces choses ne se sentent guère. Il est arrivé aussi que des savants très remarquables en soient restée à leurs vœux de coadjuteurs pour pouvoir poursuivre leur tâche de chercheurs.

Les liens plus ou moins affectifs et du moins amicaux, le partage d'une formation et d'une mémoire commune à l'intérieur d'une génération peuvent susciter un esprit de corps; mais je crois que chez les jésuites le risque est assez limité.

L'esprit de corps des chasseurs alpins consiste à partager un certain nombre de secrets et de rites, bien relatifs d'ailleurs; ce n'est pas le cas dans la Compagnie. On parle de la Compagnie comme d'une appartenance dont, en général, on est fier. Et comme elle est une grande institution, il peut y avoir un peu de gloriole, c'est de la maladresse. Il faut se savoir serviteur et non pas se glorifier de ce que la Compagnie soit présente dans les courants et domaines porteurs de la culture ou de ce qu'elle se soit rangée ces derniers temps plus nettement du côté des opprimés. En tout cas, la fidélité à Jésus doit compter plus dans la Compagnie que la gloire de saint Ignace.

14

Le bonheur d'être jésuite

Quel bonheur ?

Sans le chercher, le Père Sommet nous fait découvrir une image impressionnante de la Compagnie. Jésuite, compagnon de Jésus, c'est la clef d'une vie. On a dû lui poser cent fois la question : êtes-vous heureux d'être jésuite ? Question trop facile, un peu bête sans doute, je n'ai pu résister à l'envie de la poser.

Bêtise honorable ! Car c'est une question que chaque supérieur pose à ses religieux dans le « compte de conscience », ce dialogue sur le fond pratiqué de manière périodique. Ce qui lie fondamentalement le jésuite à la Compagnie passe par cette question. C'est même la première que doit poser le supérieur, qui représente la Compagnie, au jésuite qui représente encore plus fortement la Compagnie — il est sa réalité vivante. Dans la relation constitutive de la Compagnie qu'est le « compte de conscience », cette première question n'est jamais éludée. Mais elle est même très directe : avez-vous plaisir et joie fondamentalement à être dans la Compagnie ? Quand la réponse à cette question est dubitative, ou quand on ne la pose pas parce qu'on sait que la réponse pour le moment n'est pas évidente, c'est alors qu'il y a un problème.

La réponse positive n'est peut-être pas tous les jours évidente et des reculs peuvent être fondés. On peut même dans un cas précis avoir honte de la Compagnie, et ce n'est ni un plaisir ni un bonheur. Mais il faut alors se regarder soi-même sans pitié.

Surprenant renversement de la question. Voici la Compagnie mise en cause. On pourrait avoir honte d'elle. J'aurais imaginé l'inverse.

J'ai pris le cas le plus gros et le plus facile. Avoir honte de la Compagnie. Comme d'autres souffrent parce que l'Église a passé par telle ou telle injustice manifeste et n'en a pas demandé pardon. Il peut y avoir dans la Compagnie des choses douloureuses. Mais, je le répète, il faut d'abord se demander si on n'a pas à avoir honte d'être soi-même ce qu'on est.

Toute l'expérience de Jacques Sommet en témoigne, c'est une chance d'être jésuite. Qu'est-ce qui fait aujourd'hui le bonheur d'un jésuite ? La question est-elle indiscrète ?

Aucune question n'est indiscrète, mais on peut être incapable d'y répondre. Le bonheur du jésuite ? Je pense qu'il est encore dans une conviction intime que Dieu m'a appelé à travers la vie des autres, depuis le début, dans un chemin concret. Je n'ai pas le droit de dire que Dieu m'ait manqué.

Le bonheur d'être jésuite ? Je ne dois pas le mettre au-dessus du bonheur d'être homme, d'être père de famille. Je suis jésuite et heureux de l'être. Je ne voudrais pas dire que d'autres sont moins heureux. C'est le sujet d'un appel, non pas exceptionnel, mais différent de celui de tel autre. Un appel qui s'adresse au plus quelconque — ce que je suis.

Alors ce bonheur ? C'est peut-être trop raisonner que de le formuler. Il est d'être appelé à travers des tâches, peut-être signifiantes ou objectivement capitales, au compagnonnage avec Jésus ou à l'intimité avec Jésus. Cette fidélité ou docilité à la relation avec Jésus, c'est une promesse ou une chance à moi adressée. Ce sont des possibilités offertes d'être présent patiemment, inconditionnellement dans la rencontre avec les hommes.

Le bonheur d'être jésuite, après tout, c'est la joie d'être à la disposition de Jésus, Fils du Père, auprès des hommes, là où je suis concrètement engagé, puis au-delà. Si cela manquait, je me sentirais l'homme d'une mécanique, d'un système. Et je me poserais alors bien des questions, celle-ci surtout : qu'est-ce que je fais là plutôt que de vivre une relation familiale avec le souci de porter dans l'histoire des enfants, des petits-enfants et tant de gens alentour ? Le dessein créateur de Dieu qui a fait l'homme et la femme l'un pour l'autre, je dois reconnaître qu'il m'étonne toujours et je suis étonné aussi de ne pas m'y retrouver!

Le bonheur du jésuite ? J'ai le sentiment d'un fort bonheur possible à travers mon mode de vie tout à fait différent, paradoxal par rapport à la situation familiale. Ce sentiment, il est vrai, est toujours fait de rapports à Jésus, de rapports aux autres hommes, aux familles, à l'amour humain. Rien n'est effacé par cette position. Le bonheur d'être jésuite est un bonheur apostolique, c'est d'être auprès des gens un témoin ou une aide, une sorte de frère aîné qui accompagne leurs démarches, qui les suit dans leurs difficultés, dans leurs espoirs. Je suis un peu le témoin que les tâches de la vie dans le monde sont sacrées, mais en même temps qu'il y a d'autres tâches et que je peux y être appelé. Je témoigne alors que les dimensions humaines ou divines de l'aventure humaine sont multiples et imprévisibles. Par vocation de jésuite, je puis être proche des gens, n'ayant à assurer ni la subsistance ni la réussite d'enfants, d'une carrière. C'est aussi une présence possible auprès de gens éprouvés par l'immense solitude, non pas celle du religieux, mais qu'on peut rencontrer dans la vie, la solitude d'être dépossédé de satisfactions qui occupent d'autres humains et les soutiennent. Je suis alors témoin qu'une vie ainsi éprouvée par le vide peut être accompagnée par moi qui suis dans le vide d'une autre façon, mystérieusement.

Face à des jeunes qui se préparent à la vie de jésuite, qui regardent l'avenir, je reconnais volontiers que je ne me sens pas juge de savoir ce que seront le bonheur, la difficulté ou la possibilité d'être jésuite demain, ni le sens que cela aura. Une analogie peut m'éclairer. A Prague, il y a quelque temps, j'ai rencontré des jeunes gens qui viennent à la foi avec vigueur, alors qu'avant ils ne s'intéressaient pas beaucoup à ces questions. Il ne s'agit pas simplement de changer de milieu et de relation pour être dans la minorité résistante, comme on l'explique facilement dans les milieux de l'intelligentsia. Les jeunes, là-bas, savent que leur démarche n'est pas une force efficace dans l'univers politique où ils vivent. Ils sont fidèles à une lumière. Si un jour quelque chose advient pour le salut de ce pays, ils en seront certes les auteurs. Leur choix est d'une audace incalculée; ils se trouvent seuls dans leur histoire pendant longtemps et ils n'ont peut-être pas la possibilité d'accomplir quoi que ce soit de significatif ou d'efficace. Ils choisissent d'être dans la pureté de leur foi. C'est tout. Cela entraîne immédiatement qu'ils ne font partie d'aucune structure de la société. Ils seront exclus des secteurs vivants du pays, des responsabilités. Si quelqu'un me dit « je choisis d'exister ainsi », que vais-je lui dire ? Il est dans ce qu'on peut appeler la résistance spirituelle. Un homme qui fait ce choix peut être demain l'objet de toutes les faiblesses, de toutes les tensions, parce que c'est très dur à porter. Pourtant, si j'ai le droit et le devoir d'espérer pour l'avenir spirituel d'un pays, d'un groupe humain, je me dis que cet avenir ne peut sortir que de là. Devant le jésuite de demain, je me trouve dans une situation analogue.

La formation jésuite, l'appartenance à la Compagnie, le soutien fraternel représentent cependant une grande force pour le religieux le plus exposé. C'est peut-être le moment d'évoquer un mot important du vocabulaire jésuite, cette profonde disponibilité qu'on appelait autrefois « la sainte indifférence ».

L' « indifférence », au sens « jésuite », c'était l'attitude de départ. Le mot est très empirique. Il caractérise l'état dans lequel il faut être pour continuer le chemin vers les préférences de Dieu avant même de les connaître. Dans Ignace, c'est très expérimental. Un homme est-il dans un état tel qu'il puisse entreprendre des projets, sans tomber dans l'illusion s'il est de bonne volonté, ou dans une paresse rusée s'il n'a pas très bonne volonté ? Le chemin des Exercices, c'est le chemin de plus grande adhésion à Dieu. Cela implique, dès le départ, une certaine relation à ce qui peut arriver.

Je ne suis jamais dans l'état d'indifférence au sens courant de ce mot. Pourtant, d'une certaine façon, j'y serais porté, et je me méfie! Chaque jour j'ai à me demander, non pas si je suis indifférent, mais si, dans la vie quotidienne que je mène au service, je l'espère, de l'Église, de la Compagnie, des hommes, ce qui me met en état d'accueil des propositions et du service, c'est la disponibilité pour le service que je fais, dans sa partie la plus difficile. C'est chaque jour la reprise patiente, humble. L'humilité est proche de l'indifférence. Le fait de rester sur la brèche quand les choses vont et quand elles ne vont pas — « consolant ou désolant », pour reprendre les termes des Exercices. L'indifférence, c'est l'ouverture du chemin. Je relève la barrière. Le travail ne commence qu'avec et à travers ces mutations d'espoir, de désespoir, ce qu'Ignace appelle le mouvement des esprits.

Les orientations actuelles de la Compagnie

En vingt ans l'Église a changé, la société a changé. Certains affirment que la Compagnie a changé de cap très fondamentalement ces toutes dernières années.

La Compagnie dans laquelle je suis entré était une Compagnie nombreuse, avec des articulations administratives importantes, comme en ont les grands organismes. Mais j'y ai trouvé la dimension charismatique au bon sens du mot, la recherche de la docilité à l'Esprit dans les relations du corps comme tel.

Beaucoup de choses ont changé, c'est vrai. De nombreux jésuites aiment dire, et je l'entends avec respect, qu'avec le Père Arrupe la Compagnie a été fondée une seconde fois. Y a-t-il eu un changement de cap ? Le Père Arrupe a insisté sur les valeurs fortes, sur la relation de la justice avec les autres dimensions de la vie de la Compagnie au carrefour de l'Europe et de l'Asie. Il l'a fait de façon si nouvelle et spirituelle que son initiative fut comme une sorte de renaissance. Avec beaucoup d'autres, je pense que cette orientation nous a rendus plus heureux. Par renaissance, entendez ici la prise en compte de l'inspiration réfléchie, le fameux discernement en fonction des situations humaines, mais avec l'insistance sur la fidélité à la relation avec Dieu.

Le Père Arrupe a privilégié jusqu'au bout la nécessité d'assurer des temps de prière personnelle suffisante, surtout dans une vie par ailleurs plus mobilisée qu'autrefois par la relation interhumaine. Il a insisté moins sur le travail théologique, qu'il ne méconnaissait pas, mais beaucoup sur la présence aux hommes, en particulier dans la misère, dans la pauvreté, dans les grands secteurs où se manifeste la demande de l'humanité. Ce souci vécu loyalement, individuellement ou en groupe, entraîne une mobilisation dont on peut se demander, en effet, à certains moments, si son aspect dévorant n'explique pas une moindre consécration à la prière. En France on l'a perçu moins nettement parce que l'Église était déjà engagée sur ces pistes. Mais dans certains secteurs, aux États-Unis ou ailleurs, ce fut, paraît-il, comme un ordre donné. La réponse fut davantage ressentie comme un acte d'obéissance demandant d'aller vers une présence renouvelée au monde noir américain, sur place. Le Père Arrupe a été très audacieux sur les questions des solidarités humaines. Un signe parmi d'autres : la façon dont il a su comprendre un homme comme

Jean Lacan, prêtre-ouvrier français, qui, sous des dehors peu romains, vivait des convictions apostoliques très vigoureuses, parfois très rudes. Le Père Arrupe a compris ce que des hommes comme celui-là représentait. Jean Lacan a sauvé la « mission ouvrière » chez les jésuites occidentaux. Il a créé des solidarités européennes entre les religieux d'Italie, petit troupeau, ceux d'Espagne, où les gens contestaient quelquefois violemment les initiatives nouvelles, ceux de France, un peu raisonneurs comme à l'habitude, et ceux d'Allemagne ou de Belgique, ou de Hollande, peu nombreux. Voilà une entreprise dont un supérieur majeur pouvait se défier; un religieux qui cherche à faire une unité entre des gens d'une catégorie quelquefois insupportable n'outrepasse-t-il pas ses droits ? Le Père Arrupe a soutenu cet effort et manifesté aussi des exigences.

La Compagnie est une grande institution mondiale, très complexe, habitée de courants différents. Elle a un mode d'élection très démocratique. Y a-t-il une mentalité et des options communes à toute la Compagnie, malgré toute la variété intérieure, les éventuels conflits d'idées, de groupes de pression ?

La pratique de la Congrégation générale répond à cette nécessité une fois ou l'autre. C'est un moment de rencontre assez étonnant avec l'ensemble mondial. A certains moments, à cause des crises, des métamorphoses du monde extérieur, des événements intérieurs, se crée une sorte de mentalité générale, relativement acceptée partout — ce qui ne veut pas dire que des groupes ne resteront pas différenciés. Il peut y avoir certains moments de changements plus complets. Je pense que le moment Arrupe l'a été. Le Père Arrupe a fait sentir que l'avenir était plutôt à l'Inde, à la Chine, au Pacifique; les États-Unis représentent davantage le présent, l'Amérique latine la métamorphose en cours avec sa croix — parce qu'elle a beaucoup souffert; l'Europe est marquée par le passé, mais un passé nécessaire. Cet homme a pris exceptionnellement au sérieux la condition humaine telle qu'elle est aujourd'hui, qu'il s'agisse du Tiers Monde ou des attitudes devant la foi. Il a su encourager les religieux et nous a mis dans une situation de connivence spirituelle entre nous, quelles que soient les situations. Il y a donc une cohérence d'inspiration retrouvée ou reformulée en fonction du monde d'après la Seconde Guerre mondiale. Le Général actuel devra assurer la continuité de ces orientations dans leurs applications. Cela passe, bien sûr, par un approfondissement de la mission reçue de l'Église et du Pape.

Le moyen d'assurer la cohérence, l'unité, l'amitié diffuse, est une question pour l'avenir. Les « assistances » actuelles (secteur géographique au-delà des nations), à travers ce grand mouvement qui les a réunifiées et remises en communication les unes avec les autres, se trouvent devant des questions très différentes. Prenons l'Inde par exemple. C'est la Province qui témoigne d'une sorte de prospérité presque miraculeuse. Elle est en passe de devenir la Province la plus nombreuse de la Compagnie. Mais dans cette situation de fondation et d'invention, la Compagnie se trouve aussi devant des difficultés nouvelles. Comment cette Province de l'Inde saura-t-elle communiquer avec les autres et faire l'unité en soi-même ? Les gens peuvent venir au baptême et à la vie chrétienne dans des régions marquées par une tradition bien instituée et vigoureuse, posant par exemple la question des castes. On ne peut pas dire que dans la Compagnie, en Inde, le problème des castes soit réglé. Il est important pour le fonctionnement de la Province, par exemple pour la nomination des supérieurs, mais plus encore d'un point de vue spirituel profond, du point de vue religieux : Jésus Christ et les castes ! Il suffit de formuler les choses ainsi pour sentir la difficulté. Et ce n'est qu'un exemple.

La Compagnie serait-elle traversée aujourd'hui par de grands clivages ?

Le clivage premier concerne la présence aux évolutions. Avec le Père Arrupe, il y a eu, nous l'avons déjà évoqué, un clivage Tiers Monde qui marque le fameux Décret sur la Justice et son exigence d'être présents aux plus pauvres. Il n'est pas question de revenir sur ce point de la présence préférentielle et poussée aux plus pauvres. Elle implique plus que la simple générosité; elle exige la réflexion sur l'originalité des questions posées. D'autant que, plus des hommes de divers pôles en viennent à la conscience d'eux-mêmes, à une autodécision, plus ils le font dans des termes qui demandent une longue durée pour aboutir. Il est bien évident qu'on ne débouche pas sur des situations apaisées, mais des situations contrastées, dans la mesure même où les évolutions réussissent.

La présence aux mouvements intellectuels et scientifiques est plus classique ; la présence aux plus pauvres entraîne des attitudes nouvelles et tous ne sont pas également libres pour les trouver. Il faut chercher l'articulation de trois éléments : de l'intellectuel, de la condition pauvre prise comme elle est, de la formulation de la vitalité spirituelle, y compris la prière dans sa dimension collective et individuelle. Il y a un courant plus traditionnel, plus attentif à la sécurité du côté des habitudes de la Compagnie. Il y a le courant de ceux qui cherchent la communication entre les domaines; la symbiose n'est pas facile ni donnée d'avance dès lors qu'on reconnaît la différence des cultures suivant les niveaux de la société. Avoir une vraie culture, ce n'est pas « avoir une culture » mais être perpétuellement au point de confluence, de convergence ou de difficulté entre deux ou plusieurs cultures.

Peut-on parler actuellement de clivages théologiques, d'écoles de théologie qui s'opposent entre elles au sein de la Compagnie ?

Certes un peu. Mais opposées jusqu'à quel point ? La production d'ensemble de la Compagnie dans la recherche actuelle exégétique par exemple reste très importante; et l'exégèse est un lieu de convergence des différentes écoles d'Allemagne, des États-Unis, d'Angleterre, et de la France secondairement. Nous, Français, avons des échanges intellectuels, théologiques, philosophiques et exégétiques avec l'Allemagne et les États-Unis surtout. Des communications s'esquissent seulement avec le Japon et avec la Corée du Sud. Il existe, sinon cohésion, du moins une certaine harmonie; même dans les différences, on peut travailler ensemble et on le fait. Des gens vont et viennent d'un endroit à l'autre; l'échange de personnes s'est beaucoup accru.

15

Le risque dramatique de l'homme

Le Christ de Rembrandt

Parler de la beauté de Dieu, ou, comme Jacques Sommet, de la gratuité et même de la grande félicité de Dieu, n'est pas aisé dès lors qu'on met en regard l'immense difficulté de la condition humaine, l'énigme qu'elle est quotidiennement. Face à ce visage d'un Dieu de bonheur, voici un visage humain quelquefois souriant et rayonnant, quelquefois grimaçant, finalement bien grave. C'est le visage de l'homme qui affronte la mort.

Nous pouvons parler de Dieu comme source mystérieuse en style philosophique. Ce beau langage, quand il est bien maîtrisé, est déjà une sorte de dépouillement de ce que l'aspect félicité pourrait avoir de trop facile. Il y a encore l'obscurité et le silence, un silence très mystérieux. Cette transcendance silencieuse et gratuite devient initiative en Jésus Christ. Peut-être n'ai-je pas assez parlé du passage par Jésus. Cette initiative est trop grande et trop forte et trop délicate pour que je la saisisse bien. La gratuité suprême, qui est pour Dieu de parler, de s'investir dans l'homme à travers l'Incarnation de son Fils, est dans cet homme livré aux hommes.

Jésus, serviteur, vivant sa vie de serviteur, est au cœur du récit des synoptiques. C'est sur notre terre une présence historique, qui laisse des traces. C'est la rencontre et la réalisation suprême de Dieu transcendant, qui, dans l'histoire, s'offre à moi. Je pense au sens de Jésus et de ses mystères dans les Exercices, ou à certaines œuvres artistiques comme des gravures de Rembrandt. Dans les scènes de clowns, les scènes d'humanité dérisoire de Renoir, je vois Jésus dans la Passion. Ce Jésus lumineux, simple, ce Jésus de la présence parmi les hommes, est aussi une promesse inespérée et en même temps un guérisseur. Il est serviteur parce qu'il y joue son humanité ; en même temps, il récapitule toute l'histoire. Tant de gestes me conduisent à avouer qu'il est l'homme parfait. Je pense à un poème de Alexandre Bloch, intitulé *Les Douze* :

Sur la neige...
Par-delà les avalanches
Dans les brumes, dans le vent
Couronné de roses blanches
Jésus Christ marche en avant.

Jésus traverse souvent une épopée noire; par exemple là où j'ai retrouvé mes amis de Chine, il y a quatre ans, avant qu'ils ne soient repris.

Dans la plus grande détresse et dans la dérision tout à coup se révèle parmi nous un visage humain, celui du Christ aux outrages, celui du Christ qui guérit... Un regard de grande proximité qui dépasse toute désespérance.

La plus grande proximité. La pierre de la cellule devient visage de Jésus. Je pense à ce prêtre chinois, déjà évoqué, à qui je dédie ces pages, et qui récitait son chapelet face au mur de sa prison.

L'échec de l'homme, échec de Dieu

Il est presque inconvenant d'aborder maintenant un autre aspect sous lequel Dieu est présent dans la Bible, même dans les synoptiques. C'est un Dieu qui appelle, certes, mais il appelle avec exigences et menaces. La scène du jugement glorifie celui qui a reconnu le visage du Christ à travers la détresse du frère ; mais ceux justement qui ne l'ont pas reconnu sont jugés, condamnés. Ou encore : celui qui ne croit pas est déjà condamné, dit Jésus dans saint Jean. Ce visage de Dieu qui inspire crainte et celui de proximité peuvent-ils se rejoindre ? Ou Jacques Sommet passe-t-il à côté de ces phrases de menaces ?

Peut-être que j'arrange! J'espère que non! Le Dieu dont j'ai parlé est d'abord Jésus, le Jésus de Rembrandt. Il est offert à tous ces hommes et ces femmes, même à ce peuple qui, au temps de la

Passion, crie pour la condamnation et choisit Barabbas contre Jésus. Dans ce silence présent de Dieu, dans ce silence exprimé à travers l'humiliation de Jésus, je reconnais aussi la révélation et la prise au sérieux de la liberté de l'homme, qui peut dire oui ou non. Souvent je suis entré en rébellion contre les manières faciles de dire : à la fin tout s'arrangera. Je ne suis pas porté à spéculer sur la damnation de Hitler. Mais la liberté se joue au risque que l'homme choisisse de se perdre, de dire non. Je l'affirme avec une nuance d'espérance plus grande que de crainte. L'homme peut se perdre, moi-même je peux me perdre, nous pouvons nous perdre, nous pouvons librement dire non au Jésus de pitié qui se donne. Cela est très fondamental.

Je pense au chapitre premier de l'Épître aux Romains. Je suis mis là devant le mystère de l'humanité avec ces hommes dont je suis solidaire; je découvre cette humanité à la fois en construction et en déconstruction. C'est pour moi, assez immédiatement, le mystère de l'échec et de la réussite de Dieu, à travers son respect de la liberté de l'homme. Il a mis l'homme sur cette terre, il l'a lancé dans cette aventure, et il le laisse se construire et se déconstruire.

Ces hommes que je rencontre, que je le veuille ou non, sont habités, plus puissamment que je ne m'y attends, par des dimensions positives de solidarité et de courage du quotidien. Ces paroles optimistes ne doivent pas cacher ce qui pour moi est proprement tragique : ces hommes sont aussi habités d'une terrible puissance de déconstruction, j'entends là de division entre les hommes. Ils ont pouvoir de se servir de ce qui divise pour avancer plutôt que de s'unir dans ce qui avance. Je retrouve cet univers tel qu'il m'est révélé à travers l' « Alliance », le projet de Dieu même. Dieu accepte d'échouer, je veux dire d'être mis à la question par la liberté qu'il laisse à l'homme de se perdre, de se diviser, de se défaire. Et, dans le chapitre premier de l'Épître aux Romains, il y a une révélation du Dieu qui a créé l'homme libre sur cette terre et se trouve en quelque sorte débordé; il est peut-être débordé par les points d'espoir, mais il est débordé aussi par l'échec, par la déréliction de cette humanité. C'est le monde païen au sens où l'entendait un vieux missionnaire : un monde sans pitié et sans cœur. Une expression juste, dure, impitoyable.

Quand je dis liberté, je pense à l'apparition d'un homme qui est à la fois l'annonce de ce qui est positif en lui et l'annonce terrible de ce qui devient l'objet de la colère de Dieu dans le monde. L'homme sans pitié et sans cœur! s'il y a un enfer, c'est celui-là. S'il y a un échec, c'est celui-là. Le risque pour Dieu de réussir ou d'échouer est là, pour moi et pour l'autre. Ce risque est couru, réel, réalisé,

Un monde sans pitié et sans cœur est une expérience que nous pouvons, hélas, ressentir. L'enfer est que cette situation soit rendue définitive, que l'échec de Dieu soit irréversible. Des foules humaines ne seraient plus et pour toujours que « sans pitié et sans cœur » : la damnation, la perdition éternelle. Dieu peut-il continuer à être Dieu s'il accepte définitivement cette massa damnata, *pour reprendre une formule de saint Augustin ?*

La façon dont la question est posée me met en difficultés; pour tout dire elle m'est étrangère, à cause de ce qui paraît à la fois paradoxal et étonnant dans la façon dont Dieu s'y prend dans cette affaire. Car Dieu va rester fidèle aux hommes; il y a une espèce d'acharnement de Dieu pour être fidèle à l'homme comme partenaire libre; il risque sur l'homme et l'homme risque sur lui s'il veut. Il y a dans cette aventure du mal comme une sorte de débordement de Dieu dans son premier plan. On dirait que, ayant joué la liberté, il n'a pas imaginé, si j'ose employer cette expression, que la liberté puisse aller jusque-là. Mais il ne veut pas la rattraper pour autant, il ne veut à aucun prix faire un peuple d'esclaves punis et ordonnés. Alors Jésus Christ intervient, par une ruse divine. Dieu va se présenter à travers un homme qui sera la protestation suprême, la négation de tout règne où l'homme est tenté de se définir comme domination. Jésus Christ, Dieu homme, homme faible, ouvre un chemin devant le mal, dans cet univers en déconstruction, sans poser aucune limite à la liberté de l'homme.

Jésus se veut présent, sous la forme d'une liberté humaine, d'une façon de vivre. Cette façon de vivre sera marquée par la rectitude d'une conscience fraternelle et d'un service du Père et des hommes. Par rapport au mal dont je viens de parler, face à cette déconstruction, il est celui qui ne l'*efface pas* mais qui la *traverse*. Pour moi, le concept de « traverser » est important. Jésus Christ, c'est Dieu qui ne renonce pas à faire des hommes des libertés, et qui ne renonce pas à prendre les hommes qui sont passés par le mal, y ont trempé et ont perverti ce qu'ils sont. Il se porte vers toute cette réalité humaine, il la porte. « Il s'est fait péché pour nous »; ce ne sont pas des mots en l'air.

Jésus traverse non seulement la croix comme expérience psychologique, mais il assume ce qui est signifié dans l'Écriture dans le rapport entre *la croix* et la *descente aux enfers*. Il va chercher l'homme dans les enfers; il ne sera pas seulement le désespéré au milieu des désespérés, comme les modernes ont quelquefois tendance à l'exprimer, il traversera l'univers des désespérés, des gens qui ont détruit leur espoir.

Être fidèle à Jésus Christ, c'est être fidèle à Dieu à travers ce drame. A nous alors, les uns et les autres ensemble, qui avons conscience de ce qu'il est, et appuyés sur lui, vivant de lui, de « traverser » aussi les enfers et le péché. Mais en avançant jusqu'au bout avec lui. Ce qui ne veut pas dire être enseveli dans ce drame, mais en sortir... fût-ce par la mort!

« A travers, traverser... », Jacques Sommet emploie volontiers ces mots pour parler de l'expérience humaine et spirituelle. Veut-il évoquer ainsi le passage, la Pâque, comme s'il s'agissait de traverser avec le Christ ce monde de désespoir et de déstructuration ?

C'est essayer de lire ce que Jésus Christ est et fait. Je le vois en tout cas aller et avancer dans le monde où je suis, marqué par cette liberté tragique, pour le porter. Porter le péché du monde, pour délivrer le monde de la mort. Vivre, pour le Christ, c'est vivre la fidélité au Père dans la fidélité à tous les hommes à travers ce qu'ils sont, jusque dans la déréliction où ils sont plongés. C'est une solidarité telle que l'abîme de la misère, de la honte ou de l'infidélité devient le point extrême de la manifestation de la fidélité de Dieu. Ce Dieu aime les hommes en les aimant tels qu'ils sont, défigurés comme ils sont. Ainsi la fatalité est vaincue. L'emprisonnement même est ouvert par la présence dans ce lieu de déréliction de celui qui n'est pas fermé, qui est la docilité et en même temps amour. Là je retrouverai la priorité de l'amour, mais justement au bout de l'histoire. C'est la présence de Jésus Christ jusqu'aux enfers. Je ne vois pas un Jésus Christ au sourire — puisque vous me taquinez sur mon sourire —, je le vois sous la forme grave et simple de l'icône de Jésus de Roublev, peut-être un peu solennelle mais qui est une réussite étonnante. Je me mets à l'ombre de cette réalité et, si je souris, ce n'est pas un sourire de pitié ou d'apitoiement, mais d'espoir. Sourire de compassion aussi sur moi-même, car ce n'est pas moi qui serais capable de faire quelque chose; pourtant je suis le témoin que la promesse existe, et ce sourire pourrait être le premier signe de l'encouragement à vivre. Je ne peux pas ne pas espérer. Et si je rencontre cet autre misérable, c'est encore par une espèce de grâce qui m'est donnée, c'est pour moi aussi le rappel que la promesse existe.

Voir des forces de destruction à l'œuvre dans l'humanité, dans une époque, est assez facile. Mais le voisin de métro, qui vit difficilement, ballotté par les désespoirs et les tentations des gens sans travail, sans racines, porte-t-il cette part de déstructuration et cette part d'espérance; n'est-il pas submergé par l'histoire et la nécessité, dépersonnalisé, abîmé en sa conscience?

Je tiendrais que le paradoxe de déstructuration et d'espérance se place réellement dans la conscience de ces hommes apparemment les plus engloutis. Je songe à la vieille femme de Dostoïevski qui meurt à bord d'un bateau et devient habitante du Royaume des cieux à partir du moment où elle cesse de vivre. Elle ne manifeste pas beaucoup, sinon qu'elle meurt bien. C'est un cas extrême. Des peuples ballottés, brassés, noyés par l'histoire contemporaine — je les rencontre en Afrique mais aussi là-bas du côté de la Volga ou du Dniepr ou au Cambodge et à Beyrouth, je les rencontre dans mon quartier, je les rencontre inséparables de moi dans ma mémoire. L'homme qui a l'air le plus emporté dans ces grandes vagues, comme quelqu'un qui tente de nager seul au milieu d'une tempête, que lui reste-t-il ? Et pourtant la dimension personnelle, presque individuelle de chacun à travers cette destinée menaçante est le seul lieu où se décide tout.

Les dimensions collectives que j'affectionne, ce dont je ne peux faire l'économie, passent par les consciences. Le drame de cette lucidité se joue même chez ceux qui m'ont l'air le plus enseveli à un moment ou à l'autre. Prenez un étranger, débordé par la misère des gens transplantés, déracinés, tellement typiques de notre époque; c'est dans ce débordement même qu'il va choisir. Tel voisin emploie toutes les roueries pour ramasser de l'argent, pour faire chanter des gens avec sa misère même, c'est terrible ! A côté, dans la même situation de déréliction d'une famille divisée par la misère, une femme est extraordinaire de courage souriant. Dans cette situation de misère où nous ne voyons comment faire face.

La colère de Dieu

Dans sa vision de l'humanité des chapitres premier et deuxième de l'Épître aux Romains, saint Paul reprend un mot insoutenable : la colère de Dieu. Dieu renferme tout le monde dans sa colère, le Juif et le Grec. La colère de Dieu!

La colère de Dieu est le signe ou l'expression qui met ensemble l'échec de l'homme et l'échec de Dieu. Dieu est tout entier engagé dans cet échec de l'homme. On n'est pas colérique contre quelque chose qui arrive par fatalité. Si Dieu avait créé un homme à moitié libre, il ne serait pas en colère! Mais il a créé un homme qui est presque son égal. Or l'histoire de cet homme se joue à l'inverse de lui. On pourrait dire que Dieu est mis à l'épreuve de la contradiction dans ce qu'il fait et dans ce qu'il fait par amour. Il a créé quelqu'un à aimer, et voilà ce qui se passe! Cette colère n'est pas un dérèglement violent et sans succès; elle ouvre justement, je parle en langage de consciences humaines, l'aventure de l'Incarnation d'un homme qui en même temps est le Serviteur. A travers les différents langages, prophétique et sapientiel, Dieu cherche le moyen de sortir les gens de la situation ou plutôt à leur donner la possibilité d'en sortir à travers la vérité de ce qu'ils sont. La colère est à prendre au sérieux. Le châtiment, c'est le châtiment que les humains amassent eux-mêmes sur leur tête. On dirait que dans la colère de Dieu, il y a deux choses : la volonté de les en sortir et la prise au sérieux de ce qu'ils sont. Dieu en prend tellement peu son parti que, si l'Incarnation signifie quelque chose, c'est bien d'indiquer à quel point la réalité est sérieuse à l'extrême.

Mais comment parler d'un état définitif de perdition, de l'état de damnation?

C'est l'état qui s'engendre à partir du choix pour le mensonge contre la vérité — comme le souligne saint Jean —, ou du choix du mépris, de la domination de l'autre pour en faire ma chose possédée et détruite. Les périples sont ici différents. Par exemple, la décision d'indifférence volontaire face à la question de Dieu reconnu. Bernanos essaie de l'approcher dans *Monsieur Ouine*. Pour l'avoir perçue chez certains du peuple qu'on appelle croyant, on est pris de vertige; mais cela existe, je ne peux pas le nier. J'affirme donc la perdition comme possible, je ne sais pas s'il faut l'affirmer comme réelle.

Jacques Guillet dit souvent que, dans les évangiles synoptiques, la reconnaissance de l'adversaire comme tel fait partie de la lumière de la Révélation. Et cette vérité n'est pas une défaite de la charité. Je peux être très exigeant pour certaines situations concrètes de mensonge, mais cela ne peut pas entraîner de ma part le jugement qui se met à la place du jugement dernier. Jusqu'à son dernier soupir, un homme peut devenir autre que ce qu'il est aujourd'hui. Le Père Fontoynont, maître vénéré, apportait une nuance à l'histoire de l'Église : l'Église a décrété que des hommes et des femmes sont saints, c'est-à-dire qu'ils représentent l'accomplissement de la fidélité à Dieu; en revanche, elle n'a pas défini qu'un tel ou un tel soit perdu pour jamais. La nuance est importante.

Que des hommes puissent aller à l'extrême du choix négatif est possible et plausible; mais, et il faut y revenir, comment imaginer seulement que ce refus puisse être rendu définitif, éternel, devenir un état de perdition, sans remède?

Oui, pour employer le langage traditionnel, la prise au sérieux de l'enfer comme « risque possible ». Mais je ne peux rien dire de plus. Je me refuse à imaginer l'enfer, à imaginer un homme qui nierait de telle sorte qu'il ne puisse pas être pardonné.

Finalement, ce n'est pas une question sur l'homme, mais surtout sur Dieu. D'une part, il se livre jusqu'à l'extrême dans son Fils qui va à la recherche du pécheur le plus perdu et descend jusque dans les enfers; d'autre part, à un moment donné, cette recherche est tout à coup finie. N'y a-t-il pas une contradiction dans le geste sauveur ainsi interrompu irrémédiablement?

Je ramène la question à l'homme, à la prise au sérieux des actes qu'il peut poser. Ai-je le droit de dire plus ? Je m'arrête là.

On posait autrefois la question à propos des saints : peuvent-ils être heureux dans l'éternité en sachant que certains de leurs frères, peut-être de ceux qu'ils ont le plus chéris, échappent définitivement à l'amour de Dieu? Il faut aller plus loin et demander : le bonheur de Dieu est-il possible s'il reste un damné?

C'est la question profonde. Elle m'arrête d'aller plus loin. Je puis dire que l'homme peut se perdre, mais ne puis aller au-delà. Il faudrait pour cela que j'aie fini de risquer la perte de moi-même. Et ce risque couru par moi, non encore résolu, occulte mon regard sur la situation dernière des hommes quand ils ont terminé leur course. Reste alors seul Dieu, et sa miséricorde de créateur et de sauveur accomplie en son Fils par son Esprit. Il est toute miséricorde en vérité. Moi jamais et en tout cas pas encore.

16

Passion et espérance

L'expérience de Jésus

Au terme de ce long échange, quels thèmes mettre en exergue une dernière fois ?

Karl Rahner parle de l'expérience de Dieu; je parlerai plus volontiers de l'expérience paradoxale du Christ au centre de tout et de chacun. Faire acte de liberté, rencontrer les hommes à travers les institutions, tout cela est focalisé par ce que dans l'histoire d'aujourd'hui, de demain, j'appellerais un certain sens de l'homme. Mais cette expression est trop vague et trop ample. Ce sens de l'homme est-il vécu dans la relation constante à Dieu transcendant et présent, à Dieu appel ? Ce qui, pour moi, reste capital, quand je parle du sens de l'homme ou du sens de Dieu, c'est la relation à Jésus Christ.

C'est à travers Jésus, Fils du Père, que j'entends à la fois un appel dont je ne suis pas l'origine et comme la fidélité qui s'exprime dans la réalité de l'histoire, dans le rapport aux hommes, dans le rapport à leur passion et à leur espérance. Ce qu'il y a de plus transcendant et de plus démesuré, c'est que le Christ me provoque à reconnaître dans l'homme rencontré cette dignité infinie qui l'habite concrètement. L'homme n'est perceptible qu'à travers ce qu'est vraiment le Dieu de Jésus, Jésus de l'agonie et de l'espoir. Je sais qu'il y a des dangers à dire les choses ainsi; mais enfin je vis ainsi. Cette fidélité à Jésus comme étant Dieu certes, mais l'existence humaine de Dieu, est à la fois miséricorde, tendresse, exigence radicale de vérité dans le rapport avec Dieu.

Tant qu'on parle de Dieu sans Jésus Christ, on croit peut-être mieux sauver la transcendance de Dieu; mais celui qui parle ainsi comme homme ne met-il pas alors la main sur Dieu ? La démesure n'est pas d'ailleurs dans l'affirmation que Jésus Christ est Dieu, elle est dans la Révélation de Dieu en Jésus. Pour celui qui réduit Jésus à être un modèle, sous prétexte de garder à Dieu sa transcendance, toute manifestation, toute parole de Dieu incarné sera toujours suspecte. Ne suis-je pas alors devant le paradoxe, pour moi déraisonnable et irrationnel, d'un individu qui dit la transcendance de Dieu au nom de lui-même et de sa conscience ? Rien ne paraît plus grand; pourtant comment ne pas voir l'inévitable ambiguïté de celui qui, par sa certitude créée, par ce qu'il est, parle de l'infini de Dieu. Mais ce n'est que l'aventure d'un homme qui se fait ainsi l'image la plus transcendante, la plus abstraite, la plus infinie de Dieu. Pour moi il y a là quelque chose de définitivement suspect. Tandis que si je reçois l'infinité de Dieu, si j'écoute sa Parole dans l'infinité de la rencontre humaine et fraternelle, je suis dans une autre situation. La démesure divine, je ne la trouve que là; je ne trouve pas de démesure plus démesurée que celle-là.

Ce Jésus, premier-né de toute créature, révélation même de Dieu, Dieu lui-même, Dieu humainement, est-il encore un frère ? N'est-il pas tellement du côté de la manifestation de Dieu, fût-elle la plus humaine possible, qu'il n'est plus tellement du côté de l'expérience humaine ?

Pour moi, il est la révélation d'une fraternité sans limite. Il m'importe beaucoup de le reconnaître comme frère. Il a pu y avoir quelquefois, y compris dans la théologie de la libération, une « apologie du dernier », au point qu'il soit le premier et le seul. Le Père de Foucauld disait fort justement que lui ne pouvait pas être le dernier puisque Jésus avait pris la dernière place. Jésus est le dernier, il se met à la place. C'est lui qui perce le mur des résistances et de l'ignominie. Mais il le fait sans qu'il y ait une relativisation quelconque de la dignité, de la grandeur de l'homme qui n'est pas dans cette situation et qui peut même être dans une situation de puissance. C'est tout autre chose que de faire simplement comme si le dernier ou le plus pauvre devenait Jésus Christ lui-même. Jésus Christ ne se passe pas de ce dernier-là, c'est clair. Mais il est présent aussi, quand il parle comme ayant autorité. C'est-à-dire qu'il exprime quelque chose qui est une lumière pour tous ceux qu'il rencontre, quels qu'ils soient. Quand Jésus dit des paroles de miséricorde à la pécheresse, il ne prend pas seulement parti pour elle en ce qu'elle est la dernière; en même temps il prend en charge sa dignité de femme dans la dimension positive. Jésus est le témoin de l'un et de l'autre. C'est en cela que je le trouve frère. Est-ce une réflexion trop philosophique ? Je dirais volontiers que Jésus me révèle la fraternité, la fraternité sans faille, pas une fraternité qui consiste à être avec l'un contre les autres nécessairement. C'est difficile à formuler. Toujours est-il que dans l'importance que je reconnais à Jésus Dieu, Dieu m'est donné comme infiniment frère.

Que je le veuille ou non, Jésus est le révélateur de la dimension dernière, qu'on soit le pauvre ou le riche, et du désintéressement nécessaire. Il y a là la présence, tout ensemble, de l'appel dans l'histoire et de la gratuité de l'existence reçue ou reconnue, avec lui et par lui. En ce Jésus-là est manifestée la dimension positive de la dignité humaine; celui qui est Origine et Fin, qui traverse la misère jusqu'où elle est, et les enfers mêmes. En lui je trouve le chemin, pour être non pas comme une sorte de Bernanos désespéré, mais pour vivre dans la présence à la fois aux hommes visités par le génie et à chacun dans le temps où il se perd. Sur ce dernier aspect, même s'ils ne sont pas dans des situations de misère quotidienne, tous connaissent ou connaîtront le moment où ils approchent de la mort, de l'épreuve du départ et de la solitude. Quand je parle du sens de Dieu en Jésus, du sens de Jésus, je parle du chemin qui, pour moi, est celui de la rencontre possible, sans laquelle je ne vois pas comment je pourrais vivre soit avec ces hommes de génie, soit avec ces frères perdus.

Nous voilà sur le versant abyssal, mais non irréel de notre temps. J'aimerais vous donner ici simplement à ce sujet un petit texte : les quelques mots qu'a prononcés le Père Fontoynont à mon ordination. Au point de vue spirituel, ils restent pour moi une lumière qui enveloppe la joie et la nuit, comme le soleil à l'aurore ou au couchant, à condition de n'y entendre que ce que j'ai reçu, non pas moi, mais d'autres qui méritent dans leur silence qu'on les évoque.

... J'ai heureusement pour me soutenir les grands vers de Péguy — quatre vers qu'il faudrait lire après les béatitudes : Quand la figure de ce monde passera, pour chacun de nous ou pour toute notre race, quand le temps s'engouffrant dans notre éternité, nous revivrons vraiment notre vie, quels sont les moments qui nous apparaîtront, qui nous apparaissent dès aujourd'hui, comme une bénédiction ?

Écoute : Bienheureux...
Quand ils reconnaîtront les jours de leur détresse
Plus profonds et plus beaux que les jours de bonheur
Quand ils reconnaîtront les jours de leur honneur
Plus durs et plus aimés que les jours de liesse.

Mon Père, et vous, Messieurs, qui avez été avec lui, je viens d'évoquer deux choses qui n'en font qu'une : le souvenir de Dachau et le mystère chrétien de la croix, deux choses qui sont le mystère d'aujourd'hui.

Si l'on nous a vraiment dépouillés de tout, si à l'extrême de la souffrance s'est ajoutée l'extrémité du mépris, si l'on a tout fait pour nous déshonorer, et si nous avons gardé notre liberté d'homme, et cet honneur du dedans « plus dur » et plus résistant que tout, alors, pourvu que nous soyons restés simples, et purs de toute idolâtrie d'orgueil — alors, que nous soyons chrétiens ou non, tout chrétien devra dire que nous participons à son mystère : à la ressemblance et à la grâce de son Christ. Et, de fait, si nous réfléchissions notre acte, nous y sentirions, je crois, une valeur qui dépasse toutes les valeurs qui passent — et comme une obscure espérance.

Cependant cela ne serait pas encore la participation au sacerdoce du Christ et à son sacrifice, et la préparation directe de la grâce d'aujourd'hui. Il y a autre chose qui est d'un autre ordre et uniquement chrétien. Il ne faut plus ici nommer seulement l'honneur, mais son frère aîné, l'amour. — Sommes-nous jamais sûrs d'être vraiment sincères et d'aimer vraiment Dieu ? Les enthousiasmes, et les consolations de la prière, peuvent tromper. Mais non pas l'anéantissement de l'âme qui n'en peut plus, dans la reddition misérable.

Aussi, bienheureux ceux qui, une fois au moins dans leur vie, même sans ce qui fait de votre expérience une expérience extrême et socialement exemplaire, peuvent être sûrs qu'une fois au moins, et sans s'en être doutés, il leur a été proposé le sacrifice total, et qu'ils n'ont pas refusé, et qu'ils n'ont senti sur le moment même que leur détresse et leur pauvreté. — Même s'ils sont faibles ou infidèles ensuite, la bénédiction qui est sur eux demeure en eux comme une inquiétude et comme un remords rédempteur.

C'est pourquoi, vous me permettrez, Mon Père, de mettre au pied de votre crucifix, ces trois vers, simples et dépouillés jusqu'à la nudité, mais qui condensent, je crois, tout ce que nous venons de dire, — et dans une évocation plus complète : le consentement tout simple, et c'est le premier vers; la totalité du don, et c'est le second vers; et la réponse de Dieu :

Prenez aussi, je le veux bien.
Et maintenant je n'ai plus rien.
Alors il répondit : « Je viens ! »

Et Il est venu alors; et Il est venu aujourd'hui; et Il viendra en plénitude. *Christus venit semper. Amen. Veni Domine Jesu.*

21 décembre 1946.

Avec les jeunes face à l'avenir

Voici un autre point qui me tient à cœur : le rapport avec les jeunes. J'ai été jeune avec des jeunes au moment décisif de l'entrée dans la Compagnie, recherchée sans la connaître encore. Ce débat des jeunes avec la vie, à travers lequel mon débat avec la vie s'est amorcé, s'est toujours continué. J'ai toujours eu des responsabilités de jeunes. Même au noviciat, au juvénat, j'étais « responsable » de la JEC des lycées de la ville. J'ai toujours eu quelque chose en charge de ce genre, même quand mon travail était plus directement intellectuel. A travers les fonctions de la Compagnie, j'ai connu les responsabilités de formation, donc de relation avec de jeunes hommes. Une confiance m'a porté et ce rapport à des plus jeunes a marqué même mes tâches après leur départ. Si j'ai été en Extrême-Orient pour des questions d'études, c'est parce qu'ils m'ont appelé après ce que nous avions vécu ensemble. Donc il y a ici une sorte de jeu de la trame et de la chaîne, pour parler en bon « soyeux »!

Plus j'avance, plus la question de la jeunesse reste une question importante au sens de la simple loyauté d'une existence, même individuelle et personnelle, la loyauté de l'existence devant l'avenir. Il est si facile, à mesure qu'on vieillit, de faire l'économie de l'avenir qu'on ne vivra pas. Il me paraît important de garder le souci, pour autant qu'on a quelque vie encore, de travailler avec eux et de ne pas se retirer de ce mouvement. J'estime, mais je me trompe peut-être, qu'il est plus facile de se retirer que de continuer. Que ce ne soit pas en s'imposant soi-même, je l'espère du moins, mais en participant aux soucis, en disant ce qu'on en ressent, en se mettant à sa place parce que jamais une expérience n'est celle de l'autre. Par conséquent je ne veux pas livrer mon expérience, ou tout au moins je voudrais que ce qu'il y a d'expérience soit livré comme quelque chose dont la liberté des autres fasse absolument ce qu'elle veut, quitte à le considérer comme négligeable. Avec les jeunes que je vois encore, avec les moins jeunes aussi, je parle de leur existence. Il n'y a pas d'autres choses à faire. Le passé ne peut les conforter à quelque chose que s'il les aide à voir leur existence; il n'est pas comme un message qu'on superpose. On cherche ensemble, mêlant l'expérience, non pas dite ou représentée mais vécue, aux questions qu'on pose. L'expérience est présente dans les questions.

Une génération plus récente est quelquefois prise de désespoir devant l'avenir; certains refusent de donner la vie, craignant que ce qui attend les enfants sera trop dur pour eux.

Des choses très dures apparaîtront ou apparaissent, je le reconnais et je ne veux pas délivrer de message, ce mot est de trop; mais j'ai une foi. Une foi qui m'habite, malgré moi parfois. Je serais plutôt exposé au danger de dire que j'ai vu assez d'événements dans lesquels le désespéré a quand même été traversé par l'espoir et où quelque chose s'est fait. C'est comme la lumière dans une tour aveugle. S'il y a un petit fil de lumière qui passe, la lumière existe. Je dois reconnaître que j'ai l'avantage d'une assez longue étape, d'avoir vu à différents moments des situations désespérées, traversables au prix de la foi, de la liberté, de l'humilité, de la patience.

Le sens d'un sourire

Est-ce là le secret du sourire serein de Jacques Sommet? On n'a pas le sentiment qu'il soit accablé et j'imagine mal qu'il le soit en secret, que son sourire inaltérable soit un trompe-l'œil.

Mort où est ta victoire! Non, je ne vis pas dans l'angoisse. Cela ne signifie pas que je vive d'une façon aussi souriante que j'en ai l'air. A beaucoup de ceux avec qui je vis, les difficultés, la crise d'aujourd'hui paraissent immenses. Je ne suis pas sur le même registre. Je ne suis pas porté à désespérer des choses ou des gens. L'expérience des camps ne m'a pas poussé à désespérer, même si l'espoir est souvent compromis. Ce qui domine pour moi, de ce point de vue, au-delà du fait d'être souriant ou non, c'est la question de l'espérance à long terme. Le drame de ma faiblesse et de celle des hommes me met dans une situation humiliée plutôt qu'angoissante. La misère du monde n'est pas rien à porter certes, mais elle est portée par ceux qui ont donné leur vie pour nous en sauver et pour rendre possibles les avenirs. A travers quoi le surgissement gratuit des initiatives de Dieu dans les hommes n'est jamais absent.

Je rencontre des réalités difficiles et quotidiennes ! J'ai perdu trois amis en trois mois. D'autres, comme une jeune mère de famille, sont atteints de cancers sans espoir. Que veut dire alors sourire ? Je ne dis pas que je ne souris pas quand je rencontre les gens, même ceux qui sont dans l'épreuve. Mais qu'est-ce ? Jésus Christ ne souriait pas. Le sourire est un peu la manifestation de ce que j'ai dit bien simplement : avec cette personne que je rencontre, avec cette personne qui agonise même, nous sommes intérieurs à une promesse. Mon sourire dit plutôt que je suis dans une situation de faiblesse personnelle et de promesse qui m'enveloppe. Ce sourire est — c'est un peu ridicule de dire les choses ainsi — la blessure positive de l'espérance par rapport à ce que je suis. Il peut avoir l'air un peu convenu ou un peu fabriqué ; j'espère que non ; mais il est le signe que moi je ne suis que moi, et aussi que quelque chose nous habite, celui qui est en face et moi, et qui s'appelle promesse. Et puis il y a, il faut que je le dise bien simplement, ce souvenir réel et révélateur à la fois, très fort pour moi ; je me vois encore rentrant de Dachau et me retrouvant dans la rue ici dans ce quartier, voyant les quartiers de Paris et me disant : je retrouve Paris ressuscité, je veux dire au-delà de la mort ! C'est comme le sentiment d'avoir passé par la mort. Des amis m'ont dit quelquefois : « Vous êtes déjà mort ! » Un don reçu dépasse, dans les choses périssables, leur matière passagère !

J'ai l'impression que rien ni personne ne pourra plus vraiment faire peur au Père Sommet !

Je n'ose entendre ce propos. Si quelque chose en moi ressemble à cela c'est que je sais pouvoir toujours trouver un Autre plus courageux : du visage du Christ en agonie à la joie que des chrétiens et des hommes m'ont toujours apportée dans l'épreuve. La question est alors que je ne sois pas une sorte de sourire béat, mais que j'essaie de dire la conscience d'une promesse qui a été si fortement reçue à tels moments donnés. Malgré moi, il faut bien que je dise que, dans cet univers, j'ai connu la grâce, si la grâce est autre chose dans un lieu de mort que de mourir à l'espoir. Étant avec les derniers, je vois tout le cortège, devant moi, des hommes qui ont tout éprouvé, et souvent dans la force de la foi.

Le temps de l'enfant

Ce serait beau de placer une devise en finale de ce livre.

Je n'ai pas de devise. Je ferai plutôt un aveu sous forme de quelques remarques paradoxales dans leur apparence, mais qui placent le discours tenu tout au long de ces pages dans le respect de notre présent.

Ces si longs propos ont souvent traité d'une condition humaine traversée par le contraste de la vie et de la mort, de la violence et de l'espoir. Cela ne signifie pas pour moi que nous soyons voués à un indéfini de la violence. Je conçois qu'à certains niveaux ce qui est en marche c'est la patience dans le calcul honnête, la recherche de la paix et de l'entente quotidiennes, un style de vie où l'enfant et le vétéran peuvent rire avec l'adulte : tout cela est en marche. La qualité de la vie devient peut-être plus importante que le courage militant visible et offensif. Mais oserai-je en finissant avouer cependant que ces efforts pacifiques et patients ne feront jamais l'économie des grands conflits de la vie et de la mort, du mépris et du droit, qui se développent aujourd'hui encore à la surface — ou sous la surface du monde. Ainsi des éclatements à ce niveau sont toujours possibles. Et soit dans leur préparation, soit dans leurs apparitions violentes, ces ruptures réclameront toujours la lucidité et la force d'esprit dont ces pages ont évoqué les acteurs et les moments. Il reste alors à bien comprendre, comme on l'a dit, que celui qui parle ici, qui transmet les leçons du passé aux acteurs de l'immédiat, à travers une époque, n'est rien qu'un serviteur qui tente d'écouter les uns et les autres. Après le « temps du lion », celui de « l'enfant » : que ces lignes soient espoir en ceux qui vivent l'humilité de l'enfance conquise, de l'innocence acquise aujourd'hui et demain.

Je crains, à la vérité, tout raccourci et préfère les pas discrets de l'analyse, patience sur le chemin des patients, à travers notre époque.

La manière simple pour moi de clore le propos sera d'accepter que je sois renvoyé à la petite fille espérance dans la houle des passions du temps. Je privilégie seulement une tâche qui ne sera jamais achevée : aider les jeunes — hommes et femmes — à préparer l'avenir qu'ils ignorent, là où ils l'ignorent le plus.

Notice biographique

30 décembre 1912 : Naissance à Lyon.

1934 : Entrée dans la Compagnie de Jésus, au noviciat d'Yzeure près de Moulins.

11 octobre 1936 : Profession des vœux de pauvreté, de chasteté et d'obéissance dans la Compagnie de Jésus.

1936-1938 : Juvénat à Yzeure.

1938-1944 : Mobilisation en septembre 1938. Études de philosophie à Jersey. Mobilisation en septembre 1939. Évasion en juin 1940. Études de philosophie à Vals-près-le-Puy (1940-1942), études à Paris en Sorbonne et à l'École libre des Sciences politiques (1942-1944), activités de Résistance.

Mai 1944 à mai 1945 : Arrestation par la Gestapo, prison de Fresnes, camp de concentration de Dachau.

Fin mai 1945 : Retour en France. Séjour de deux semaines dans la communauté de la rue de Grenelle à Paris, puis court séjour en famille.

Dès l'automne 1945 à l'été 1948 : Études de théologie à Lyon-Fourvière.

Décembre 1946 : Ordination sacerdotale.

1948-1949 : Troisième an à Paray-le-Monial.

1949-1950 : Préparation au professorat et achèvement d'une thèse à l'Université grégorienne à Rome.

1950-1953 : Professeur de philosophie de la société au scolasticat de Chantilly, qui ouvre ses portes pour accueillir le scolasticat de Jersey. Conseiller à *Témoignage chrétien* et responsabilités diverses à Paris.

1953-1959 : Le père A. Ravier, provincial de Lyon, appelle Jacques Sommet comme recteur du théologat de Lyon-Fourvière, nomination confirmée par le supérieur général. J. Sommet garde ses liens avec *Témoignage chrétien*, s'engage davantage dans une collaboration avec la Chronique sociale animée par Joseph Folliet, travaille avec des commissions ouvrières, continue ses études de philosophie.

1957 : Participation à la Congrégation générale de la Compagnie.

1959-1962 : Installation à Marseille pour harmoniser les travaux apostoliques des jésuites dans la région. Activité de collège, de mission ouvrière, auprès des étudiants. Responsabilité de la mission ouvrière jésuite pour la France. Collaboration avec les clubs « Vie nouvelle », avec l'*Action populaire*. Est à Marseille au moment où refluent dans la ville les Français d'Algérie, malgré la présence de l'OAS.

1962-1970 : Brusque rappel à Chantilly où sont regroupés tous les étudiants de philosophie depuis la fermeture de Vals. D'abord directeur des études et de la formation des jeunes jésuites, notamment pour les études de philosophie et les stages qui remplacent l'ancienne « régence ».

1970 : Fermeture du scolasticat de Chantilly, installation à la rue Blomet à Paris avec les étudiants de philosophie.

1974 : Chargé de mettre sur pied le Centre Sèvres à Paris, où se rassembleront les étudiants de théologie de Fourvière et les étudiants de philosophie de la rue Blomet, avec la préoccupation d'ouvrir l'enseignement sur l'extérieur.

1978-1982 : Responsable du CERAS (Centre d'Études et de Recherches d'Action sociale) à Vanves et supérieur de la communauté de 1981-1985.

1981-1985 : Secrétaire national du service Incroyance et Foi.

Durant les quinze dernières années, nombreux voyages dans différentes parties du monde.

Au cours de ces années apostoliques, des dominantes se dégagent : formation, mission ouvrière, travail philosophique et théologique, dialogue de la foi et de l'incroyance, relations avec d'autres pays et d'autres sociétés — les voyages hors de France s'effectuant en général à la demande d'anciens étudiants, jésuites ou non, devenus à leur tour responsables de formation, spécialement dans la zone méditerranéenne, l'Asie du Sud-Est, les pays de l'Est européen, puis l'Afrique noire.

Table des matières

Imprimé en France
Imprimerie des Presses Universitaires de France
73, avenue Ronsard, 41100 Vendôme
Mars 1987 — N° 32 754

« Les interviews »

collection dirigée par Jacques Duquesne et Claude Sales

ABBÉ PIERRE, entretiens avec Bernard Chevallier
Emmaüs ou venger l'homme

Pedro ARRUPE, entretiens avec J.-Cl. Dietsch
Itinéraire d'un jésuite

André Sève interroge BRASSENS
Toute une vie pour la chanson

Jacques Duquesne interroge le Père CHENU
Un théologien en liberté

André CHOURAQUI, entretiens avec J. Deschanel
Retour aux racines

Jean Puyo interroge le Père CONGAR
Une vie pour la vérité

Card. DECOURTRAY
22 entretiens avec André Sève

Mgr DUVAL, entretiens avec Christine Ray
Évêque en Algérie

Mgr L. A. ELCHINGER, entretiens avec M. Léonard
La liberté d'un évêque

J. ELLUL, entretiens avec M. Garrigou-Lagrange
A temps, à contretemps

Lucien ISRAËL, entretiens avec Hervé Falcou
La médecine et le reste

LANZA DEL VASTO, entretiens avec C.-H. Rocquet
Les facettes du cristal

Bernard Feillet interroge Marcel LÉGAUT
Patience et passion d'un croyant

Jean Puyo interroge Louis LEPRINCE-RINGUET
Le bonheur de chercher

Card. MARTY, entretiens avec J. Bourdarias
Chronique vécue de l'Église de France

Victor Malka interroge André NEHER
Le dur bonheur d'être juif

Le PÈRE JOSEPH, entretiens avec Gilles Anouil
Les pauvres sont l'Église

Shimon PERES, entretiens avec J. Jonathan
La force de vaincre

Bernard Feillet interroge Jean SULIVAN
L'instant, l'éternité

François VARILLON, entretiens avec Charles Ehlinger
Beauté du monde et souffrance de Dieu

Vladimir VOLKOFF, entretiens avec Jacqueline Bruller
L'exil est ma patrie

Marguerite YOURCENAR, entretiens avec Matthieu Galey
Les yeux ouverts

Marguerite PUHL-DEMANGE, entretiens avec Georges Suffert et Jean-Marie Pelt
La Lorraine au quotidien